天下文化
BELIEVE IN READING

傅佩榮易經課

占卜、解卦、指引人生、趨吉避凶

傅佩榮——著

目　錄

寫在前面 ——————————————————— 6

第一部　《易經》入門　　　　8

《易經》是什麼？ ————————————— 10
《易經》的基本概念 ———————————— 13
八卦圖 ———————————————————— 16
古代歷史的展開 —————————————— 30
君子珍惜《易經》 ————————————— 36
《易經》的智慧 —————————————— 39
《易經》的占卦意義 ———————————— 42
為什麼要學習《易經》 ——————————— 45

第二部　《易經》占卦解卦　　　48

占卦解卦 ————————————————— 50
念念有詞 ————————————————— 55
占卦三不原則 ———————————————— 56
《易經》首卦含意 ————————————— 60

第三部　解卦手冊與解卦實例、啟示

1 乾卦 ䷀ —————————————————— 64

2 坤卦 ䷁ —————————————————— 72

3 屯卦 ䷂ —————————————————— 78

4 蒙卦 ䷃ —————————————————— 84

5 需卦 ䷄ —————————————————— 90

6 訟卦 ䷅ —————————————————— 96

7 師卦 ䷆ —————————————————— 102

8 比卦 ䷇ —————————————————— 108

9 小畜卦 ䷈ —————————————————— 114

10 履卦 ䷉ —————————————————— 120

11 泰卦 ䷊ —————————————————— 126

12 否卦 ䷋ —————————————————— 132

13 同人卦 ䷌ —————————————————— 140

14 大有卦 ䷍ —————————————————— 146

15 謙卦 ䷎ —————————————————— 152

16 豫卦 ䷏ —————————————————— 158

17 隨卦 ䷐ —————————————————— 164

18 蠱卦 ䷑ —————————————————— 170

19 臨卦 ䷒ —————————————————— 176

20 觀卦 ䷓ —————————————————— 182

21 噬嗑卦 ䷔ —————————————— 188

22 賁卦 ䷕ —————————————— 194

23 剝卦 ䷖ —————————————— 202

24 復卦 ䷗ —————————————— 208

25 无妄卦 ䷘ —————————————— 214

26 大畜卦 ䷙ —————————————— 220

27 頤卦 ䷚ —————————————— 226

28 大過卦 ䷛ —————————————— 232

29 習坎卦 ䷜ —————————————— 240

30 離卦 ䷝ —————————————— 246

31 咸卦 ䷞ —————————————— 254

32 恆卦 ䷟ —————————————— 260

33 遯卦 ䷠ —————————————— 266

34 大壯卦 ䷡ —————————————— 272

35 晉卦 ䷢ —————————————— 278

36 明夷卦 ䷣ —————————————— 284

37 家人卦 ䷤ —————————————— 290

38 睽卦 ䷥ —————————————— 296

39 蹇卦 ䷦ —————————————— 302

40 解卦 ䷧ —————————————— 308

41 損卦 ䷨ —————————————— 316

42 益卦 ䷩ —————————————— 322

43 夬卦 ䷪ ———————————————————— 328

44 姤卦 ䷫ ———————————————————— 334

45 萃卦 ䷬ ———————————————————— 340

46 升卦 ䷭ ———————————————————— 346

47 困卦 ䷮ ———————————————————— 352

48 井卦 ䷯ ———————————————————— 358

49 革卦 ䷰ ———————————————————— 364

50 鼎卦 ䷱ ———————————————————— 370

51 震卦 ䷲ ———————————————————— 376

52 艮卦 ䷳ ———————————————————— 382

53 漸卦 ䷴ ———————————————————— 388

54 歸妹卦 ䷵ ———————————————————— 394

55 豐卦 ䷶ ———————————————————— 400

56 旅卦 ䷷ ———————————————————— 406

57 巽卦 ䷸ ———————————————————— 412

58 兌卦 ䷹ ———————————————————— 418

59 渙卦 ䷺ ———————————————————— 426

60 節卦 ䷻ ———————————————————— 432

61 中孚卦 ䷼ ———————————————————— 438

62 小過卦 ䷽ ———————————————————— 444

63 既濟卦 ䷾ ———————————————————— 452

64 未濟卦 ䷿ ———————————————————— 458

寫在前面

傅佩榮

　　《易經》是探討「變化」的書，內容有義理與象數兩部分。義理提醒我們如何做人處事；象數則可用來占卜，揭示變化發展的趨勢。這麼特別的經典，當然值得花一點時間研究。本書兼顧義理與象數，尤其在占卦與解卦方面提供了實用的具體材料。

　　《易經》的占卜，所依據的是「有意義的偶然」，要在同時出現的事象中尋找相關的線索。它與心電感應有些類似，但又有明確的卦象可供參詳。表面看來，它與各種測知未來的算命方法差不多，總是用一些模稜兩可的語句來引發占問者的心理投射作用。不同的是，《易經》還有清楚的「文本」，相傳至今已三千多年，歷代學者也使用了三千多年。

　　研習《易經》文本，與應用這些資料來占卦及解卦，有時形成兩條平行的線。現在我們要將二者合而為一，使《易經》的價值充分彰顯出來。按照標準的占法，需要五十根蓍草（今日稱為籌策），依一定程序，在二十分鐘內得出六個數字，由此形成一個六爻卦，再看有無變爻來決定占驗之辭何在。所謂占驗之辭，是指某一問題的答案在於某一句卦辭（共有六十四句卦辭）或某一句爻辭（共有三百八十四句爻辭）。

因此，所謂占卦，就是：先得出數字，再由數字取得卦象；有了卦象，再找出某一句卦辭或爻辭。然後，剩下的是如何解卦的問題了。本書介紹了標準的籌策占法，以及解卦原則（主要參考朱熹的見解）。有時為了方便，可以使用數字卦，在一分鐘之內就可以測知某一問題的結果將會如何。這話聽來未免神奇，是否有效，一試便知。

　　本書包括三部分：

　　一，《易經》入門：這是為初學者所做的扼要介紹，即使是從未接觸過《易經》的朋友，也很容易由此掌握門徑。

　　二，《易經》占卦解卦：在介紹籌策與數字兩種占法的同時，也說明有關占卦的正確心態與基本觀念。

　　三，解卦手冊：這將是大家最常參看的部分。不過，自古以來，解卦並無定法，所以還需讀者逐漸培養自行解卦的能力。這一部分還包含「解卦實例與啟示」：我列出一百零一個案例，都是近幾年占卦的驗證。我的心得是「確實不可思議」。至於六十四卦各卦的啟示部分，則可以幫助讀者對於《易經》文本得到更完整也更深刻的認識。

　　自從研習《易經》，匆匆已十餘年，所得成果幾乎全部展示於本書之中。我由《易經》得到義理與象數兩方面的幫助實在太大了。一點心得公諸同好，希望得到各方指教。「學然後知不足，教然後知困」，這句話用在有關《易經》研究上，正是最佳寫照。

傅佩榮國學
官方頻道

籌策占卦教學

第一部
《易經》入門————————

《易經》是什麼？

　　《易經》是一本最古老的書，被稱為「群經之首」、「文化之源」。不過，現代人聽到《易經》可能會有這樣的疑問：它可以用來算命嗎？沒錯，《易經》確實教人如何占卦，但是占卦不等於算命；並且，除了占卦之外，《易經》還談做人處事的道理。

　　《易經》總共有六十四個卦圖，這些卦圖都是由下而上六條橫線所組成的。橫線分兩種，一條不斷的稱為「陽爻」（—），一條斷為兩半的稱為「陰爻」（--）。

　　陽爻代表主動力，陰爻代表受動力。有主動也有受動，兩者配合才能使變化持續下去。《易經》的「易」字，首先就指「變化」而言。西方人大都將《易經》翻譯為 *The Book of Changes*（《變化之書》）。任何變化都是由陽與陰兩種因素的消長所造成。「爻」這個字代表「效」，在仿效或描述變化時，陽與陰不可或缺。至於「卦」，則是指「掛」，有如掛在我們眼前的自然現象。當大自然出現變化時，人類要如何因應？要如何趨吉避凶？要如何修養自己以求安居樂業？這些都是《易經》所要答覆的難題。

　　《易經》本身的材料很少，只有六十四個卦圖，這代表六十四卦。每一卦有一句卦辭，說明此卦的占驗（如：「元亨利

貞」、「利涉大川」等）；每一爻有一句爻辭，說明此爻的處境與後果（如：「潛龍勿用」、「亢龍有悔」等）。因此，原始的《易經》包括：六十四卦，六十四句卦辭，以及三百八十四句爻辭。用今天的方式來印刷，大概只有二、三十頁。

然而，為什麼我們眼前的《易經》卻有幾百頁呢？這是因為加上了《易傳》。古代有「易歷三聖」之說。首先畫出基本的八卦，再將其重疊為六十四卦的是伏羲氏（在〈繫辭傳〉稱為包犧氏）。

隨後，姬昌（後稱周文王）被商紂王囚禁在羑里達七年之久，就在牢中寫下卦辭與爻辭。也有學者認為這一部分的作者包括周文王之子周公，或西周後期的某一位卜官。到了春秋時代末期的孔子（551-479B.C.），特別用心探討了《易經》。

孔子說：「加我數年，五十以學《易》，可以無大過矣。」（《論語・述而》）司馬遷《史記・孔子世家》也說：「孔子晚而喜易，序彖、繫、象、說卦、文言。讀易，韋編三絕。」「韋編三絕」是說綁在竹簡邊上的繩子多次斷裂，由此可見他用功之勤。

孔子對《易經》的貢獻，在於他開始撰述《易傳》。這一部分的工作應該有後代弟子的合作才得以完成。《易傳》又稱「十翼」，有如十篇輔助的說明，其內容為：〈彖傳〉（解釋卦辭）及〈象傳〉（解釋卦象的稱為〈大象傳〉，解釋爻辭的稱為〈小象傳〉）。這兩部分都依《易經》分為上下（前三十卦為上經，後三十四卦為下經），如此就有了四篇。接著是〈繫辭傳〉，由於內容較長，也分上下。然後是〈文言傳〉（只談到乾坤二卦）、〈說卦傳〉（有如小字典，介紹基本八

卦的各種象徵)、〈序卦傳〉(解釋六十四卦的排列順序),以及〈雜卦傳〉(扼要就卦名綜述其旨,可視為附錄)。

　　自漢代以來,學習《易經》的人是經傳合併一起念,所以今日所謂的《易經》,包含《易傳》在內。此外,還有「易學」一詞,那就無所不包了,是漢代以來學者將《易經》應用到各個領域的成果,如天文、地理、醫藥、兵法、養生等。至於與占卜有關的部分更是發展得多采多姿。

　　簡單說來,《易經》有兩大系統:

　　一為「義理」,要由觀察自然現象的變化,體驗出做人的道理,此時強調的是德行、能力與智慧。

　　另一則為「象數」,要由卦象與數字的搭配,經由特定的運算程序,而得出某一疑難之事的解答。

　　換言之,象數即指占卦而言,確實可以預測某一抉擇的後果。但是,「占卦容易解卦難」一語正好提醒我們:理性思維依然是人生的光明大道,學會《易經》不能靠神祕直覺,而是需要長期用心鑽研。

《易經》的基本概念

　　《易經》是一套符號系統，用卦象來代表具體事物或特定狀態，然後藉卦象的組合與變化，指涉未來的發展。

　　《易經》又名《周易》，意即周朝的《易經》。據說古代夏朝有《連山易》，商朝有《歸藏易》，但皆已失傳，無法考究其內容。

　　「易」字所指，除了「變易、變化」，還有「不易」與「易簡」。

　　所謂「不易」，是說變化的規則是不變的，譬如「窮則變，變則通，通則久」這句話所描述的情況是不變的。又如四季不斷運行變遷，但其春夏秋冬的順序是不變的。

　　至於「易簡」，則以易為時間，簡為空間。易為乾卦，充滿無窮的生命力，在時間中生生不已；簡為坤卦，具有無限的包容力，在空間中完成一切。這「變易、不易、易簡」三詞，是對《易經》的初步理解。

　　由陽爻與陰爻所組成的三條橫線，就構成了基本的八卦。為何需要三爻？因為它們象徵了「地人天」。後來組合為六爻卦時，則由下而上每兩爻代表這三才之一。要特別注意「由下而上」，這是《易經》畫卦的規則。做人處事不也是如此嗎？底下的結構不穩，又怎能往上建設？

基本八卦是：乾（☰），坤（☷），震（☳），艮（☶），離（☲），坎（☵），兌（☱），巽（☴）。這八卦的名稱是專門術語，必須記住。古代有個背誦口訣：

乾三連，坤六斷；震仰盂，艮覆盌；
離中虛，坎中滿；兌上缺，巽下斷。

這八卦稱為「經卦」，表示基礎之意。我們即將看到的「先天八卦圖」與「後天八卦圖」，都是由這八卦所組成，只是排列位置不同而已。

真正出現在《易經》書中的是六十四卦。八經卦兩兩相重，就形成六十四卦，又稱「重卦」，每卦有六爻。這些才是《易經》的主體。以乾卦（☰）為例，六爻皆陽，在讀法上，由下而上要念成「初九，九二，九三，九四，九五，上九」。「初，二，三，四，五，上」代表位置。「九」代表陽爻。再以坤卦（☷）為例，由下而上讀成「初六，六二，六三，六四，六五，上六」，「六」代表陰爻。

九為陽爻，六為陰爻，理由之一是：陽爻為奇數，主動，而九為動之極（一、三、五、七、九）。陰爻為偶數，主靜，而六居偶數之中，為靜之極（二、四、六、八、十）。理由之二是：在五個生數（一、二、三、四、五）之中，奇數相加為九，偶數相加為六。

由於六爻卦是由兩個三爻卦所組成，所以有下卦（內卦）與上卦（外卦）之分。這兩卦合成的六爻，代表六個位置，其中以「二、五」為佳，因為它們居於下卦與上卦的中位。居中

則前有屏障後有靠山，也表示言行適中，較為合理。此外，陽爻若在剛位（初、三、五），陰爻若在柔位（二、四、上），則較有利。這是「當位」的考量。

此外，還有「乘承比應」。「乘」是上對下，「承」是下對上，陽上陰下較為穩當。「比」是比鄰，指鄰近二爻的關係。「應」則是指下卦三爻與上卦三爻的對應位置，如「初與四，二與五，三與上」，若是一陰一陽，則為正應，兩者同為陰或同為陽，則是敵而不應。正應可以互相支援，較為理想。

《易經》六十四卦，可以分為三十二組。每一組都是相連的兩卦（如乾與坤），它們之間的關係是「非覆即變」。「覆」是全卦由下而上整個翻過去，又稱「綜卦」；「變」是全卦六爻皆變（陽變陰，陰變陽），又稱「錯卦」。

不僅如此，每一卦的中間四爻還形成了兩個「交互卦」，或皆稱「互卦」。譬如謙卦（䷎）的交卦是震卦（九三、六四、六五），互卦是坎卦（六二、九三、六四）。於是一卦共有四個經卦（上下卦與交互卦），在解釋每一爻的「時」與「位」方面皆可提供參考。

總之，這些術語與各項細節都是為了幫助我們理解卦辭與爻辭，從而明白自己在占卦中應採取的合宜態度。

八卦圖

先天八卦圖

我在比利時魯汶大學擔任講座教授時，經常光顧一家中國餐館。老闆得知我教的是哲學，就請我為他看看他為改善生意而擺在大門上的一塊八卦圖。他想藉此擋住路沖，但似乎不太有效。當時我對《易經》並無研究，也不知道八卦圖是否有如此神奇的功效。

我到大門一看，見上面掛的是「先天八卦圖」，但是左下角與右下角的兩個卦畫反了。我告訴他這個小發現，他口中念念有詞，好像在說「難怪沒什麼作用」。他後來掛上正確的圖形之後，是否有效呢？我沒有問他。我心中想的是：做生意怎能靠一張圖？這不是有些迷信嗎？

「先天八卦圖」（見左頁圖）據說是伏羲氏所畫，上為乾，下為坤，代表天與地。左為離，右為坎，代表火與水，意即日與月。我們對此四卦並不陌生，如南韓的國旗即是如此。接著，左上角為兌，右上角為巽，代表澤與風。然後，左下角為震，右下角為艮，代表雷與山。中間是個圓形的太極圖，白色部分有個黑點，這是陽中有陰；黑色部分有個白點，這是陰中有陽。一般稱之為陰陽魚。黑點與白點都象徵魚的眼睛。黑色與白色之間不是一刀切的二分法，而是互相形成一個圓，彼此有向對方運動進展的趨勢。

　　八卦圖要以圓形為其核心，亦即為其底部；由底部向外，也就是由下往上。於是，離卦與坎卦各有如三條直線，而其實仍是由底向外的三條橫線。然後，左下角與右下角不是很容易弄反嗎？左下角的震卦是 ☳，右下角的艮卦是 ☶ ，這樣看就正確了。

　　先天八卦圖的根據是〈說卦傳〉所云：「天地定位，山澤通氣，雷風相薄，水火不相射，八卦相錯。」意思是：天與地上下定位，山與澤氣息貫通，雷與風相互激盪，水與火背道而馳，八卦形成彼此交錯的現象。以此而論，這個圖所象徵的意含如下：

依專家研究，此圖是人面向南方，以太陽為坐標系所定出來的八卦方位。我們所站之處為地，上面是天。左手為東方（這與地圖上東方在右手邊相反），古人以為是太陽升起之處；右手為西方，則是月升之處。依此來看中國地理，則是西北多山，西南多風，東北多雷（地震），東南多湖泊。

　　先天八卦圖與數字搭配，也形成一種特定結構，如下：

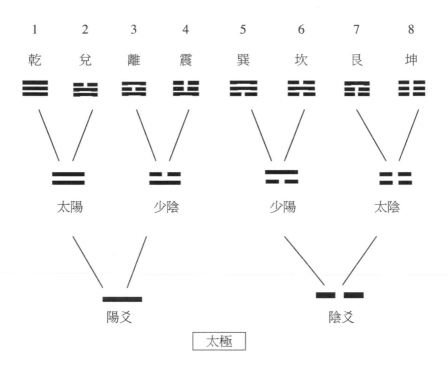

　　把數字寫在八卦圖的每一個卦上，則可見其對角線皆為9。由乾卦開始往左算，是 1、2、3、4，再由右邊的巽卦往右算，是 5、6、7、8。這個數字系統應用在「數字卦」（或米

卦）上。關於「數字卦」，可參考本書第二部「占卦解卦」的
部分。

　　這八個數字中，屬於陽性卦的是乾（父）、震（長男）、
坎（中男）、艮（少男），其數字為 1、4、6、7，其和為
18。屬於陰性卦的是坤（母）、巽（長女）、離（中女）、
兌（少女），其數字為 8、5、3、2，其和也是 18。像這種對
稱的情況顯得有些神奇，促使我們想要進一步探討《易經》的
奧祕。

後天八卦圖

　　相對於先天八卦圖，還有後天八卦圖，應用範圍更為廣
泛。後天八卦圖據說是周文王所畫。由於中國位居東半球北
部，所以觀察乾（天）的正中位置在西北，而坤（地）則位於
西南。艮為山，接近天，在東北；巽為齊平，近地，在東南。

然後，另外四卦分別是：震在東，兌在西，離在南，坎在北。
其圖如下：

　　後天八卦圖在〈說卦傳〉有生動的描述。原文是：「帝出
乎震，齊乎巽，相見乎離，致役乎坤，說言乎兌，戰乎乾，勞
乎坎，成言乎艮。」意思是：天帝（可指北極星）從震位出
發，到了巽位使萬物整齊生長，到了離位使萬物彼此相見，到
了坤位使萬物得到幫助，到了兌位使萬物愉悅歡喜，到了乾位
使萬物相互交戰，到了坎位使萬物勞苦疲倦，到了艮位使萬物
成功收場。

　　在此所說的內容，可以配合中國的地理形勢來理解，也引
申了各卦的特殊狀況。接著，又進一步說明：

　　萬物出乎震，震東方也。齊乎巽，巽東南也；齊也者，言
萬物之絜齊（完備而整齊）也。離也者，明也；萬物皆相見，
南方之卦也；聖人南面而聽天下，向明而治，蓋取諸此也。坤

也者，地也；萬物皆致養（得其養育）焉，故曰致役乎坤。兌，正秋也；萬物之所說（喜悅）也，故曰說言乎兌。戰乎乾，乾，西北之卦也，言陰陽相薄（陰氣與陽氣在此互相接觸與激盪）也。坎者，水也，正北方之卦也；勞卦（勞苦的卦）也，萬物之所歸也，故曰勞乎坎。艮，東北之卦也，萬物之所成終而所成始（萬物在此成功結束又重新開始）也，故曰成言乎艮。

後天八卦圖的應用，主要是與「五行」搭配開始。八卦配五行，必有三組六卦重疊。譬如，震與巽為木，離為火，坤與艮為土，兌與乾為金，坎為水。單就東南西北四個方位來說，也代表四季（春夏秋冬）。

今天講方位的人，有一口訣：「左青龍，右白虎，南朱雀，北玄武。」震在左，在東為木，其色為青，龍則為其象徵的動物。兌在右，在西為金，其色為白，象徵為虎。離在南為火，其色為赤（紅），象徵為雀。坎在北為水，其色為玄（黑），象徵為龜與蛇。在此未說的土，在中，其色為黃。

由五行推到五色，自然可以推到五味，依序是：酸（木）、苦（火）、甘（土）、辛（金）、鹹（水）。推至人身器官，則依序為：肝、心、脾、肺、腎。依此應用類推還有不少。

談到五行，有所謂「比相生而間相勝」的說法，就是由木開始，對其比鄰相生，但隔一個就相克。譬如：木生火，火生土，土生金，金生水，水生木。至於相克，則是：木克土，火克金，土克水，金克木，水克火。

後天八卦也可以排列成數字關係，並且據說這即是所謂的「洛書」：「靈龜出乎洛，龜身甲折具四五數。戴九履一，左三右七，二四為肩，六八為足，而五居中。聖人則龜身之折，文書為洛書。」

　　其意如下圖：

〈南〉

離

　巽4　　9　　2坤

〈東〉震3　　5　　7兌〈西〉

　艮8　　1　　6乾

坎

〈北〉

　　這個九宮數在數字排列上使對角線皆為10＋5。不僅如此，無論是直行相加，斜角相加，橫行相加，其數皆為15。這種結構使許多研究數學的人深感興趣，也使《易經》更增加了幾分神奇色彩。

　　自漢代以後所推展的「易學」，就有不少是連繫著後天八卦圖而應用於各個領域的。我們研究《易經》，將來不妨各憑機緣去深入探討某一領域。於今之計，還是要先打好基礎，就學術上所能提供的材料，在「義理」與「象數」兩方面按部就班去學習。古人智慧博大精深，不是可以拿來就用的。要使自己受益，請先收斂心思，下足功夫。

基本八卦的象徵

若想明白卦辭與爻辭在說些什麼，就須先知道基本八卦（八個經卦）的象徵所指。在〈說卦傳〉最後部分，有一張表列的項目，有如小字典可以讓人翻查。現在，我們就其中最常用到的五方面，來加以介紹，就是：自然界、基本性質、家庭成員、身體器官、周遭動物。由此再推及延伸的範圍，這個範圍幾乎涵蓋了古人生活的全部經驗領域。

由於古今在時空上的變化差異極大，如今我們在探討時，要充分發揮聯想力，如此才能順利解卦，使其較為合理而準確。

乾卦的象徵

乾卦（☰）是第一卦，「乾三連」是指乾卦由三條陽爻所組成。陽爻是一條橫線，中間不斷裂，三條陽爻就是「三連」。陽爻代表主動力，是變化的主導因素，形成三陽爻的乾卦，象徵可由以下六方面來描述。

1. 自然界：指「天」。有天有地（地由坤卦來象徵），萬物才可能在其中生存發展。
2. 基本性質：「健」，就是剛健不已的生命創造力。缺少此一生命創造力，萬物無從產生。
3. 家庭成員：指「父」。所謂「乾坤生六子」，一家八口，其實是古代的標準家庭結構。
4. 身體器官：指「首」（頭部），無庸置疑。
5. 動物：指「馬」，因為馬能健行。

6. 延伸：代表圓（因為天圓地方）、君（做為領袖）、金與玉（因為貴重）、大赤（大紅色，代表正宗）等。

在上述象徵中，有些一目了然，有些則要稍加思索，而考量的重點是「古人的世界」。明白這個背景之後，才可以進而發揮想像力，用一個卦來象徵今日世界的事物。學習《易經》，是練習增強想像力與理解力的好辦法。

坤卦的象徵

坤卦（☷）是由三個陰爻所組成。陰爻是一條橫線，中間斷裂，所以坤卦的畫法是「六斷」。陽爻代表主動力，陰爻自然是受動力了。有主動也有受動，才有變化的可能。有創造也有發展，萬物也才可生生不息。

1. 自然界：指「地」。乾為天，坤為地，這二者使萬物既有生存空間，又有能量來源。
2. 基本性質：「順」，要順從天的指引，並且柔順對待萬物，對一切都逆來順受。
3. 家庭成員：指「母」，負責養育子女。
4. 身體器官：指「腹」，可容納亦可孕育。
5. 動物：指「牛」，因為牛性溫順，又能負重致遠。
6. 延伸：代表眾人（相對於君而言）、布帛（母親要織布，並且布可包物）、鍋（煮飯之用）、吝嗇（本身只順承而不創造，必須省儉）、大車（可以載重）、黑色土地等。

若想了解《易經》的道理，首先要充分明白乾坤二卦的象徵。它們是純陽卦與純陰卦，陰陽交錯就形成了另外六卦。

震卦的象徵

　　震卦（☳）排在第三，因為它代表在父母之後的長男。何以知道是長男？《易經》的八個單卦都由三爻所組成，爻的念法是由下往上。物以稀為貴，爻以少為主；因此在一陽二陰的組合中，陽為主，代表這是個陽性卦。並且陽爻在最底下（亦即第一個位置），所以稱為長男。

1. 自然界：指「雷」。在天地形成之後，要靠雷聲來震動及喚醒萬物的生機。
2. 基本性質：「動」，陽爻在下，充滿動力。
3. 家庭成員：長男。
4. 身體器官：顯然是「足」，否則如何行動？
5. 動物：指「龍」。龍是古人心目中的三棲動物，充滿各種潛能。長男也須接位，未來不可限量。
6. 延伸：代表青黃色（古代有青龍白虎之說）、大路（開闊大道）、急躁（行動多而思考少）、善鳴馬（震為雷鳴，又可行動）、反向而生的禾稼（先生根再長枝幹）等。

　　基本八卦的每一卦都有十個以上的象徵，在解卦時，自然形成許多複雜的可能性。若非如此，又怎能用八卦（三爻卦）所形成的六十四卦（六爻卦）來描述人生的際遇與處境呢？

巽卦的象徵

　　巽卦（☴）代表長女，因為它由一陰二陽所組成，並且陰爻在最底下的第一個位置。巽卦又象徵「風」，因為在三爻中，上面二條陽爻代表充實而不動的天體，底下的陰爻則是空

虛而容許空氣流動，以致形成了風的現象。

1. 自然界：指「風」。
2. 基本性質：「入」，因為風就是空氣流動，而空氣無所不入。一般又把這個「入」描寫為順利，如一帆風順。
3. 家庭成員：巽卦是指長女。
4. 身體器官：指「股」，亦即大腿部分，因為它介於足與上半身之間，可以聯繫而不能採取行動。
5. 動物：指「雞」，古代風神皆為鳥形，而雞為鳥類。
6. 延伸：代表木（可以開花結果）、繩直（木幹為直）、長與高（皆與木有關）、進退不定（有如風向不定）、沒有結果（不定則無結果）、白色（木心為白，而風本無色）、多白眼（嫌棄別人）、近利市三倍（投資順利，收穫可期）。

　　每一卦的象徵有好有壞，有時還自相矛盾，但是人生許多事情不正是換個角度就面貌迥異嗎？

坎卦的象徵

　　坎卦（☵）如果豎直起來，就是象形字的「水」，可見《易經》的卦象與古代文字有些關聯。坎卦由一陽二陰所組成，所以是陽性卦；並且陽爻在由下往上的第二個位置，所以稱為中男。

1. 自然界：指「水」。
2. 基本性質：「陷」，水深難測，水流危險，有如陷阱。今日還在使用「坎陷」一詞。
3. 家庭成員：指中男。

4. 身體器官：指「耳」，因為耳能聚集聲音，正如水能聚在低處一般。

5. 動物：指「豕」，因為大豬喜歡待在潮濕之處。

6. 延伸：代表溝渠、隱伏、弓或車輪、月亮、強盜、多憂愁、心病、美脊馬、拉車的馬、多災多難的車、堅實多刺的樹等。

坎卦象徵雖多，主要還是指涉困境。《易經》六十四卦中，有所謂四大難卦（屯卦、習坎卦、蹇卦、困卦），皆包含坎卦在內，也是這個緣故。但是，危機也是轉機，人在憂患中才會提高警覺，由此轉危為安。

離卦的象徵

離卦（☲）與坎卦相對，所以代表了「火」。它是一陰二陽，屬於陰性卦。陰爻在由下往上的第二位，所以是中女。

1. 自然界：指「火」。

2. 基本性質：「麗」，指附麗或依附，亦即火總是依附在木柴或蠟燭上，而不會獨自燃燒。

3. 家庭成員：指中女。

4. 身體器官：指「目」，因為火代表光明，而光明顯然與眼睛有關。

5. 動物：指「雉」，山林中的野雞，羽毛色彩豔麗，有如火光閃爍。

6. 延伸：代表日、電（閃電之光）、盔甲、戈兵武器（火能防衛，也能傷人）、龜（可用以占卜，顯示未來）、甲殼類、葉子脫落而枯槁的樹木等。

韓國國旗所取的正是先天八卦圖中的四卦。四卦指的是乾、坤、離、坎，正好分布於上下左右，代表的是「天地日月」。由此可見，離卦常用以象徵日，有如白天大放光明，或色彩斑斕的文明表現。不過，離為火，稍一不慎，火也能造成重大災害。

艮卦的象徵

　　艮卦（☶）的卦象下虛上實，有如我們看山都是注意山的稜線或山峰的曲線。它是一陽二陰，並且陽爻在由下往上的第三位，所以代表少男。它的各種象徵如下。

1. 自然界：指「山」。
2. 基本性質：「止」，因為古人遇山則止，無法跨越，並且它是少男，在陽性爻方面到此為止。
3. 家庭成員：指少男。
4. 身體器官：指「手」，因為人會伸手阻擋別人的侵犯。
5. 動物：指「狗」，因為狗能看門，阻止陌生人。
6. 延伸：代表小路（相對於震卦的大路）、小石（山腳下小石多）、門闕（不讓外人進入）、守門人、植物果實（終於有了結果）、黑嘴禽獸（陽爻在上，有如硬的嘴在外）、堅硬多節的樹等。

　　一般研究卦象，會特別注意其基本性質，因為六十四卦是由八卦兩兩相合所形成。任何兩個單卦的組合，都會顯示兩種性質的並列。那麼它們會相斥還是相吸，則必須熟悉八卦各自的基本性質，才能掌握其含意。

兌卦的象徵

兌卦（☱）由一陰二陽組成，是陰性卦，並且陰爻位於由下往上的第三位，所以代表少女，也是基本八卦的最後一個。

1. 自然界：指「澤」。沼澤的水是平靜安全的，也是人類與其他生物所需要的。
2. 基本性質：「說」。這是喜悅的「悅」字。見到沼澤，對於逐水草而居的古人，自然欣喜有加了。
3. 家庭成員：指少女。
4. 身體器官：指「口」，因為口能說話唱歌，使人愉悅。
5. 動物：指「羊」。古人造字時，以「羊大」為「美」。少女亦讓人欣賞。
6. 延伸：代表口舌是非（說話也可能形成各種風波）、毀折（有了缺口）、脫落（不完整）、巫（可以預言）、妾（年輕女子）。

兌卦所象徵的口，既有喜悅之意，又有毀折之意。這表示成敗皆在於說話。《易經》總是提醒人注意言與行，孔子也勸人「敏於事而慎於言」。言行皆須出於真誠之心。只要心誠，說話自然感人，可以讓大家分享喜悅。

古代歷史的展開

卦象的用意

　　《易經‧繫辭傳》是一篇獨立的論述，暢談有關《易經》的各種觀念。譬如，古代聖人為什麼要設計這一套符號系統，其用意何在？

　　我直接以白話來敘述其中道理：

　　「聖人設計卦的圖案，觀察卦象又附上了解說，用以彰顯吉祥與凶禍，藉由剛爻與柔爻互相推移而展現變化。因此，吉祥與凶禍，是描寫喪失與獲得的現象；懊惱與困難，是描寫煩惱與鬆懈的現象；各種變化，是描寫推進與消退的現象；剛爻與柔爻，是描寫白晝與黑夜的現象。六爻的活動，代表了天地人三層次的運行規則。」

　　由此可知，《易經》一卦六爻是為了描述「變化」。變化若與人的願望配合來看，就有吉凶與悔吝的結果。由於變化一直在進行之中，所以人除了仔細觀察各種細節之外，還須培養德行，亦即體認「天道無吉凶」。天道是指六十四卦所構成的萬物萬象的整體，我們不可能只取某些好的部分而排斥另外那些壞的部分。

　　事實上，好或壞常常繫於主觀的認知與意願。只要節制欲

望，任何一卦都有可取的部分。我們常說的「有則改之，無則加勉」、「止謗莫如自修」等，都是類似的教訓。只有在修德方面，可以說「求人不如求己」。

古代歷史的第一步

〈繫辭傳〉有一段談到伏羲氏制作八卦，其中描述了古代歷史的展開過程。這是我們學習《易經》的一大收穫，因為除了由此得悉古代世界的演進狀況，也可以頓悟卦象之原始的理解方式。

那麼，這一段資料是怎麼說的？伏羲氏是如何著手這個大工程的？〈繫辭傳〉說：「古代伏羲氏統治天下時，抬頭就觀看天體的現象，低頭就考察大地的規則，檢視鳥獸的花紋與地理的特性。就近取材於自己的經驗，並且往遠處取材於外物，然後著手製作八卦，用心會通神明的功能，比擬萬物的實況。」

亦即用符號來代表外物，然後藉由符號的組合來比擬萬物的變化。近代德國哲學家卡西勒（E. Cassirer）說：「人是使用符號的動物。」

〈繫辭傳〉接著說：「他編草為繩並且製成羅網，用來打獵捕魚，這大概是取象於離卦。」離卦（☲）的「離」字有「羅網」之象，由此產生具體的效用。但是，離卦原是指「火」，它列為伏羲氏應用的第一卦，也可以指涉「火是文明的創始力量」。沒有火，人類難以在洪荒世界存在。希臘神話也有普羅米修斯盜火給人的故事，大概基於同樣的考量。

〈繫辭傳〉在介紹了伏羲氏之後，接著談了一段古代歷史：「伏羲氏死後，神農氏興起。他砍削木頭製成犁，揉彎木條製成犁柄，取得耕地鋤草的便利，再用來教導天下百姓，這大概取象於益卦。」

　　神農氏代表古代的農業社會階段，他為了農耕的需要，所參考的是益卦（☲）。理由是：「本卦下震上巽，巽為木，震為足，中間有互艮與互坤，艮為手，坤為地。合之則為手持木器，腳入地而行動，為耕田之象。」這句解說使用了多重象徵，值得仔細玩味。

　　接著，〈繫辭傳〉又說：「每天正午開設市集，招來天下的民眾，聚集天下的貨物，大家相互交換然後散去，讓人人都得到所需之物，這大概是取象於噬嗑卦。」

　　「噬嗑」一詞有「市合」之意，有如市集交易而貨暢其流，各得所需而合其心意。由卦象看，噬嗑卦（☲）「下震上離，離為日，為龜，震為行。中間有互艮與互坎，艮為手，坎為平（水）。合之則為在太陽下，行人以手易物，公平交易。」龜在古代為值錢的貨物。

　　走到這一步，社會大致穩定，可以逐漸開啟文明了。原來這一切都是受了《易經》的啟發，真是令人驚訝。

　　在伏羲氏與神農氏之後，〈繫辭傳〉接著談到黃帝與堯、舜。加起來五位聖人，為了建國安邦，一共參考了十三個卦。前面提及離卦與益卦，接著上場的才是乾坤二卦。

　　〈繫辭傳〉提到：「神農氏死後，黃帝、堯、舜相繼興起，會通各種變化，使百姓不會倦怠，以神奇能力化解困難，使百姓適宜生存。《易經》的法則是：窮困就會變化，變化就

會通達，通達就會持久。因此，獲得上天的助佑，吉祥而無所不利。黃帝、堯、舜讓衣裳下垂而天下得到治理，這大概是取象於乾卦與坤卦。」

只要把握「窮則變，變則通，通則久」的原理，自然無往不利。乾卦（☰）象徵「衣」，坤卦（☷）象徵「裳」，古人服飾為「上衣下裳」，表示上下定位，各得其所，形成「垂衣裳而天下治」的景觀，亦即無為而治。並且，乾為天，坤為地，只要天地定位，則萬物自化，永保和諧安寧。

不過，人類世界的開展，卻不會如此單純。聖人除了具備超凡的智慧與能力之外，還需要卓越的德行，並且必須教導百姓在人生的各種問題上，明白正確的道理，追求真正的幸福。

社會生活的便利

〈繫辭傳〉在乾坤二卦之後，繼續描述古代社會如何藉由卦象來製作生活必需品與制定行為規範：「挖鑿樹幹做成船，砍削木頭做成槳，船與槳的便利，可以助人渡過橫阻的河流，去到遠方造福天下的人，這大概是取象於渙卦。」渙卦（☴☵）是木在水上，中間互震，震為行，有行船之象。

其次「馴服牛，乘著馬，可以拉著重物去到遠方」，造福天下的人。這大概是取象於隨卦，隨卦（☱☳）下震上兌，由行動而喜悅，都是為了造福天下人。

然後，「重重門戶加上打更巡夜，用心防備凶暴的來者，這大概是取象於豫卦。」豫卦（☳☷）下坤上震，坤為關起門來，震為出聲示警。

接著，「截斷木頭做成杵，挖掘平地做成臼，杵與臼的便利，讓所有的百姓得到幫助，這大概是取象於小過卦。」小過卦（䷽）下艮上震，下止而上動，為樁米之象。

最後，「揉彎樹枝做成弓，削尖樹枝做成箭，弓與箭的便利，用以威震天下，這大概是取象於睽卦。」睽卦（䷥）下兌上離，水火背道而馳，需要威鎮之。這一切都是為了長治久安。聖人用心良苦可見一斑。

社會規範的形成

〈繫辭傳〉最後談到文化禮俗方面的建設：「上古時代，人住在洞穴與野外，後代的聖人改變為建造宮室，上有棟樑下有屋宇，用來防禦風雨，這大概是取象於大壯卦。」大壯卦（䷡）下乾上震，乾為人，震在東方屬木，象徵人有遮風避雨的屋子。

接著，「古代埋葬死人，用許多層柴草把人裹起來，埋在荒野中，不堆成墳墓，也不設立標誌，服喪也沒有固定的期限。後代的聖人改變為用棺槨殮葬，這大概是取象於大過卦。」大過卦（䷛）下巽上兌，巽在下為木，兌在上為反巽，為反蓋之木，中間互乾為人，有如人在上下二木之間，為棺槨之象。

最後，「上古時代，用結繩記事的方法來治理，後代的聖人改變為使用文字記事，官員得以治理，百姓得以監察，這大概是取象於夬卦。」夬卦（䷪）下乾上兌，乾為金，兌為言，合之則為把言語刻在金屬上，形成書寫的文字，有文字才

有法律，也才能記載歷史。

　　以上各文所述的十三卦，是〈繫辭傳〉介紹古代聖人的非凡成就時所參考的。這一切都是為了人群的福祉。《易經》在中國古代的重要價值實在是不可取代的。

君子珍惜《易經》

〈繫辭傳〉認為，君子應該隨時參考《易經》提供的智慧：「因此之故，君子所安心靜處的，是《易經》顯示的位序；他所樂於玩味的，是卦爻辭的內容。」這裡提及的「位序」，似乎與占卜有關。譬如，我占到自己處在乾卦九三，那麼就須參考「整天勤奮不休，晚上還戒惕謹慎；有危險，但沒有災難。」

接著，「因此之故，君子靜處時就觀察卦爻的圖象，並且玩味其中的語詞；他行動時就觀察卦爻的變化，並且玩味其中的占驗。」這句話的含意是《易經》內容博大精深，我們一輩子也研究不完。事實上，《易經》本身是一部書，變化的是我們自己。但是，不論什麼變化，我們都可以在其中找到一些啟示。

「閒坐小窗讀周易，不知春去已多時。」這句詩所反映的是古代讀書人沉潛於《易經》中的心情。人只能活在當下目前的處境，但是天地無限寬廣，人生也變化無窮。《易經》卦爻辭的內容充滿象徵的意義，有如鑽石的各個側面，總是彰顯不同的精采，讓人百讀不厭。〈繫辭傳〉在本段結論說：「所以，上天會保佑他，吉祥而沒有任何不利。」這與「天助自助者」一語，也有異曲同工之妙。

《易經》的四種作用

按照〈繫辭傳〉的說法，《易經》在四個方面展現了聖人之道：

- 用在言語方面的人，會推崇它的言詞；
- 用在行動方面的人，會推崇它的變化；
- 用在製造器物的人，會推崇它的圖象；
- 用在卜筮方面的人，會推崇它的占驗。

由此可知，古人閱讀《易經》，會在「言語、行動、製造器物、卜筮」這幾方面得到啟發。其中最讓人感到興趣的應該是「卜筮」。所以〈繫辭傳〉接著說：「因此，君子準備有所作為，準備有所行動時，用言語去詢問，它就會接受提問並且像回音一樣地答覆。無論是遠的、近的、幽隱的、艱深的問題，它都可以讓人得知未來的狀況。」

關於卜筮，稍後再談。〈繫辭傳〉在本段最後的結論是：「《易經》的卦象，沒有思慮，沒有作為，寂靜不動，一受到感應就能通達天下的道理。」六十四卦擺在那兒，三百八十四爻也不會消失。平常翻閱時，只覺得深奧難解，不知其意思何在；一旦自己遇到具體的狀況，就好像有所感應，對某一卦的卦辭，某一爻的爻辭，覺得「心有戚戚焉」，正好說中了自己的心事，然後依其指示的方向去尋思正確的抉擇。有時並非《易經》告訴我們應該如何，而是我們由內心得到某些暗示，察覺了適當的因應之道。

聖人的三項條件

　　古代經典所謂的「聖人」，各有不同的指涉。〈繫辭傳〉提及的聖人指的是製作《易經》的人，必須具備三項條件：德行、能力與智慧。這種觀點符合儒家的立場。

　　〈繫辭傳〉首先引述孔子的話：「《易經》可以用來做什麼？《易經》的哲理可以開發萬物，成就功業，涵蓋天下的法則，如此而已。」誰能完成這個任務？當然是聖人了。接著：「因此之故，聖人用它來貫通天下人的心意，奠定天下人的事業，裁斷天下人的疑問。」若想貫通天下人的心意，則須靠「德行」，因為只有德行完美才可能使天下人心悅誠服。若想奠定天下人的事業，則須靠「能力」。能力不足的人又怎能使天下人安居樂業？

　　最後，比較特別的是「智慧」，因為天下人總是會有各式各樣的疑惑。《尚書‧洪範》提到「稽疑」（解決疑惑）時，也認為要使用「卜筮」。有些事可以靠深思熟慮，或由集思廣益而得到解決辦法。但是有些狀況讓人猶豫不決，難以衡量利弊得失，這時聖人就須發揮他的智慧了。在《易經》中，聖人的智慧總是離不開占卜的神奇作用。占卜的方法並不困難，但是如何解卦才是最大的挑戰。《易經》的建議依然是：保持一顆真誠而清明的心，再運用正確的方法。

《易經》的智慧

　　〈繫辭傳〉描寫《易經》時，提及那是「衰世」，天下大亂，所以要有「憂患」意識。人在戒惕之中，特別用心體察，由此得見人所未知之事。

　　〈繫辭傳〉提到：「《易經》明白過去並且察知未來，進而探究現象的細微變化，闡發幽隱的內情。解釋時，以恰當的名稱分辨事物，用準確的言詞來下斷語，做到完備的程度。它所使用的名稱雖然有限，但是取材的類別卻很廣大。它的特色是：旨意深遠，語詞文雅，所說的話委婉而中肯，所說的事直率而含蓄。用這些來輔佐卦象，因而有助於百姓的行動，顯示喪失與獲得這兩種報應。」

　　百姓最看重的是報應，善有善報而惡有惡報，如此他們才願意繼續走在行善避惡的正途上。由此可見，《易經》的鑑往知來，是出於深刻了解人情世故，人對吉凶禍福的意願，以及未來變化的大致規律。對有志成為君子的人而言，這一切的關鍵是修德。

　　《易經》六十四卦中，每一卦都有〈大象傳〉，「君子」一詞出現於五十三卦中，所談皆與個人如何修養德行有關。因此，在進一步學習占卦方法之前，必須先明白這一點。德行若是未能改善，即使獲得吉祥，又怎能珍惜與持久呢？

謹慎忠厚

〈繫辭傳〉選擇某些卦爻辭來加以發揮。所側重的都是做人處事的道理。

譬如，大過卦（☴）的初六說：「用白色的茅草墊在底下，沒有災難。」孔子解釋：「就是把祭品擺放在地上也可以啊，底下還要墊一層茅草，這會有什麼災難呢？這是謹慎到了極點。茅草是一種微薄的東西，但是可以產生重大的作用。按照這種謹慎的方法去做事。就不會有什麼過失了。」

再如謙卦（☷）的九三說：「有功勞而謙卑的君子，有好結果，吉祥。」孔子解釋：「勞苦而不誇耀，有功績而不自認為有德，真是忠厚到了極點。這是說那些有功績依然謙下待人的人。德行要講求盛美，禮儀要講求恭敬，而謙卑正是使人恭敬以致保存自己地位的坦途。」

〈繫辭傳〉所謂的「子曰」，照字面意思是指「孔子說」，但是孔子是否真的說過這些話則仍有爭議。原則上，這些話既有智慧，又符合孔子教人修德的宗旨，因此我們至少可以視之為代表儒家立場，並且仔細聆聽而由之得到啟發。

人生的正路

《易經‧說卦傳》主要是解說基本八卦的性質與象徵，其中有一段談到聖人作《易》的目的：「從前聖人創制《易經》，是要以它順應本性與命運的道理。因此，確立天的法則，稱之為陰與陽；確立地的法則，稱之為柔與剛；確立人的

法則，稱之為仁與義。」

　　天是主動的創造力，以陰與陽為代表；地是被動的順承力，以柔與剛為象徵。人呢？就須靠「仁與義」來完成人生的應行之路了。〈繫辭傳〉有一段相關文字：「天地最大的功能是創生，聖人最大的寶物是地位。如何守住地位則說是仁德，如何聚集眾人則說是財物，因此，經理財物，導正言論，禁止百姓為非作歹，就說是義行。」

　　對百姓來說，聖人居於統治地位，必須展現仁德，並且使百姓在財物上不虞匱乏；至於義行，則是「理財正辭，禁民為非」，要引導百姓行善避惡。人生不是光為了活下去，還須明白活著有何目的。仁德與義行不只是聖人或政治領袖的必備條件，也是每一個人內心最深的願望。這是儒家人性向善論的立場，值得我們認真省思。

《易經》的占卦意義

　　依心理學家榮格（C.G. Jung）所說，占卦所根據的是「共時性原理」，亦即同時發生的事情之間，應該也有相互的關聯。為什麼你在此時此地想要占卦？為什麼你要問的正好是某個問題？這些看似偶然的狀況，其實可以用一個術語來描寫，就是「有意義的偶然」。我們認為「偶然」的事，並非真的偶然，而《易經》占卦正是要解開此一謎題。

　　譬如，用一個拾元銅板，人頭代表陽爻，另一面代表陰爻，然後向上拋擲六次，就得到「由下而上」的六爻，形成一個本卦。接著再用一顆骰子一擲，看是幾點就代表哪一爻要變（由陽變陰，或由陰變陽），然後出現一個之卦（新成的卦）。這個變爻的爻辭就是我所占問之事的答案。

　　這種方法實在太容易了，三分鐘就算出一件事。但是，正因為太容易而顯得有些草率，你會接受它的結果嗎？大概不會。〈繫辭傳〉提及的占卦方法，必須使用五十根蓍草或籌策（竹片），按照規矩仔細運作，大概二十分鐘可以算出一卦，並且其中的變爻可能從一到六，代表世事難料。

　　占卦之事，寧拙勿巧，真誠為上，並且要保持客觀心境，因為最後決定吉凶的還是個人的智慧與德行。

占卦不是迷信

有一次，我在一家直銷公司演講，會後討論時，一位年輕學員問：「我去年算命，算到師卦，請教授幫忙解說。」

我隨手在白板上畫下師卦（☷）），然後問他今年幾歲，他答二十九。我說：「師卦六爻是一陽五陰的格局，九二為主。你二十九歲，正在這個主爻的位置。這代表兩個意思，就是師卦象徵『眾』與『軍』，一方面你有很多下線支持你，事業相當順利；另一方面，你開始遇到強勁的對手，對你頗具威脅。」他聽了之後頻頻點頭。

我的說法是根據師卦的卦象與卦爻辭，一點也不神祕。平常多研究這些，自然會明白其中道理；至於臨場解說，則須靠一些靈感。我不知道他是怎麼算到師卦的，因為從《易經》演變出來的占卦方法很多。不過，不論你怎麼占，最後出現的都是一個具體的卦。

那麼，這位學員的下一步會怎麼發展？如果只看師卦，他到三十歲就有問題了，因為師卦六三頗為凶險。我只負責解說卦象，沒辦法告訴他將來該如何。他若開始認真修德，調整價值觀，則吉凶再怎麼輪流轉，又何必太在意呢？《易經》不是迷信，因為它希望你了解自己的處境以及努力的方向。

占卦的原則

《荀子・大略》說：「善為易者不占。」意思是真正精通《易經》的人不必依賴占卦，因為他熟知《易經》的變化規

則，明白吉凶禍福在於人的欲望，並且所謂的吉凶禍福也是相伴相隨而生的。既然如此，不如認真修養德行。譬如，「无咎」（沒有災難）所要求的是「善補過」（善於補救自己的過錯）。知過能改，善莫大焉。

如果真要占卦，則須遵守「三不占」的原則：

- 不誠不占
- 不義不占
- 不疑不占

這其中的道理並不複雜。試問：心中缺乏誠意，自然不會相信占卦的結果，又何必浪費時間去占卦。其次，「不義」是指缺乏正當性，亦即不是自己應該過問的事，譬如別人的隱私或遭遇等。最後，有些事情早已確定無疑，並且合乎常理的發展，那麼又何需占卦？

據說孔子在魯國受到冷落時，曾經占得「旅卦」（☲），顧名思義，自然是應該周遊列國了，因為火在山上，所以要順著時勢而知所進退。人生難道不是形同旅行嗎？孔子如果不曾周遊各地十三年，又如何檢驗他的學說與理想？因此，占卦並非為了取得某些世俗的利益，而是為了有效完成人生的目的。

爲什麼要學習《易經》

我曾歸納自己學習《易經》的心得，可分為三點：

- 不學一定不會
- 學了不一定會
- 學會終身受用

首先，不學一定不會。《易經》與別的學問不同，它有自己的一套符號與術語。如果不先通過這一關，就永遠只能在門外徘徊。這一關很難闖過去嗎？未必。只要先花一個星期去認識這些符號與術語，並且用心記住朱熹所寫的〈卦名次序歌〉，就是將六十四卦依序熟讀成誦。其文如下：

乾坤屯蒙需訟師，比小畜兮履泰否。
同人大有謙豫隨，蠱臨觀兮噬嗑賁。
剝復无妄大畜頤，大過坎離三十備。
咸恆遯兮及大壯，晉與明夷家人睽。
蹇解損益夬姤萃，升困井革鼎震繼。
艮漸歸妹豐旅巽，兌渙節兮中孚至。
小過既濟兼未濟，是為下經三十四。

背會〈卦名次序歌〉之後，再根據《易經》的內容，一卦一卦仔細念下去，並且要記住如何畫出每一卦。在學習畫卦時，口訣根據各卦在自然界的象徵，由上往下念，但是畫卦時一定要記得由下往上畫。這種看似相反的順序，需要花一點時間，習慣之後就會反應很快了。譬如，有人問我「謙卦」，我心中默念「地山謙」（☷☶），而筆下畫的是由下往上的六爻。一聽卦名就可以畫出來，就算過了第一關。

　　其次，學了不一定會。這是因為學習《易經》的兩大重點是：明白義理，以及使用象數來占卦。在明白義理方面，就是要釐清六十四卦、三百八十四爻的卦辭與爻辭在說些什麼。這等於先寫下標準答案，再請你去找充分的理由。至今為止，可能還沒有人可以完全說清楚這些卦爻辭。懂得八成以上，就算高手了。在解說時，所根據的象徵與原則不能太多，否則全書將失去統合性與連貫性。

　　另外，即使學會了用五十根籌策占卦的方法（事實上半小時就可以學會），真正的難題在於「如何解卦」。至今為止，還沒有一套普遍認可的解卦方法。我們介紹朱熹在《易學啟蒙》所說的解法，是因為較多人使用，並且準確度較高。在解卦時，有些狀況需要拋開卦爻辭，直接由卦象的組合來領悟。這是因為伏羲畫卦時尚未發明文字，我們又怎能完全受限於卦爻辭呢？如此一來，不是「學了不一定會」嗎？既然如此麻煩而又缺乏保證，那為何還要學習《易經》呢？

　　因為，學會終身受用。學會了《易經》的義理，就懂得如何做人處事，可以得到莫大的助益。譬如，要居安思危，謙虛自處，損己利人，持盈保泰等。〈繫辭傳〉指出，占卦的啟示

對人而言，是「无有師保，如臨父母」，意思是：當一個人年紀大些時（如四、五十歲以上），已經沒有老師與保護者了，這時占卦就會像父母一樣，提供既善意又重要的啟示。

父母年紀大了之後，未必可以告訴我們遇事如何抉擇，但他們的善意與愛心是完全可以肯定的。占卦既有這樣的心意，同時還有無比的智慧，正是古人留給我們的心靈父母。不妨敞開心胸，讓這樣的父母為我們指點迷津吧！

於是，在義理方面，我們明白人生最重要的自我修練是：德行、能力、智慧。這三項修練與時俱進，則將體認「天道無吉凶」，每一卦每一爻都是善意的提醒，就看我們如何反求諸己了。「日日是好日」，其實十分自然。

在象數方面，用之於重大抉擇上，占卦將「如響斯應」，或甚至「有求必應」。這個「應」不是讓人心想事成，而是讓人化解盲點與執著，過一種簡約而有效率的生活，以積極主動的精神，面對人生的各種挑戰。這時，不僅自助，還可助人。隨著年紀增長，我們成為前輩或老一輩，這時我們對家人與親友的價值也會水漲船高，如此不是終身受用嗎？

第二部
《易經》占卦解卦 ──

占卦解卦

占卦須知

一、人生有無數的抉擇，造成吉凶悔吝。如何抉擇可保平安？可以趨吉避凶？《易經》提醒人要注意：德行（因為欲望造成盲點與執著）、能力（有能力就有自信）、智慧（充分運用理性的力量，加上生活經驗的配合）。

二、在「智慧」方面，占卦可以提供協助。所謂的「无有師保，如臨父母」，以及「人謀鬼謀，百姓與能」（〈繫辭下〉）。

三、在理性及經驗皆無法明確論斷時，可以進行占卦。首先，要遵守「三不占」原則：

不誠不占：此乃求教於神明，首重真誠。

不義不占：不合乎正當性及合理性的問題，不必占問。

不疑不占：必須是理性難以測度之事。

四、提問方法：

1.每次一個問題，問題是：現在有一選擇，一旦決定則後果如何？譬如小孩可選兩個學校，則須分占兩次，看其結果何者為宜。或者，欲購某屋，占其是否可行？當然，亦可占個人之時運、經商、婚姻、事業、健康、子

嗣等。

2. 同一問題，可以換不同方式來占。一旦有了結果，則須
過三個月（一季）再占。

五、占卦最好在清晨，心思清淨，意念集中。先擬好問題，準
備紙筆。拿出籌策，握於手中，心中默念：「假爾泰筮有
常，某（自己名字）今以某事（想要占問之事），未知可
否。爰質所疑於神之靈，吉凶、得失、悔吝、憂虞，惟爾
有神，尚明告之。」

六、然後依占卦步驟，仔細進行。

占卦方法

「大衍之數五十，其用四十有九。分而為二以象兩，挂一
以象三，揲之以四以象四時，歸奇於扐以象閏，故再扐而後
挂。乾之策二百一十有六，坤之策百四十有四，凡三百六十，
當期之日。二篇之策，萬有一千五百二十，當萬物之數也。是
故四營而成易，十有八變而成卦。」（〈繫辭〉上・10）

說明：筮者準備五十根蓍草（今之籌策），取一根橫放在
正前方，代表「太極」，在整個運算過程中保持不動。真正進
行運算的，是為四十有九。（大衍之數五十，其用四十有九）

第一次運算：

1. 任意分四十九根為兩組，甲與乙。（分而為二以象兩）
2. 從甲組中取出一根，放置於左手二指之間。（挂一以象
三）

3. 甲組以四除之。（揲之以四以象四時）

4. 甲組所餘之數，為一或二或三或四，（整除而無餘數，則取出四根）將此餘數也放置於左手二指之間。（歸奇於扐以象閏）

5. 乙組以四除之。（再揲之以四，以象四時）

6. 乙組所餘之數，為一或二或三或四，將此餘數也放置於左手二指之間。

7. 將左手二指之間所得之根數置於左斜上角。所餘者為四十四根或四十根。

第二次運算：

1. 將所餘之四十四根或四十根，任意分為甲乙兩組。

2. 重複第一次運算中的2至7，將左手二指之間所得之根數置於左斜上角，但勿與前次的重疊。此時餘數應為四十或三十六或三十二。

第三次運算：

1. 將第二次運算所餘之數，任意分為甲乙兩組。

2. 重複第一次運算中的2至7，將左手二指之間所得之根數置於左斜上角，但勿與前兩次的重疊。此時餘數應為三十六或三十二或二十八或二十四。

3. 最後留在桌上的餘數以四除之，得到九或八或七或六。九與七為陽爻，八與六為陰爻。

經過以上三次運算得到初爻，知其為陰爻或陽爻，並且記

下數字（九或八或七或六），如此，再重複五次，得到由下往上的五爻。六爻共需十八次運算，是為「十有八變而成卦」。所形成的卦是為「本卦」。九為老陽，七為少陽；六為老陰，八為少陰。（老陽為夏季，老陰為冬季；少陽為春季，少陰為秋季。）九、六為可變之爻；七、八為不變之爻。經過九由陽變陰與六由陰變陽，再形成「之卦」。本卦與之卦配合，提供所占之事的線索。

數字卦的占法

一、心中對某事有所疑惑，此時「隨機」想到三組三位數字，隨手寫下來。

二、第一組三位數以 8 除之，視其餘數，可形成下卦。（若整除，則餘數為 8）

第二組三位數以 8 除之，視其餘數，可形成上卦。（若整除，則餘數為 8）

第三組三位數以 6 除之，視其餘數，即是變爻。（若整除，則餘數為 6）

三、前兩組的餘數所針對的是先天八卦的數字：乾 1，兌 2，離 3，震 4，巽 5，坎 6，艮 7，坤 8。

四、確定為某卦之後，再看變爻何在，即可翻查「解卦手冊」。

五、請注意，數字卦可用於較簡單的小事。人生大事請用籌策占卦。

解卦參考

一、遵守「三不占」原則：不誠不占，不義不占，不疑不占。

二、解卦步驟：

　1. 針對所占問之事，本卦代表當前的處境，之卦（之，往也）代表未來的趨勢。要配合心中的疑惑，詳細思考兩卦的卦辭含義，以求得到啟發。這是最重要的一步。

　2. 六爻皆不變者，只有本卦而無之卦，則參考卦辭。

　3. 一爻變者，則參考本卦變爻的爻辭。

　4. 二爻變者，則參考本卦兩個變爻的爻辭，以上爻為主。

　5. 三爻變者，則參考本卦及之卦的卦辭，但以本卦為主。

　6. 四爻變者，則參考之卦中二不變之爻的爻辭，但以下爻為主。

　7. 五爻變者，則參考之卦中不變之爻的爻辭。

　8. 六爻皆變者，則參考乾坤二卦的用（九、六）辭，並參考之卦卦辭。

三、以上 2 至 8，主要參考朱熹《易學啟蒙》之說，但不可忽略解卦所需要的生活經驗，以及個人主觀的能動力量。

四、對同一問題，至少隔三個月再占。請記住荀子所云：「善為易者不占。」懂《易經》的人要努力經由理性思維與德行修養，來主導自己的命運。

念念有詞

　　古人占卦之前，為了表示誠意，需默念一小段禱詞：

　　「假爾泰筮有常，某（自己名字）今以某事（想要占問之事），未知可否。爰質所疑於神之靈，吉凶、得失、悔吝、憂虞，惟爾有神，尚明告之。」

　　意思是：希望憑藉偉大占筮所擁有的恆常法則，某現在正在考慮某事，不知可不可行。因此特地將自己的疑惑拿來請教神明的靈驗智慧，有關此事的吉與凶，得與失，懊惱與困難，擔心與寬心，都希望占筮的神奇功能可以明白告訴我結果。

　　今天我們占卦時是否需要背誦這段話呢？其實只要記得大意就可以了。如果太過於堅持這樣的字句，未免太過於形式主義了。

　　我的做法是：讓自己心思安靜下來，存想所要占問之事約一分鐘，再向占筮之神請求指導，然後進行占卦。用籌策或數字占卦時皆是如此。

　　占卦結果出來之後，還有一大挑戰，就是「如何解卦」。這裡涉及對《易經》文本的研究以及個人直覺所得的靈感。換言之，占卦不是算命所謂的鐵口直斷，而是要求我們運用理智，明白自己的處境與相關位置，然後以合情合理的態度調整自己的想法。

占卦三不原則

「不誠不占，不義不占，不疑不占」，這是「三不占」的原則。

何謂不誠不占？占卦是心中有疑惑，再誠懇請教鬼神之事。此處所說的鬼神，泛指祖先之靈而言。祖先沒有不關照子孫的，但子孫首先必須誠心。由於《易經》的重點在於提醒人培養「德行、能力、智慧」，而占卦是特別針對智慧而做的設計。至於這是否涉及迷信的問題，將來再做深入的討論。

何謂不義不占？你所提的問題必須合乎「正當性」，因此明知一事為錯而去占問，將徒勞無功。當然，別人未曾委託的事，你不該問；有關別人的私事，你也不必問。出於真誠又合乎道義，占卦結果才會「如響斯應」。

何謂不疑不占？有些問題依常理常情即可決定其結果，又何必占問？譬如一個學生不用功，你占他考試成績好壞，不是多此一舉嗎？真正的疑問依然很多，譬如我想知道自己的「時運」，想知道某項投資是否有利，想知道某次旅行是否平安，想知道親友生病是否很快痊癒等。

謹守「三不占」的原則，就可以放心占卦來幫助自己做選擇。占卦容易而解卦困難，這一點永遠是我們要面對的挑戰。

不誠不占

電影「非誠勿擾」，意在提醒世人：如果沒有誠心，連交朋友也辦不到。那麼，占卦之事呢？

《易經・繫辭傳》談到占卦時，有兩句話值得注意：一是「无有師保，如臨父母」，二是「人謀鬼謀，百姓與能」。

第一句的意思是，人到一定年紀（如四、五十歲）以後，往往既沒有老師也沒有保護者（无有師保），這時遇到重大的疑難該怎麼辦？占卦使人好像面對自己的父母（如臨父母），可以得到用心良苦的建議，是我們智慧上的父母。父母無不愛護子女，子女何不誠心信賴呢？

第二句則是，占卦是人在想辦法，同時也拜託鬼神一起出主意。古人相信「人死為鬼」，這裡所說的「鬼」泛指祖先之靈而言。鬼神不受身體及時空的限制，所以可以預知未來。百姓學會了占卦，就可以預知未來。百姓學會了占卦，就可以「與能」，一起展現這種特殊能力。

古人採取正式的籌策占卦時，往往選在清晨心思清淨、洗淨手臉之後；若在白日，有的還會先齋戒沐浴，為了表示誠意。我們平常請教父母、長輩、老師、各種專家時，不也需心懷誠意嗎？這種誠意完全排除了心存僥倖的迷信或算命心態。

不義不占

二〇〇七年九月，金融危機即將出現之前，全球股市還是一片榮景。當時有三個朋友同時占問買賣股票之事，得到的結

果都是不好。我缺乏警覺心，沒有賣出自己手中的一些股票。後面的發展難免讓人懊惱。

我買賣股票從不占卦，因為我覺得這有點「勝之不武」。占卦「三不」中，有「不義不占」，這到底要如何界定呢？

「義」有「適宜、適當、正當」之意，其中又以「正當」最為明確。我們小時候背誦過一句話：「義是正正當當的行為。」所言極是。

那麼，「不義」包含哪些事呢？像違法亂紀、傷風敗俗當然在內，像損人利己、探查隱私也在其中。至於買賣股票、投資理財，其實不算什麼不義，只是不宜全憑占卦決定。曾有一位朋友占問股票，認為有利可圖，但是關於何時買何時賣，反而是個問題。如果連這個也要占卦，不是接近迷信了嗎？

我對六十四卦的三百八十四爻都做了扼要解說，分由「時運、財運、家宅、身體」四方面加以回答，也就是說這些都是適宜占問之事。其中以時運最重要，是不言可喻的。而家宅也包含婚姻在內。現代人最常問的感情問題，目前也只能引申說個大概。

不疑不占

在古代，占卦是領導階層所關心的。他們統治百姓，在決策時該怎麼考慮呢？

《尚書‧洪範》提及：天子若有重大疑問，要徵詢五方面的意見。一，「謀及乃心」，君王要自己用心思考該怎麼辦；二，「謀及卿士」，要與各部門的主管官員商量；三，「謀及

庶人」，要知道眾多百姓的想法是什麼；四，「謀及卜筮」。
卜是龜卜，用龜殼占卜；筮是用蓍草占卜，亦即《易經》的
占卦。由於卜與筮是兩種方法，所以以上總共有五方面要徵詢
意見。

在下決定時，還須看是針對什麼問題，如內政、外交、國
防與戰爭、農耕與收成、遷都、君王健康等。不同問題要參考
不同的意見組合，是十分理性的辦法。

占卦時，別忘了我們原本就有各種以理性來思索的管道。
因此，凡是涉及專業問題，不妨先向專家請教；人生的疑難，
不妨先向長輩或相關的人請教。孔子談到交友，分為四個層
次：「可與共學，可與適道，可與立，可與權。」其中最難得
的是「可與權」，就是可以同他一起商量（權衡輕重）的朋
友。

這些都嘗試過了，還是沒有把握，這時就合乎「不疑不
占」的要求，而可以誠心占卦，並且由之得到啟發。

《易經》首卦含意

　　《易經》首卦為乾卦，卦辭是「元亨利貞」，意即：創始、通達、合宜、正固。這四個字在後續各卦的卦辭與爻辭中經常出現，值得多加辨析。先談元與亨。

元亨之意

　　「元」是創始，因為乾卦六爻皆陽（☰），代表無限的生命力。乾卦〈文言傳〉說：「元者，善之長也。」創始，是一切善行的首位。若無創造，則萬物無從產生，若無萬物，則不可能出現善行。「存在」是最大的善，或者說是一切善行的基礎。「元」為首為至大，所以可組成複合詞：元吉是上上大吉或為最吉祥；元亨是無比通達。

　　其次，「亨」為通達。萬物皆由乾卦產生，由於有共同的根源，所以萬物彼此之間可以相通。譬如，牛吃草，消化後可以生產牛乳；人喝牛乳，消化後可以工作與思考。因此萬物以各種形式「生生」不息。「落紅不是無情物，化作春泥更護花」，也是很好的描述，推而至於莊子所說：「通天下一氣耳」。

　　《易經》六十四卦的卦辭中，提及「亨」字的有三十八卦，超過一半以上。由此可見，萬物固然是相通的，而人生處

境也大都可以通達，亦即有路可走。若不見了「亨」字，則需要個人在言行上多加謹慎，不然就在內心想通道理。

利貞之意

談過「元亨」之後，再談「利貞」。

〈文言傳〉說：「利者，義之和也。」意即：適宜，是正當作為的協調。我們特別把「利」字譯為適宜，因為萬物的存在各有其適宜的時空條件與特定模式。魚在水中優游，鳥在空中飛翔，各適其性。而人所要求的不只是活著，還要在複雜的人間走出一條自己的路。

因此，「利」字到處可見。像乾卦九二的「見龍在田，利見大人」，九五的「飛龍在天，利見大人」。各有其「利」，但所利者則須由卦象與爻位中去界定。

其次，〈文言傳〉說：「貞者，事之幹也。」意即：正固，是具體行事的骨幹。「貞」字不但在卦辭中常見，在爻辭中亦所在多有。有些學者認為貞即是占問，但是如此一來，許多未說「貞」字的就不是占問了嗎？

依「貞者，事之幹也」以及「貞固，足以幹事」二語來看，「貞」字譯為「正固」較好。所謂「正固」，亦有二解：一是持守正道並堅持下去，二是依照「貞」字前面所描寫的方式堅持下去。第一種解法較為常見。第二種解法常以「貞凶」一詞出現，亦即如果你明知有些困難，還要照樣這麼做，那就有凶險了。

辨明「元亨利貞」四字，對於解卦應有助益。

第三部

解卦手冊與
解卦實例、啟示 ─────

1 | 乾卦 ☰

乾。元亨利貞。

象曰：天行健，君子以自強不息。

①時運：臨事剛健，自強不息。

②財運：施比受有福，不利買而利賣。

③家宅：積善有餘慶；女子過剛宜慎重。

④身體：保健有恆。

初九。潛龍勿用。

象曰：潛龍勿用，陽在下也。

①時運：培養實力，等待機會。

②財運：宜守不宜攻。

③家宅：娶妻小心。

④身體：保養為宜。

九二。見龍在田，利見大人。

象曰：見龍在田，德施普也。

①時運：得貴人之助，有發展機會。

②財運：開始漲價，官方採購。

③家宅：婚姻大吉。

④身體：運動健身。

九三。君子終日乾乾，夕惕若；厲，无咎。

象曰：終日乾乾，反復道也。

①時運：功名未顯，戒慎免咎。

②財運：日夜防範，可脫險獲利。

③家宅：勤儉保家；不宜攀結高親。

④身體：小心保養。

九四。或躍在淵，无咎。

象曰：或躍在淵，進无咎也。

①時運：一舉成名。

②財運：物價高漲，可保无咎。

③家宅：有一時振興之象。

④身體：繼續健身。

九五。飛龍在天，利見大人。

象曰：飛龍在天，大人造也。

①時運：直上雲霄。

②財運：五穀之類的貿易，物價飛升，有官府支持。

③家宅：富貴之家。

④身體：蒙天所召，不吉。

上九。亢龍有悔。

象曰：亢龍有悔，盈不可久也。

①時運：由滿招損，退而自省。

②財運：過盈則必有虧。

③家宅：婚嫁不利。

④身體：命在旦夕。

解卦實例

實例 1：父母之心

　　我在深圳演講《易經》，一位女士在演講前來到貴賓休息室，說她先生為孩子占過金錢卦，所占的問題是：念醫學院的女兒到了選擇專業的關鍵時刻，該如何選擇呢？

　　女兒喜歡皮膚科（整型），父親卻屬意血液科，認為將來較有希望由此得到諾貝爾醫學獎。他為女兒選擇血液科占得乾卦（☰，第一卦），六爻皆不變，所以要看卦辭：「元亨利貞。」由此看來，應該沒有問題。

　　當時即將上臺演講，我只能匆匆告訴她：「既然你先生占過卦，你為何還要再問呢？」我一演講完，立即要驅車趕往機場。這位母親為了子女的前途，表現了驚人的毅力，先是在我上車前遞了三組三位數給我的助理，然後又電話聯繫，非要知道結果不可。

　　一占之下，也是個乾卦，但變爻在上九。爻辭是「亢龍有悔」。意即：龍飛得太高，已經有所懊惱。

　　我在電話中告訴這位母親：「如果堅持念血液科，將是亢龍有悔的結果。不如讓你女兒依自己的興趣去選擇吧！」金錢卦與數字卦都得出乾卦，可見她的女兒在念書方面有過人的本領，現在就看所考慮的是父親的願望，還是女兒自己的興趣了。

實例 2：得到庇蔭

　　我在馬來西亞上完《易經》課後，一位學員拿出她所占的

卦，要我講解。她占得乾卦，沒有變爻。若無變爻，則以卦辭來斷。乾卦的卦辭為「元亨利貞」，意即：創始、通達、適宜、正固。

她要問的是事業。我說：「乾卦六爻皆陽，代表無限的生命力與主動力。占問事業而得此卦，並且沒有變爻，可見這對你而言根本不是問題，你不必擔心。」我在講解時，旁邊有五六個人圍觀，其中一人是占問者的朋友，他說：「她的事業當然沒有問題。她的母親是一家大百貨公司的董事長，現在要為她成立一家小公司，代理其中一部分業務，那還有什麼問題呢？」

華人世界經常有這種現象，父母庇蔭子女也是合情合理的。不過，既然六爻皆陽，接下來一定會有陰爻上場，變化是難免的。所以，占得乾卦不可大意，反而要考慮「盛極而衰」的壓力。

人與人相處不也是如此嗎？當一切都順利時，下一步不可能無止境地「更加」順利。如果居安不能思危，一遇變化可能會措手不及。父母愛護子女，但也須考慮子女的歷練以及他們的獨立性，否則愛之也可能成為害之。

實例 3：占問健康

一位朋友在國中教書，他的兒子念國中三年級，正是十五歲的青春年華。最近醫生診治，說這個孩子患了肝癌，情況極不樂觀。消息傳出，親友與同學無不傷心落淚。

雖然經過醫生診治，但這時誰不盼望奇蹟出現？朋友鼓起勇氣占卦，得到乾卦，變爻九五，爻辭是：「飛龍在天，利見

大人。」意即龍飛翔在天空，適宜見到大人。

　　我一看占卦結果，心情不禁鬱悶。在占問健康時，爻辭若出現「天」字，就表示要歸天，恐怕不久人世。《易經》講變化，所謂「天道無吉凶」，一切都依序進行，人所能做的只是修養德行與增強能力，再努力透過《易經》占卦來提升智慧。所謂智慧，必須去除成見，以便觀察整體，就事論事，採取合宜的因應方法。

　　在占問健康時，「飛龍在天」告訴我們此人的身體復原無望。「利見大人」一語則不必勉強解釋，只能說是各安天命，意即莊子所說的：「知其不可奈何而安之若命。」兩個月之後，這個孩子過世。由於占卦而知其命，讓做父母的較能安心接受這個殘酷的事實。

　　若是占問學問或事業，乾卦九五當然是有利的，用再多的肯定語句都不為過。唯獨占問健康，情況反而至為不利。

乾卦的啟示

　　談起《易經》，大家耳熟能詳的應該是乾卦各爻的爻辭，如「潛龍勿用、飛龍在天、亢龍有悔」等語。聽到這幾句話，會以為《易經》大概都在討論「龍」這種古生物。事實真相如何呢？

　　乾卦（☰）確實專門借用龍來做為象徵，但是其他六十三卦，則只有坤卦上六談及「龍戰於野」而已。

　　龍究竟是什麼？牠似乎是水陸空三棲的生物，所以可以象徵宇宙創生的力量，遍及一切領域。古代確實有龍。春秋時代

史墨說：「龍，水物也。水官棄矣，故龍不生得。……若不朝夕見，誰能物之？」（《左傳·昭公二十九年》）水官負責養龍，後來不知何故而放棄了。如果不是整天可以見到龍，又有誰可以描繪牠呢？

從「潛龍勿用」一語，可知龍可以入水；再從「見龍在田」一語，可知龍可以出現在地上；然後「飛龍在天」自然是肯定龍可以飛翔於空中。所謂「雲從龍，風從虎」，不是把龍與天上飄動的白雲聯繫起來了嗎？

據說孔子年輕時曾經拜訪老子，受到他不少教訓與啟發。孔子回國之後，向弟子描述老子像龍一樣（其猶龍也），然後多加了一句：「乘風雲而上天。」這就更清楚顯示了龍可以遨遊於天空。

在《莊子·天運》也提及孔子拜訪老子的故事，孔子的描述更生動了。他依然以龍比擬老子：「龍，合而成體，散而成章，乘乎雲氣而養乎陰陽。」意思是：龍，合起來成為一個整體，散開來成為錦繡文章，駕著雲氣，翱翔於天地之間。由此觀之，龍確實可以代表剛健不已的創造力。

那麼，「潛龍勿用」一語，難道只是單純用來描寫年輕人，或者，成年人也會遇到這樣的處境？從乾卦的〈文言傳〉看來，孔子對「潛龍」的描述讓人大開眼界。他說：「這是指具有龍的德行而隱遁的人。他不會為了世俗而改變自己，也不會為了名聲而有所作為；避開社會而不覺苦悶，不被社會承認也不覺苦悶。別人樂於接受，他就推行主張；別人有所疑慮，他就自己退避。他的心志是堅定而無法動搖的，這就是潛伏的龍啊。」

換言之，一個德行與能力皆有極高修養的人，依然可能處在「潛龍」的位置。有些專業人才到了中年才轉業，或者想要開創新的事業，這時必須從基礎做起，不正是潛龍嗎？

　　從卦象看來，乾卦初九位居底層，往上是五個陽爻，皆有充實的力量，根本不容僥倖。並且，底下的爻想要往上發展，初九必須依賴九四，奈何同性排斥，毫不相應，只能稍安勿躁了。

　　接著到了九二，則因為位居下卦三爻的中間，正如九五位居上卦三爻的中間，等於是有人輔佐與左右逢源，因為這兩卦都談及「利見大人」，適宜見到大人。所謂大人，是指德行完備的人。對君子而言，這是得君行道的大好機會，可以放手一搏。

　　九三與九四，都是「无咎」（沒有災難），但是條件是必須不斷「進德修業」。「做到忠誠而信實，由此可以增進德行；修飾言詞以確保其誠意，由此可以累積功業。」由此可見，進德在於自己，修業則須有事實驗證，亦即要讓別人感受到自己的誠意，才有可能合作成事。

　　到了九五，則是「飛龍在天」，可以充分發揮乾卦的活力。在人類社會，則象徵國君在上，天下安定繁榮。後代以「九五之尊」推崇天子，正是乾卦所昭示的理想。

　　最後，到了上九，也就是乾卦的最上爻，這時突然變成「亢龍有悔」，意思是：龍飛得太高，已經有所懊悔。《易經》各卦到了最上爻，大都是不理想的，那是因為卦的運作是由下往上，而最上爻注定要被替換，難免覺得前途茫茫。我們在事業或年齡抵達頂點時，不是也會有蒼涼之感嗎？這時唯有

專務修德，或許可以減少懊悔。如美國富豪巴菲特捐出大筆錢財，從事公益事業。他在世人心中，從富豪轉變為善人，重新開始「貞下起元」的契機，可謂明智。

2 | 坤卦 ䷁

　　坤。元亨，利牝馬之貞。君子有攸往，先迷後得主。利西南得朋，東北喪朋。安貞吉。

　　象曰：地勢坤，君子以厚德載物。

①時運：為人厚道，聲名遠傳。

②財運：滿載而歸。

③家宅：家庭安穩；婚嫁大吉。

④身體：柔軟運動。

　　初六。履霜，堅冰至。

　　象曰：履霜堅冰，陰始凝也。馴致其道，至堅冰也。

①時運：由卑而尊，不可躁進。

②財運：漸積可致富。

③家宅：陰盛不吉；婚嫁不利。

④身體：陰寒之症，久則難治。

　　六二。直方大，不習，无不利。

　　象曰：六二之動，直以方也；不習，无不利，地道光也。

①時運：功可成，名可就。

②財運：獲利可期。

③家宅：居家如意；婚嫁順利。

④身體：不藥而癒。

六三。含章可貞。或從王事，无成有終。
象曰：含章可貞，以時發也；或從王事，知光大也。
①時運：待時而發，可保功名。
②財運：把握時機，必有利益。
③家宅：凝聚向心力。
④身體：無可挽回，凶。

六四。括囊，无咎无譽。
象曰：括囊无咎，慎不害也。
①時運：收斂為要，但求無過。
②財運：落袋為安，不再投資。
③家宅：平安是福。
④身體：謹慎保養。

六五。黃裳，元吉。
象曰：黃裳元吉，文在中也。
①時運：功名大顯。
②財運：必定獲利。
③家宅：和樂融融。
④身體：病在腸胃。

上六。龍戰於野，其血玄黃。
象曰：龍戰於野，其道窮也。
①時運：窮途末路。
②財運：血本無歸。
③家宅：失序不和。
④身體：肝血失調，危險。

解卦實例

實例：經濟好年

有關二○一○年的經濟預測，大家都有樂觀的期待。這在占卦上也是有跡可循的。

二○○九年十一月，我為大陸電信業龍頭的公司管理階層演講，談到《易經》。

在示範數字卦時，分別由三個人得到三組三位數，所占問的是：「明年（二○一○年）我們的收入會增加嗎？」得到節卦（水澤節，☵☱，第六十卦），變爻為九五，爻辭是：「甘節，吉，往有尚。」意思是：甘美的節制，吉祥，前往受到推崇。見到「吉」字，可以知道答案是肯定的，大家都露出開心的微笑。

十二月，我在臺灣一家最賺錢的電子公司（至少在當時有股王之稱）演講《易經》。

在示範時，同樣由他們提供三組三位數，占問的是「公司明年的股價表現」。結果一看是坤卦（上下皆坤，☷☷，第二卦），變爻六五，爻辭是「黃裳，元吉。」穿上黃色的裙子，最為吉祥。坤卦六爻皆陰，表示自己缺乏主動，所以要以黃（中色，採取正道）與裳（裙子，居於下部）的裝扮來順應別人的要求。

這兩家大公司如果都賺錢，經濟形勢應該是不錯的。不過，整體經濟好轉，是否人人皆可獲利呢？那就要看個人的時運及努力了。

坤卦的啟示

「乾為天，坤為地」，《易經》以「乾坤」代表天地。天在上而地在下，彰明昭著，人人可見。既然如此，為何還要以「乾坤」來做為代表？

理由是：乾坤所代表的不只是天地，還有父與母、頭與腹、馬與牛、金與布等。關鍵在於：乾坤所指的是兩個卦象。卦象即是符號系統，要用符號來象徵具體事物以及特殊狀態。然後藉由卦象的組合及變化，來理解個人的處境及發展。這正是人類智慧的精采表現。

那麼，除了具體事物之外，這些卦象能夠代表什麼樣的特殊狀態呢？以乾來說，代表陽剛勁健，充沛無比的生命力。以坤來說，則代表陰柔順從，廣大無邊的包容力。這一類特殊狀態對於了解個人的因應策略，其實是更有啟發性的。譬如，乾卦的〈大象傳〉建議我們「自強不息」，坤卦的建議則是「厚德載物」。由此可見一斑。

就卦象而言，坤卦（☷）六爻皆為陰爻。處於這種狀態，可以學到什麼教訓？初六爻辭說：「履霜，堅冰至。」意思是：腳下踏著霜，堅冰將會到來。霜代表的是：陰氣或寒氣開始聚集。堅冰則是寒冬的驗證。任何事情都是從細微徵兆慢慢形成的，所謂「見微知著」，所謂「防微杜漸」，都是出於同樣的考量。〈文言傳〉說得十分明白：「積善之家，必有餘慶；積不善之家，必有餘殃。」這是勸人為善，勸人為子孫積德的名言。但是，通常寫成門聯的只有前面一句。

〈文言傳〉接著說：「臣弒其君，子弒其父，非一朝一夕

之故，其所由來者漸矣。」所有恐怖的罪行都不是「忽然」或「偶然」發生的。如果無法察覺「漸」的路線及趨勢，後果將不堪設想。如果省思自己該怎麼做，答案將會是六二的〈文言傳〉所說的：「君子敬以直內，義以方外，敬義立而德不孤。」意思是：君子以嚴肅態度持守內心的真誠，以正當方式規範言行的表現，做到既嚴肅又正當，他的德行就不會孤單了。這段話清楚指出修行方法，一個人只要做到「敬以直內，義以方外」，就可以避開所有的內憂外患了。

到了六三，強調「無成有終」，因為坤卦必須追隨乾卦，「沒有功業卻有好的結局」。功業且讓領袖人物去開創，但是推廣及完成則要靠一群部屬。

到了六四，則須「括囊，无咎无譽。」意即：紮起口袋，沒有災難也沒有稱譽。不論才華如何傑出，都要謹言慎行，因為形勢尚未明朗，不必做無謂的犧牲。

到了六五，則是「黃裳，元吉。」說到「元吉」，代表占驗中的上上大吉。乾卦六爻無一元吉，坤卦六五則有元吉，這表示處於順從的地位，反而容易言行適當，得到莫大的福佑。

那麼，什麼是「黃裳」呢？黃是土的顏色，土位居中間，正如六五位於上卦三爻的中間；並且，坤為地，地即是土。還有，裳是裙子（古代的服飾是上衣下裳），正好適合坤道。

〈文言傳〉說：「君子黃中通理，正位居體，美在其中，而暢於四支，發於事業，美之至也。」意思是：君子採用黃的中色，表示他明白道理；坐在正確的位置上，表示他處世安穩；他內心蘊含的美德，流通在身體的行動中，再展現於他所經營的事業上，這真是美德的極致啊！

由此可知，君子也可能處於坤卦，但是重要的不是他處於什麼卦，因為六十四卦都可能應驗在他身上；重要的是君子自己可以主動採取什麼作為。這時要考慮的是「時」與「位」。時是時勢，如坤卦以順從為主；位是位置，如六五雖在天位，也須「黃裳」才可「元吉」。

　　到了上六最後一爻，又再度陷入困境，叫做「龍戰於野，其血玄黃。」因為位居最後一爻，接著又須陰陽交替或交戰，以便產生萬物並形成新的卦象了。

3 | 屯卦 ䷂

屯。元亨利貞。勿用有攸往,利建侯。

象曰:雲雷屯,君子以經綸。

①時運:宜守不宜進。

②財運:創業維艱。

③家宅:修繕住宅;初婚不和。

④身體:保存元氣。

初九。盤桓,利居貞,利建侯。

象曰:雖盤桓,志行正也;以貴下賤,大得民也。

①時運:欲進不進,堅守正道。

②財運:不利經商,可任用正人君子。

③家宅:安居於貴宅;婚嫁吉祥。

④身體:健康無虞。

六二。屯如邅如,乘馬班如。匪寇婚媾,女子貞不字,十
年乃字。

象曰:六二之難,乘剛也;十年乃字,反常也。

①時運:一時未成,十年可成。

②財運:售出有困難,頗耗時日。

③家宅:是佳偶,但須等待。

④身體:保持運動習慣。

六三。即鹿无虞，惟入於林中。君子幾，不如舍。往吝。

象曰：即鹿无虞，以從禽也。君子舍之，往吝，窮也。

①時運：求寶得利，殊不足取。

②財運：恐有損失，不如舍去。

③家宅：不循正途求婚嫁，將有困難。

④身體：不可縱欲傷身。

六四。乘馬班如，求婚媾，往吉，无不利。

象曰：求而往，明也。

①時運：順勢而為，大有發展。

②財運：明見利益，應有收穫。

③家宅：婚嫁吉祥。

④身體：遵醫生囑咐。

九五。屯其膏，小貞吉，大貞凶。

象曰：屯其膏，施未光也。

①時運：無人提拔，暫時無望。

②財運：小買賣尚可獲利，大買賣則凶。

③家宅：聚財傷和氣。

④身體：初病可治，久病則危。

上六。乘馬班如，泣血漣如。

象曰：泣血漣如。何可長也？

①時運：前無去路，保命為要。

②財運：猶豫不決，盡失良機。

③家宅：家道中落。

④身體：嘔血之症，凶。

解卦實例

實例：數字成卦

　　二○○八年九月二十八日，山東衛視邀請我到電視臺陪觀眾一起參觀在曲阜孔廟舉行的祭孔大典，並擔任現場介紹孔子思想的解說員。我為此拖到隔天才由北京返臺。然而，就在這一兩天，颱風侵襲臺灣。

　　二十九日上午，我搭朋友的車前往北京機場，一路上不免擔心能否順利回到家。

　　這時，我注意到左邊一輛計程車的車牌號碼，我記下最後三碼；再看到右邊一輛轎車的車牌，也記下最後三碼；然後看到朋友車上標誌的公里數，也記下三碼。得到這三組三位數之後，隨即採用數字占法，得到第三卦屯卦（水雷屯），卦象為 ䷂。變爻在六四，這句爻辭一開頭就說：「乘馬班如」，意即乘上馬而團團打轉。這樣看來，今天搭飛機恐怕無法成行了。

　　我不死心，進入機場換了登機證，又把行李託運了。這時我打電話回家，女兒說：「颱風來了，下午以後班機停飛。你如果這時搭機到香港轉機，可能要在香港機場過夜了。」我只好取消登機證，再把行李調出來，老老實實回到市區旅館過一夜，第二天早上再回臺北。

　　數字卦是由《易經》占卦演變成的，可用來考慮小事情，但是準確程度往往讓人驚訝。

屯卦的啟示

隨著乾坤二卦之後，接著出現的是屯卦。乾為天，坤為地，「盈天地之間者唯萬物」；屯卦所代表的是萬物「開始」產生了。「屯」字做為卦名，要念為「ㄓㄨㄣ」；引申使用時，則可念為「屯積」的「屯」，表示在草昧階段，不要急著追求發展，最好是「建立侯王」，穩定國家與百姓。

屯卦的卦象是「水雷屯」（☵☳）。水即是雨，既下雨又打雷；上有雨水，下有雷鳴；雨水滋潤大地，雷鳴激起活力，兩者配合，萬物始生。電影裡描繪亞馬遜叢林的場景，經常也是雷雨交加，這時人如果在地面上行動，可謂危機四伏，舉步維艱。

水是坎卦，古人認為河水湍急，湖水深不可測，就算雨下多了也會釀成可怕的水災。因此，坎卦代表坎陷、陷阱、困難、危險等。屯卦中，坎卦在外而震卦在內，震卦代表行動，也代表長子、諸侯等。於是我們看到了：外在有危險，內在要行動，結果則是行動入於坎陷，有迴旋難進之象。

綜觀屯卦六爻的爻辭，出現最多的是「乘馬班如」一語（六二、六四、上六），意思是「騎上馬也是團團打轉」。這三爻正好都是陰爻居柔位，可以順從但無法進取。為何談到騎馬呢？因為震卦是作足馬（抬足而動的馬），坎卦是美脊馬（脊背美健的馬）。如果想知道八個原始單卦所象徵的東西，則請查看《易經》的〈說卦傳〉。

同樣是「乘馬班如」，吉凶卻大不相同。以六二來說，二在下卦中位，並且上有九五正應（下卦三爻，與上卦三爻，可

以一一對應；若是一陰一陽則為正應，不然即是敵應）；照理說，應該不錯，但是困難在於六二「乘剛」（陰爻在陽爻之上，稱為乘剛。六二在初九（主爻）之上，違背陰須從陽的原則）。這個困難最後還是得到了解決，因為畢竟優勢多於劣勢。

以六四來說，情況就順利多了，因為它下有初九正應；並且自身還有九五可以奉承，這叫做「承剛」（陰爻在陽爻之下，稱為承剛，表示陰從陽，有君子可以依靠）。所以，六四的爻辭說：「乘馬班如，求婚媾，往吉，無不利。」在此，「婚媾」是針對六四與初九正應，有如陰陽相匹配的婚姻而言。

但是，到了上六就淒慘了，我們看到「乘馬班如，泣血漣如。」哭泣得血淚漣漣，因為上六是最後一爻，前無去路，自身又在坎卦；坎卦又稱血卦（水與血皆為液體），所以只能痛哭流涕了。

再看另外三爻。首先，初九是陽爻居剛位（初、三、五為剛位），本身充滿動力，並且是下卦震卦的主力所在，具有行動的能量。這時的爻辭是「盤桓，利居貞，利建侯。」意思是：徘徊不進，適宜守住正固，適宜建立侯王。這三句話正好說出了全卦的重點。在草昧初創的階段，與其開疆闢土，不如守住正固，推舉部落領袖，等待時機成熟。並且，初九上有六四正應，可知將來必可完成心願。

至於六三，則是陰爻居陽位，無實力而有動性。並且上與上六敵應，等於「即鹿無虞」，追逐野鹿卻沒有獵官帶領。「虞」是古代掌管山林的官，打獵時擔任嚮導。君子察知幾微，不如放棄算了。

到了九五，屯卦的「屯積」意義就展現出來了。爻辭是「屯其膏，小貞吉，大貞凶。」意即，屯積恩澤，小規模的正固是吉祥的，大規模的正固就有凶禍。理由是：九五與六二正應，等於有私心而無法普遍照顧百姓。坎卦為水、為雨；雨要變為水，先須是雲，這時雲氣尚未成為普施天下的雨，所以只能做到小規模的正固。換言之，在全卦所展示的是「困難」的時候，各爻都必須依此而定行止。

由以上分析可知，屯卦有以下四個意思：一，始：萬物始生；二，盈：萬物充滿天地之間；三，難：困難重重；四，積：屯積實力。而其最後目標則是「建侯」，要集聚人群，組成社會，推舉領袖，安定國家。

4│蒙卦 ䷃

蒙。亨。匪我求童蒙，童蒙求我。初筮告，再三瀆，瀆則
不告。利貞。

象曰：山下出泉，蒙。君子以果行育德。

①時運：蓄積德行，出而用世。

②財運：礦山生意，果決則吉。

③家宅：君子居吉；婚姻之始。

④身體：驅去邪熱，可保平安。

初六。發蒙，利用刑人，用說桎梏。以往，吝。

象曰：利用刑人，以正法也

①時運：求榮反辱，收斂自己。

②財運：避免興訟，得理即止。

③家宅：謹慎持家；可能罷婚。

④身體：恐有外傷。

九二。包蒙，吉。納婦吉。子克家。

象曰：子克家，剛柔接也。

①時運：有財有福，子可繼業。

②財運：廣納財物，售至外地。

③家宅：妻賢子孝，可振家業。

④身體：柔軟體操。

六三。勿用取女；見金夫，不有躬。无攸利。

象曰：勿用取女，行不順也。

①時運：見財忘義，聲名破敗。

②財運：小則破財，大則傷身。

③家宅：妻強夫弱，恐有不安；不宜婚嫁。

④身體：小心飲食。

六四。困蒙，吝。

象曰：困蒙之吝，獨遠實也。

①時運：遠水近火，無濟於事。

②財運：缺乏資本，難免窮困。

③家宅：地處偏僻，生活困苦。

④身體：體質虛弱，陰寒之症。

六五。童蒙，吉。

象曰：童蒙之吉，順以巽也。

①時運：功名未成，得良師則吉。

②財運：無法獨立，須靠人經營。

③家宅：幼年訂親。

④身體：聽人指導鍛煉。

上九。擊蒙。不利為寇，利禦寇。

象曰：利用禦寇，上下順也。

①時運：宜守不宜攻，與人和睦。

②財運：順取為宜，買賣相洽。

③家宅：婦道貴順，家道和平。

④身體：保養為宜。

解卦實例

實例 1：需要啟蒙

　　一位有錢的朋友，由於先生執意對母親百依百順，使她覺得十分委屈。如今，孝順依然是百善之先，但「怎麼做」才算孝順，就需要大家多溝通，找出合情合理的辦法。

　　她為此十分苦惱，就占問「先生何時想通道理？」得到蒙卦（山水蒙，☶☵，第四卦），變爻上九，爻辭為：「擊蒙。不利為寇，利禦寇。」意即：擊走蒙昧，不適宜做強盜，適宜抵禦強盜。一看是蒙卦，就知道她先生的處境確實有蒙昧之處，但已到了上九，表示即將解除此一狀況。我說：「你先生有沒有信得過的老師？讓他多向老師請教。」

　　兩個月後，她向我回報，說她先生參加一次禪修活動，認識一位師父，講述人生道理十分透澈，使他改變了許多觀念，從此要調整他與家人的相處關係。

　　半年後，他們夫妻參加同學聚會，神情頗為愉快。這位先生隨手還帶了不少善書與小本佛經，都是他自己發願印的。他送給每一位同學，並且一直說佛教如何美好如何偉大，其中含有多少永恆真理云云。我說：「很好，在聞與思之後，還要修，就看每一個人如何努力了。」

實例 2：未必順利

　　一位朋友在電視臺工作，最近有升遷機會。她在聚餐之後提出這個樂觀的想法，希望用占卦來驗證一下。

　　她占得蒙卦，變爻六四，爻辭是：「困蒙，吝。」意即：

困處於蒙昧之中，有困難。〈小象傳〉說：「困蒙之吝，獨遠實也。」意即：困處於蒙昧之中而有困難，是因為只有自己遠離了陽爻。

蒙卦兩個陽爻，九二與上九。六四與九二不是相應位置，與上九配合則是個艮卦，艮為山為止。相形之下，另外三個陰爻都可以直接受到陽爻的支持。

我告訴她由卦象看來九二到上九形成一個較小的頤卦（山雷頤，䷚，第二十七卦）。頤卦涉及飲食，常與工作有關，但是由於競爭激烈而必須留意。因此，這次升遷未必像她主觀認定的那麼順利。並且，蒙卦表示需要受人啟蒙指教，最好謙虛並尊重前輩。如此或許兩、三個月之後還會有新的機會。

由六四往上到六五，是「童蒙，吉」，像孩童一樣蒙昧，則可受人教導，因而吉祥。上九則是陽爻，更沒有問題了。此時除了耐心等待，還須向人請益。人事上的變動很容易陷於一廂情願的狀況，自以為形勢一片大好，其實是暗潮洶湧。

蒙卦的啟示

屯卦之後，接著出現的是蒙卦。蒙卦的卦象是「山水蒙」（䷃）。山在上而水在下，等於山下流出水，是為剛剛形成的清泉。在萬物而言，是初生期的幼稚階段；在人類而言，正合乎「童蒙」一詞之所指。

萬物皆依本能規律而運作，十萬年前的蜘蛛所結的網，與今日蜘蛛所結的網沒有什麼差異。但是，人類身為萬物之靈，可以透過學習與教育，創造文明的世界，古今可謂千差萬別。

然而，問題也正在這裡。人類是社會性的動物，「個人」如果未能學習社會化的正當模式，或者形成反社會的人格特質，那麼他可能損人利己、假公濟私，甚至造成大規模的災難。犯罪學專家指出，大約有四分之一的人，生活及工作都與「犯罪」有關（如軍警治安人員、律師、罪犯、保全與監獄系統等）。這真是令人震撼及遺憾的訊息。

為防患於未然，上策是從小教育人走上正途。此卦〈象傳〉說：「蒙以養正，聖功也。」意即：蒙昧之時可用來培養正道，這是造就聖人的功業啊！美國行為科學專家宣稱：「把一個嬰兒交給我們，我們可將他培養為聖徒，也可培養他成為罪犯。」如果人在啟蒙時期有了偏差觀念，那還有多少希望呢？

初六說：「發蒙，利用刑人，用說桎梏。以往，吝。」意即：啟發蒙昧，適宜用刑罰來規範人，藉此讓人擺脫桎梏。依此有所前往（即一直使用刑罰），將會陷入困難。

換言之，兒童需要管教。管教的目的是希望他擺脫雙重桎梏，一方面不再受制於本能、情緒、欲望、衝動，能夠謹守做人的規範與處世的道理；另一方面則是避免將來違法亂紀，真的被關進監獄中。

除了使用「刑罰」之外，還須啟發「良知」，讓一個人主動行善避惡，然後參與正常社會、享受人生福祉。

柏拉圖一生不婚，也無子嗣，但是他談到幼兒教育時曾說：「當一個孩子開始聽得懂別人對他說的話時，護理師、母親、看顧的奴隸，以及父親本人，都要爭相努力使這個孩子變得很好。他們所教的一言一行，都是要告訴他分辨對與錯、美與醜、敬與不敬、該做的與不許做的。有時，他會樂意聽從他

們的勸導，若是不聽從，就像樹苗長得扭曲變形，他們會設法以威脅與打罵來矯正他。」

　　兒童時期沒有得到正確的教誨，往後這個孩子的一生即使不陷入桎梏（腳鐐手銬，鋃鐺入獄），恐怕也很難走上正途。難怪柏拉圖會說：要戕害一個孩子，最有效的辦法是讓他「心想事成」！換言之，啟蒙必有某些約束，其目的是為了培養正道，成就聖人的功業。

　　除此之外，大人也有可能陷於蒙昧，這時就須求教於神明或智者。〈彖傳〉說：「再三瀆，瀆則不告。」意即：兩次三次占筮，是褻瀆神明，褻瀆就不告訴他。有些人占筮（包括今日所謂的算命）時，心中打定主意，一定要聽到自己滿意的答案才停止。有些人向朋友請教，也是一定要聽到自己滿意的答案才肯罷休。這樣無異於強迫別人來為他「背書」，實在是蒙昧之至。我在大學教了三十年書，連規勸大學生都覺得力不從心，何況是規勸成人？所以，我多年以來不再為別人出主意，因為自知不但無效，反而會落個多事之譏。

　　由此更可肯定蒙卦的深刻見識，亦即兒童教育是一生苦樂的基石。但是，《易經》一定給人路走，在本卦〈大象傳〉就說：「君子以果行育德。」意即，君子由此領悟，要以果決的行動培育道德。所謂「君子」，是指「有志成為君子的人」，這樣的人就不限於兒童了。在此，方法是「果行育德」，這四個字有如座右銘，勸人要有果決的行動，或者行動要有結果，而目標則是育德，可以日進於德。

　　蒙昧之中隱藏著不可測的危險，同時也顯示了化險為夷的契機。把握住此一契機，人生也將充滿希望。

5 | 需卦 ䷄

需。有孚，光亨，貞吉。利涉大川。

象曰：雲上於天，需。君子以飲食宴樂

①時運：時機尚未成熟，耐心等待。

②財運：資本未集，無法開張。

③家宅：平安是福。

④身體：調節飲食，健康有望。

初九。需於郊，利用恆，无咎。

象曰：需於郊，不犯難行也；利用恆，无咎，未失常也。

①時運：必須久待，守恆為要。

②財運：暫勿投資，貨物無損。

③家宅：可居郊外。

④身體：幽居養病，終無大礙。

九二。需於沙，小有言，終吉。

象曰：需於沙，衍在中也；雖小有言，以吉終也。

①時運：流言困阻，最後吉祥。

②財運：貨運不通，無害商業。

③家宅：口舌之爭。

④身體：心胸寬大，自然吉祥。

九三。需於泥，致寇至。

象曰：需於泥，災在外也。自我致寇，敬慎不敗也。

①時運：難期上達，謹慎自持。

②財運：無法流通，小心受騙。

③家宅：婚事難成，成則怨偶。

④身體：小心外傷。

六四。需於血，出自穴。

象曰：需於血，順以聽也。

①時運：用盡心力才可出頭。

②財運：投資礦業，有利可圖。

③家宅：喬遷之喜。

④身體：調養氣血，和順陰陽。

九五。需於酒食，貞吉。

象曰：酒食貞吉，以中正也。

①時運：功成名就，可以宴樂。

②財運：投資飲食業，可獲利。

③家宅：婚嫁得宜。

④身體：飲食調理。

上六。入於穴，有不速之客三人來，敬之終吉。

象曰：不速之客，敬之終吉；雖不當位，未大失也。

①時運：憑險自守，和解為貴。

②財運：得價則售，不可貯藏。

③家宅：持家有道；少男乃吉。

④身體：病況凶險，不存僥倖。

解卦實例

實例 1：耐心等待

有一次我應邀去廣州演講。因為臺北到廣州只需一個半小時，我想，提前兩個半小時出發應該沒有問題。只是人算不如天算，搭飛機時間真的不能抓太緊。我在候機室聽到班機延誤的報告，開始有些擔心。半小時過了，還沒有消息。

我看手中的登機證，找到三組三位數，組成一個需卦（水天需，☵☰，第五卦），變爻初九，爻辭是：「需於郊，利用恆，无咎。」意即：在郊野等待，適宜守常不動，沒有災難。我知道需卦是「等待」之意，因為水在天上，有如雲在天上而尚未下雨，只能乾著急。

那要等多久呢？初九是變爻，從下往上要經過六步才能走完本卦。因此計算單位是六。飛機誤點不大可能長達六小時，所以應該是六十分鐘。如此一來正好可以趕上演講。我心中有數，也就不慌不忙了。有些乘客對於延誤無法諒解，到櫃檯前與地勤大聲吵鬧。我在不懂《易經》占卦之前，大概也會做出類似的事。現在則若無其事，好像胸有成竹似的。

六十分鐘之後，飛機果然起飛，並且順利抵達廣州。接待人員急得快哭了，我則為自己的從容態度深感抱歉。畢竟發生這種事，也不是我樂見的。

實例 2：中年轉業

一位朋友說，他的姊姊原來做餐飲業，遇到金融風暴，生意不好，想要轉業，於是占問此事，得到需卦，六爻不變。這

時要看卦辭以及〈大象傳〉。

卦辭說：「有孚，光亨，貞吉。利涉大川。」意即：有誠信，廣大通達，正固吉祥。適宜渡過大河。本卦的組合是下乾上坎。坎在外表示仍有障礙；乾在內，表示自己有實力也有誠信，等到時機成熟，即可大展鴻圖。

但是，時機成熟了嗎？〈大象傳〉說：「雲上於天，需。君子以飲食宴樂。」這裡由自然界取象，當水在天上時，代表水仍是雲氣，尚未成雨。這時著急沒有用，最好隨順時勢，「飲食宴樂」，保養身體，放寬心情，耐心等待。

這位朋友說，他姊姊轉業之事已經大致談妥，只是薪資報酬尚須協調，不知何時會有結果，所以心情頗受干擾。現在占得此卦，知道不必心急，暫且認真過著當下的日子吧！

「飲食宴樂」並不是縱情於生活享受，而是在身心兩方面好好調節。「休息是為了走更遠的路」，這句話含有至理。中年與否，並不重要，人生隨時隨地都是新的契機，只要保持愉悅的心境，換個角度看待自己的處境，說不定會更加珍惜這種喘一口氣的機會。

需卦的啟示

需卦是第五卦，卦象是「水天需」（☵☰）。水在上而天在下，這時水還處於雲的狀態，可以浮在天上。雲尚未成雨，表示「需要」等待。等待期間，可以飲食宴樂。宋儒程頤說：「飲食以養其氣體，宴樂以和其心志，所謂居易以俟命也。」身心健康而愉悅，是為了處於平常日子，準備接受天命。

「水天需」，水是坎卦，代表危險在前面（六爻由下往上看，所以上卦在前而下卦在後）；但是天是乾卦，代表剛強勁健的動力，即使面對危險，也不會陷於困窮之中。需卦六爻的爻辭中，有五爻提及「需」字，譬如初九是「需於郊，利用恆，无咎。」意思是：在郊野等待，適宜守常不動，沒有災難。在此，需是需要「等待」；凡是有所需要，一定須等待條件成熟，否則最多事倍功半，甚至最後一事無成。

其次，九二是「需於沙」（在沙灘中等待），九三是「需於泥」（在泥沼中等待）。由郊野到沙灘，再由沙灘到泥沼，這種進展清楚肯定了上卦是水，亦即大川。古代大川充滿危機，沒有堅強的實力就不可能渡川。《易經》六十四卦中，只有七卦（需卦、同人卦、蠱卦、大畜卦、益卦、渙卦、中孚卦）卦辭提到「利涉大川」（適宜渡過大河），這七卦的特色是其中必定出現乾卦（天）或巽卦（風）。有天的剛健或風的順從，才可能渡過大川。這也合乎古人的生活經驗。

往上到了六四，就是「需於血，出自穴。」意思是：在血泊中等待，從洞穴中逃出來。坎卦又稱血卦，六四已進入坎中，所以說「需於血」，那麼它為何可以逃出虎口呢？因為兩個條件：一是它有底下的初九可以正應，二是它有上面的九五可以順承，因此有驚無險。仔細觀察，可以再補充一利一弊：利是六四以陰爻居柔位，正好當位（陰爻居柔位，陽爻居剛位，都是當位）；弊是六四面對底下三個陽爻進逼時，可謂首當其衝，難免見血。由此可知，在解說一爻時，要根據爻辭來尋找該爻的利弊條件，然後才能明白爻辭的內容。換言之，爻代表「位」，人在世間的位置或處境，是相對於周遭環境來考

量其吉凶的。

到了九五，爻辭是「需於酒食，貞吉。」意思是：在享用酒食中等待，正固吉祥。由此語可知九五是本卦主爻，因為它說出了需卦的關鍵，就是在等待時應該好好補充營養，以免遇到挑戰時後繼無力。上卦明明是個坎卦，為什麼會有酒食之象呢？因為坎卦為水，由水再引申到酒食，不是很合理嗎？我們現在不是也說「以水代酒」（或以茶代酒）之類的話嗎？九五在上卦中間，又是陽爻居剛位，是既中且正的格局，所以處於最佳的等待狀態，就是「需於酒食」。

最後到了上六，爻辭說：「入於穴，有不速之客三人來，敬之終吉。」意思是：進入洞穴中，有不請自來的三個客人到了，尊敬他們，最後吉祥。相對於前面六四的「出自穴」，上六則說「入於穴」。坎卦為陷阱，猶如洞穴，上六在最裡面（由下往上看，它是最裡面；但是由全卦之由下往上推移，它是最外面）。這時比較有趣的是，它已經不再談到「需」字，而是透過它與九三正應，而把下卦的三個陽爻給帶上來，形成三個客人。所謂「不速之客」（不請自來的客人）一詞，直至今日仍常有人使用。

九三的〈小象傳〉提及「敬慎不敗」，上六的爻辭則說「敬之終吉」。兩者正應而皆強調「敬」字，可見在等待時必須保持謹慎而恭敬的態度，不然難免陷入困境。當這一切都做到之後，要渡過大河也沒有什麼問題了。

總之，需卦有三義：一是有所「需要」；二是由此引申為「等待」各項條件趨於成熟；三是合需要與等待二者，再以「飲食」為具體的建議。

6 | 訟卦 ䷅

訟。有孚，窒惕，中吉，終凶。利見大人，不利涉大川。
象曰：天與水違行，訟。君子以做事謀始。
①時運：功名受阻，不宜樹敵。
②財運：開始謹慎，終可獲利。
③家宅：君子必求淑女。
④身體：預防勝於治療。

初六。不永所事，小有言，終吉。
象曰：不永所事，訟不可長也；雖小有言，其辯明也。
①時運：不會久困，終可出名。
②財運：及時售出，口舌無礙。
③家宅：有些爭議，分辨明白即可。
④身體：初病可癒，久病則凶。

九二。不克訟，歸而逋，其邑人三百戶无眚。
象曰：不克訟，歸逋竄也；自下訟上，患至掇也。
①時運：退而隱居，可保無害。
②財運：小有耗損，不必多慮。
③家宅：不宜婚嫁。
④身體：在外染病，回家調養。

六三。食舊德，貞，屬終吉。或從王事，无成。

象曰：食舊德，從上吉也。

①時運：謹守舊業，求仕無成。

②財運：固守家產，終可得利。

③家宅：不宜另建新居。

④身體：按原醫師指示為宜。

九四。不克訟，復即命，渝安貞，吉。

象曰：復即命，渝安貞，吉，不失也。

①時運：轉危為安。

②財運：合作不成，反是好事。

③家宅：改婚不失其道。

④身體：有凶險，改變生活方式則吉。

九五。訟，元吉。

象曰：訟，元吉，以中正也。

①時運：以正求進，必可大顯。

②財運：公平經營，取得正財。

③家宅：與富貴人結婚。

④身體：吐納之術保健康。

上九。或錫之鞶帶，終朝三褫之。

象曰：以訟受服，亦不足敬也。

①時運：患得患失，殊為不值。

②財運：不是正財，得不償失。

③家宅：不易安居。

④身體：病勢時好時壞，恐凶。

解卦實例

實例1：避免爭端

上海一家培訓公司希望與我簽約，為他們的學員講《易經》。由於需要安排九天的時間，可謂茲事體大。我請助理為此事占一卦，得到訟卦（天水訟，☰☵，第六卦），六爻皆不變。這時要看卦辭，它說：「有孚，窒惕，中吉，終凶。利見大人，不利涉大川。」意即：有憑證可信，窒塞而須警惕，中間吉祥，最後有凶禍。適宜見到大人，不適宜渡過大河。由此可知，此事不但會有困難，最後結果也不理想。怎麼辦呢？〈大象傳〉說：「君子以做事謀始。」意即：君子由此領悟，做事要在開始時就謀劃好。

我於是請助理與該公司簽一份詳細的約，其中列出「若開課不成，則由必須負責的一方賠償另一方十分之一的費用」。由於這家公司過度樂觀，在招收學員的學費上列出過高的費用，以致最後報名人數不足而無法順利開成。

課開不成，大家只好依約行事，要由培訓公司賠償我十分之一的課酬。公司一再表示歉意並希望減少賠償金額。我們做事「不為已甚」，不宜讓別人太辛苦，於是打了對折解決問題。當時若是未占此卦，則此事可能不會如此順利告一段落。生意不成仁義在，大家依然可以做個朋友。

實例2：訴訟不利

一位朋友因故被法院在初審時判刑三年。他不服上訴，就在二審宣判前一週找我談占卦之事，要我為他占卦。

我盡可能「教人自己占卦」，於是教他以籌策按部就班來占問二審判決的結果。結果出現時，我們都嚇了一跳。他占得的是訟卦，變爻九二，爻辭是：「不克訟，歸而逋，其邑人三百戶无眚。」意即：爭訟沒有成功，回來躲避，他采邑的三百戶人口沒有災害。

　　意思很明顯：一，他二審依然會被判刑；二，暫時還可以在家度日，不妨另外設法上訴；三，為他出庭作證的親友不會被連累，意即沒有災害。

　　一週之後，法院二審宣判，維持原有的三年徒刑。不過，他還有三審上訴的機會。至於為他作證的親友，由於有「偽證」之嫌，也可能因而被判刑，但是這一部分法官念在他們是出於親情、友情的動機，沒有追究刑責。

　　這位朋友自此以後對《易經》深信不疑，並且認真研究。《易經》六十四卦確實有個訟卦，因為自古以來，人間難免爭訟之事。值得注意的是，訟卦九五說「元吉」，九五代表公正嚴明的法官。只要法官公正，善惡得到適當報應，社會正義得以伸張，不是上上大吉嗎？

訟卦的啟示

　　從需卦到訟卦，不只是第五卦與第六卦的關係。《易經‧序卦傳》專門解說六十四卦的順序有何道理，在談到這兩卦時說：「飲食必有訟，故受之以訟。」意思是：人為了滿足飲食的需求，必然會產生爭執與訴訟，所以接著上場的是訟卦。另一方面，需卦是「水天需」，訟卦則是「天水訟」。這兩者互

為「覆卦」的關係，亦即六爻由下而上「整個」翻覆過去。

任何人聽到訴訟，都會覺得不安與不祥。但是，《易經》講究客觀的變化規律，發現人的社會不可能沒有競爭，而競爭若未得到妥善的處理，接下去就會演變為鬥爭與戰爭了。因此，訴訟不但不是壞事，反而是化解恩怨、追求公平與正義的最佳手段。於是，訟卦六爻有四爻的爻辭出現了「吉」字。只有到了上六的〈小象傳〉才補充一句：「以訟受服，亦不足敬也。」意即：因為爭訟而獲得官服，也就不值得尊敬了。

由此可以聯想到孔子所說的：「聽訟，吾猶人也，必也使無訟乎！」（《論語·顏淵》）意思是審判訴訟案件，我與別人差不多。如果一定要有所不同，我希望使訴訟案件完全消失。孔子的理想簡直是個烏托邦，這不正是大家的共同願望嗎？其實，從《易經》看來，訴訟不但是無法迴避的，並且也沒有如此可怕。

訟卦的卦象是「天水訟」（䷅），天在上而水在下，這兩者沒有交集。上卦剛強而下卦險惡，在沒有共識的情況下，難免要訴訟了。這時，且看六爻怎麼說。

「初六。不永所事，小有言，終吉。」在初六，不要把事情做到底，雖有小的責難，最後吉祥。任何爭執都是從小事開始，只要注意收斂，即使自己受到一些責怪，也都可以因無訟而吉祥。本卦〈大象傳〉說「君子以做事謀始」，亦即君子由此領悟，做事要在開始時就謀劃好。將訴訟化解於無形，實在需要明智與修養。

接著，九二是「不克訟」，因為它與上卦的九五不應，甚至互相抗衡，他的爭訟怎能成功？但是由於九五既中且正，所

以不會牽連到九二的部屬。到了六三，可以「食舊德」，因為它本身陰爻居剛位，不會太強勢，並且有上九正應，等於「享用祖先的餘蔭」，雖有危險而最後吉祥。

九四的命運與九二相同，也是「不克訟」（爭訟沒有成功）。這兩個陽爻都在柔位，力量不足但又不服輸，幸好全卦主爻是九五，九五是英明公正的法官，在裁決之後，讓九四安於自己的角色，結果也是吉祥。

最讓人驚訝的是：「九五。訟，元吉。」居然有爭訟而可最為吉祥。《易經》六十四卦中，只有十二卦出現「元吉」。我們以前談過坤卦六五的「黃裳，元吉」，現在的訟卦又是如何元吉的呢？關鍵在於「九五」，亦即天子或法官既公平無私又堅守正義。如果人的社會必然會有爭執與訴訟，那麼我們盼望的不是公正的執法人員嗎？在孔子「無訟」的理想實現之前，有了九五這樣的明君，不是天下最為吉祥的事嗎？

由此可知《易經》的務實性格，以及它建立在客觀現實之上合理的理想。然而，訟卦最後的結果呢？「上九。或錫之鞶帶，終朝三褫之。」意即，或許受賜官服大帶，但是一天之內被剝奪三次。即使爭訟成功，得到升遷機會，也難免隱藏後患，並且也談不上別人的尊敬了。因此，從初六到上九，都在提醒人不要任意爭訟，但是「真理越辯越明」，為了正義的緣故，也不可充當鄉愿，這時只好期望九五秉公斷案了。

君子要「做事謀始」，道家老子進一步提醒我們「慎終如始，則無敗事。」（《老子》六十四章）面對事情結束時，能像開始時那麼謹慎，就不會遭到失敗了。有始有終，又能在過程中謹守分寸，人生或許可以無訟。

7 │ 師卦 ䷆

師。貞，丈人吉，无咎。
象曰：地中有水，師。君子以容民畜眾。
①時運：包容別人，修行待時。
②財運：有財有庫，善自珍惜。
③家宅：舊親聯姻，可喜可賀。
④身體：腹脹之症，調氣無憂。

初六。師出以律，否臧，凶。
象曰：師出以律，失律凶也。
①時運：失道以求，終受其辱。
②財運：海運業務，合義則吉。
③家宅：治家以法，否則必凶。
④身體：寒多熱少，宜早醫治。

九二。在師中，吉无咎，王三錫命。
象曰：在師中吉，承天寵也。王三錫命，懷萬邦也。
①時運：傑出人才，大受賞識。
②財運：謀略出眾，領導獲利。
③家宅：鄰里所重；婚姻吉祥。
④身體：流動血氣，病即舒解。

六三。師或輿尸，凶。

象曰：師或輿尸，大无功也。

①時運：無德有位，難免於凶。

②財運：物耗財損，凶險無比。

③家宅：不得安寧，小心為上。

④身體：可能歸天。

六四。師左次，无咎。

象曰：左次无咎，未失常也。

①時運：官運不濟，不宜妄想。

②財運：次級貨物，尚可獲利。

③家宅：近東，朝西南吉；入贅无咎。

④身體：春生氣來，疾病可癒。

六五。田有禽，利執言，无咎。長子帥師，弟子輿尸，貞凶。

象曰：長子帥師，以中行也；弟子輿尸，使不當也。

①時運：德勝於才，否則凶險。

②財運：老成練達，有利可圖。

③家宅：利於長子；媒妁而成。

④身體：跑步健身。

上六。大君有命，開國承家，小人勿用。

象曰：大君有命，以正功也；小人勿用，必亂邦也。

①時運：論功行賞，勿做小人。

②財運：因富致貴，須防小人。

③家宅：家道興旺；貴人做媒。

④身體：正常運動。

解卦實例

實例 1：依循正途

有一次，我在長春演講，結束後還有一點時間，於是幾位負責安排會場的朋友聚在一起，要我教他們占卦。有一人要占問升官之事，占得師卦（地水師，☷☵，第七卦），變爻初六，爻辭說：「師出以律，否臧，凶。」意即：軍隊出動要按照軍紀，不順從的將有凶禍。

他一看爻辭，臉色大變。他私下告訴我：「最近單位有一個空缺，我有走後門送禮的渠道，正考慮要不要這麼做。」

我說：「是的，爻辭這話在警告你，一切都要照規矩來，不然就算你一時成功了，將來難免會有後遺症。這個『凶』字到底如何應驗就不知道了。請你千萬小心。」他很認真地點頭稱是，還感謝我的教導。

我說：「我們要一起感謝偉大而睿智的祖先與神明。我只是從事學術研究的人，一切都按卦爻辭的意思來理解。我的理解也未必全對，還大有改善的空間。」

依〈繫辭傳〉所說，學習《易經》是要我們在「德行、能力、智慧」這三方面不斷上進。德行與能力全靠自己，而智慧則可依占卦而收事半功倍之效。

實例 2：算命不過二十九

一家直銷公司請我演講，談的是儒家。我在做結論時，順便提及道家與《易經》。進行到提問討論時，一位學員說：「我去年算命，算到師卦，請老師為我解釋。」

我不知道是誰為他算的，也不知道算的方法是什麼，所以只能根據師卦的一般意思來說明。我說：「師卦的師字有兩個意思。一是群眾，這代表你的直銷生意得到很多下線的支持；二是軍隊，這代表你遇到競爭對手，可能有不小的壓力。」我接著說：「可否問你幾歲？」他說：「二十九。」

我說：「師卦是一陽五陰的格局，九二這個陽爻是主爻，你二十九歲正好在這個位置，所以暫時沒有問題。」他聽了連連點頭稱是。

九二爻辭說：「在師中，吉无咎，王三錫命。」意即：率領軍隊而能守中，吉祥而沒有災難，君王三次賜命嘉獎。

我擔心的是明年他的運勢可能大不相同。師卦六三說：「師或輿尸，凶。」意即：軍隊或許會載著屍體回來，有凶禍。他明年三十歲，不是很讓人擔心嗎？我沒有繼續談這些，因為時間不夠，並且一般算命採用什麼方法，我也不清楚。因此只能隨緣而說，點到為止。

師卦的啟示

師卦是第七卦，從各卦的順序看來，「訟必有眾起，故受之以師。」由於前面的訟卦象徵為了某些利益而爭訟，爭訟時就像現代的法院一樣，兩造在外面都有支持者，形成群眾。「師」的原意即是「眾」。

從卦象看來，「地水師」（☷☵），地中有水，聚集成地下水，有如聚眾成群，擁有某種實力。並且，全卦較為特別的是：只有九二是陽爻，其餘是五個陰爻；這是一陽五陰的格

局。《易經》各卦皆有其「主爻」，其功能是彰顯該卦的主要時勢，並且做為該卦其他各爻的核心。以一陽五陰（或一陰五陽）而言，物以稀為貴，這個單獨的陽爻（或陰爻）就自然成為該卦的主爻了。

師卦的主爻是九二，剛爻居下卦中位，上有六五相應支持；並且，「地水師」表示地為順從，水為行險；合之則為行險而順。本卦〈彖傳〉說得很清楚：「剛中而應，行險而順；以此毒天下，而民從之，吉又何咎矣？」本句後半段的意思是：用這種做法來役使（毒為役使）天下，而百姓跟隨他，結果是吉祥的，另外還會有什麼災難呢？如此一來，師卦形成軍隊，而「師」字也成為軍隊編制用語之一。古代軍隊：五人一伍，五伍一兩，四兩一卒（一百人），五卒一旅，五旅一師（二千五百人）。

再就師卦各爻來看，初六、六三、六五都提及「凶」字，這表示在群眾鬥爭或正式征戰的場合，陰爻居剛位都不會有好結果。就好像本身柔順的陰爻偏偏產生了動力，而這時的真正實力在於九二主爻。

譬如，初六「師出以律，否臧，凶。」意即：軍隊出動要按照軍紀，不順從的，將有凶禍。「否臧」為逆善，亦即不順從軍紀。為何說初六「否臧」？因為陰爻居剛位，這是不當位，且往上與六四又敵而不應。不過，爻辭中有假設語氣（「如果」不順從的話），表示必須小心不要「否臧」。這個假設語氣來自它上承九二，至少是一個優點。

相對於此，六三就完全不同了。「六三。師或輿尸，凶。」意即：軍隊或許會載著屍體回來，有凶禍。六三的困境

除了不當位與無正應之外，還多了一項最嚴重的：對九二「乘剛」。九二是主爻，所以六三陷入本卦最凶險的結果。戰爭難免死傷，六三要承擔這個責任嗎？爻辭提及「或」字，表示疑詞，原因是六五也要分擔這個責任。

到了六五，情況比較複雜，一方面「田有禽，利執言，无咎。」意即：田裡有禽獸，適宜說明捕獲的理由，沒有災難。在決定要不要作戰時，實力雖然在於九二，但是六五畢竟占了天子之位，要負責宣戰，亦即所謂「師出有名」。

另一方面，「長子帥師，弟子輿尸，貞凶。」意即：長子統率軍隊，弟子載屍而歸，正固會有凶禍。長子是指九二，弟子是指六三；這種結果是六五依其角色而必須面對的。

至於二、四、上這三個柔位，就得到不同的命運了。九二「在師中，吉无咎，王三錫命。」意即：率領軍隊而能守中（二在下卦中位），吉祥而沒有災難，君王（六五）三次賜命嘉獎。

六四「師左次，无咎。」意即：軍隊後退駐紮，沒有災難。所謂「左」，是因軍中尚右，以左為退。六四陰爻居柔位，有退避之象，這是正常又正確的做法，所以无咎。

到了上六，表示戰爭結束，要論功行賞了，所以說：「大君有命，開國承家，小人勿用。」意即：天子頒賜爵命，封為諸侯可以開國，封為大夫可以立家，對小人則不要任用。

這表示戰爭勝利之後，有功者包括君子與小人。小人或許可以聽命作戰，但是勝利之後，「賞之以金帛祿位可也，不可使有國而為政也」（程頤之語）。由此可見，戰爭之始與終，皆須謹慎，否則即使勝利，依然會有隱憂。

8 │ 比卦 ䷇

比。吉。原筮，元永貞，无咎。不寧方來，後夫凶。
象曰：地上有水，比。先王以建萬國，親諸侯。
①時運：眾人相賀，榮顯之極。
②財運：善人相扶，大發利市。
③家宅：百年好合。
④身體：心腹水腫，宜早求治。

初六。有孚，比之，无咎。有孚盈缶，終來有它吉。
象曰：比之初六，有它吉也。
①時運：誠信交往，聲名日隆。
②財運：信用卓著，利益自來。
③家宅：社區和睦；親事亦諧。
④身體：平安無事。

六二。比之自內，貞吉。
象曰：比之自內，不自失也。
①時運：實至名歸，自然吉祥。
②財運：同心協力，獲利可期。
③家宅：親上加親。
④身體：心平氣和，疾病可癒。

六三。比之匪人。

象曰：比之匪人，不亦傷乎？

①時運：交友不正，聲名破敗。

②財運：所託非人，損耗難免。

③家宅：戒慎嫁娶，以免遺憾。

④身體：改求良醫。

六四。外比之，貞吉。

象曰：外比於賢，以從上也。

①時運：得人賞識，功名可期。

②財運：貨物流通，利潤自來。

③家宅：一家和睦；外地訂親，吉。

④身體：多做戶外運動。

九五。顯比，王用三驅，失前禽。邑人不誡，吉。

象曰：顯比之吉，位正中也。舍逆取順，失前禽也。邑人不誡，上使中也。

①時運：善待別人，後仍有吉。

②財運：不貪小利，後有盈餘。

③家宅：和順為宜。

④身體：服藥生效，不必過慮。

上六。比之无首，凶。

象曰：比之无首，无所終也。

①時運：六神無主，恐有凶禍。

②財運：白費心機，一無所獲。

③家宅：恐喪家主；婚嫁來歷不明。

④身體：小心頭部疾病。

解卦實例

實例 1：輕諾寡信

我在北京開《易經》班時，學員只有二十五人，但是學習氣氛熱絡，大家感情不錯。這個班結束時，有一位學員自告奮勇，說要支持成立讀書會。他是一位頗具財力的企業家，要辦成這樣的小事，實在沒有什麼難處。班上另有幾位同學立即表示願意擔任志工，在他的號召下共同努力組織與學習。

時隔二月沒有動靜。一位志工占了一卦，得到「比卦」（水地比，☵☷，第八卦），變爻上六，爻辭是：「比之无首，凶。」意即：要親近依靠卻找不到帶頭的人，有凶禍。

比卦所說的是一群人相聚合作，這時需要九五帶頭。上六在最外面，準備出局了，亦即他找不到人帶路。眼見大家相聚，而他一人被排除在外，真是情何以堪。

由於所要占問的是「讀書會可以辦成嗎？」所以答案是辦不成，因為沒有人帶頭，於是我說：「暫且擱置吧，等將來時機成熟再說。」做事不能靠衝動，老子說：「輕諾必寡信。」我們不能因為自己說話算話，就輕易相信別人也會如此。

有時看來簡單的事，卻未必順利完成。常理難以判斷，就只好求助於占卦。占卦結果一出來，真是由不得我們不接受啊。

實例 2：合作不利

我在蘇州為一家房地產公司演講國學，最後談到了《易經》。大家對《易經》的認識仍停留在算命工具上，我多講了幾句為《易經》辯護的話，會後就有人在門口候著，非要請我

吃飯一敘不可。於是主辦方安排一桌人相聚。

　　一位女士說她正在考慮一項合作投資計畫，想占問是否可行。以籌策占卦，得到比卦，變爻六三，爻辭是「比之匪人。」意即：親近依靠的都是不適當的人。「匪」借用為「非」。

　　「比」字為親近依靠之意，通常在占問合作（一起工作或投資）時，容易出現這個卦。這個卦四爻皆吉，只有六三與上六不好。這是因為九五是唯一的陽爻，為全卦主爻，但是六三怎麼都靠不上邊，而上六對九五乘剛（陰爻在擔任主爻的陽爻上方），犯了大忌。

　　我接著問這位女士說：「你的合作伙伴是否可靠？」她一聽就面露尷尬神色，然後說：「這正是問題所在，他還欠我一筆錢沒還，現在又提議新的合作案，讓我甚覺煩惱。現在占到這個爻，我心裡有數了。」

　　合作投資沒有保證獲利的，即使獲利還須面對合理分配的問題，如果伙伴不可靠，什麼都談不上了。

比卦的啟示

　　《易經》從乾坤二卦開始，象徵天無不覆，地無不載；接著是萬物產生，形成屯蒙二卦；然後到了需卦與訟卦，就具體描述人間的複雜情勢了。無論再怎麼複雜，也要維持生存與發展，所以接下來我們看到師卦與比卦。

　　這最初的八個卦之間，有一條清楚的線索。譬如，在萬物始生的屯卦卦辭，提及「利建侯」（適宜建立侯王），並且〈象傳〉也發揮其旨，說「宜建侯而不寧」（適宜建立侯王，

並且勤奮努力不休）。到了比卦卦辭則說：「不寧方來」（從不安定中剛剛轉變過來）。這兩處的「不寧」，分別描寫「不休息」與「不安定」，看似不同而目標是一致的，亦即比卦〈大象傳〉所說：「先王以建萬國，親諸侯。」意即：先王由此領悟，要封建萬國，親近諸侯。先王指古代天子，他到了比卦的階段，才算真正安定天下，進行封建諸侯的工作。

師卦是「地水師」，比卦是「水地比」（☵☷），這兩者也是覆卦關係。比卦水在地上；地承載水，水滋潤地，兩者相互依存，而「比」字就有親近依靠之意。我們現在還在使用「比肩而行」一語。

比卦也是一陽五陰的格局，但是它的陽爻到了九五，九五是天子之位，所以名正言順可以安邦建國。我們先看九五主爻怎麼說：「顯比，王用三驅，失前禽。邑人不誡，吉。」意思是：發揚親近依靠的作風。君王用三驅之禮狩獵，失去往前跑的禽獸。國中的人沒有戒懼，吉祥。在此，所謂三驅之禮，是指古代君王狩獵時，採取左、右、後三面包抄，但是不阻絕正前方。這稱作「舍逆取順」，捨去叛離的，容納歸順的，所以失去往前跑的禽獸。

以狩獵而言，由於獵物要供祭祀、招待賓客，或獻給君王享用，所以必須不損傷獵物的顏面與外觀，因此方法上必須採取「舍逆取順」，不射殺逆向而來的，只射殺順著我的方向的禽獸。這句比喻用在人類社會上，意即我接納一切歸順我的人，但是不去勉強那些叛離我的人。一國之人當然以團結為貴，比卦所強調的正在於此。

比卦以九五為主爻，它與初九、六二、六四皆為「吉」。

初九雖然離九五最遠，但是它「有孚盈缶」（有誠信如同瓦罐盈滿）。這是因為下卦是坤，坤為地，也是釜（鍋），借用為缶（瓦罐）；上卦為坎，亦為水。水在瓦罐上方，表示水滿而誠信無比。有誠信，自然可以親近依靠了。

其次，六二與九五正應，當然是吉。六四上承九五，也應是吉。但是六三就麻煩了，因為它陰爻居剛位，並且與上六又敵而不應，變成無依無靠。所以六三爻辭說：「比之匪人。」意即：親近依靠的都是不適當的人。這種情況實在讓人感傷。

全卦到了結束階段，出現了一個凶字。「上六。比之无首，凶。」意即：要親近依靠卻沒有開始的機會，有凶禍。原因是上六與六三不應，並且上六對九五「乘剛」。九五是主爻，已經完成比卦的理想。上六沒有相比的機會，又走到全卦盡頭，所以難免有凶。在大多數的卦中，最後一爻（上六或上九）都是不好的結果，即使在比卦也是如此。

《易經》描繪萬象的變化，吉與凶，禍與福，本來就是相互依存，輪流上場的。所以，吉時不可得意忘形，凶時不必灰心喪志，因為下一步就是轉變的契機。

《易經》乾卦有「見群龍無首」一語，比卦則說「比之無首」。前者是說乾卦六爻皆陽，顯示「無首（無尾）」，一往平等，所以是吉祥。而比卦的「無首」，則是指「沒有開始親近的機會」，所以是凶禍。同一語而意不同，所以在理解時不可拘泥。

總之，比卦是象徵人類社會找到合宜的領袖，大家組成同心同德的團體。人是社會性的動物，現在社會趨於安定，下一步要做什麼呢？《易經》會繼續提供思考的線索。

9 | 小畜卦 ䷈

小畜。亨。密雲不雨,自我西郊。
象曰:風行天上,小畜。君子以懿文德。
①時運:平平無奇,受人牽制。
②財運:外表不錯,內多耗損。
③家宅:小康,須防口舌;娶得淑女。
④身體:風火之症;小孩吉,大人凶。

初九。復自道,何其咎?吉。
象曰:復自道,其義吉也。
①時運:退守自保,無災無難。
②財運:守穩舊業,不宜創新。
③家宅:不求於外,家道自亨。
④身體:安靜休養,可以復原。

九二。牽復,吉。
象曰:牽復在中,亦不自失也。
①時運:因人成事,獲利大吉。
②財運:創業守成,兩皆為宜。
③家宅:兄弟和睦,家道興隆。
④身體:舊疾復發,小心調養。

九三。輿說輻，夫妻反目。

象曰：夫妻反目，不能正室也。

①時運：陰盛陽衰，內外不安。

②財運：逆向操作，可以獲利。

③家宅：家庭不和，婚姻不利。

④身體：陰陽不察，慎擇良醫。

六四。有孚，血去惕出，无咎。

象曰：有孚惕出，上合志也。

①時運：切忌爭鬥，出門遠避；升遷靠長官提拔。

②財運：利西北，不利東南；鄰里相助。

③家宅：管理得宜，否則受累。

④身體：寬解治之，燥烈之藥不宜。

九五。有孚攣如，富以其鄰。

象曰：有孚攣如，不獨富也。

①時運：一時亨通，無往不利。

②財運：百貨聚積，自有大利。

③家宅：既富且貴，惠及鄰里。

④身體：手足麻痺之症。

上九。既雨既處，尚德載。婦貞厲。月既望，君子征凶。

象曰：既雨既處，德積載也。君子征凶，有所疑也。

①時運：長期夢想，終可如願。

②財運：得利則止，切忌過貪。

③家宅：前困後亨。

④身體：須防營養過多。

解卦實例

實例：合作不易

我在合肥演講《易經》時，會後照例讓幾位聽眾提出問題。由於時間有限，使用的是簡單易懂的數字卦。

一位女士說出三組三位數，得到小畜卦（風天小畜，☴☰，第九卦），變爻九三，爻辭是：「輿說輻，夫妻反目。」意即：大車脫落輻條，夫妻反目失和。這是因為小畜卦是五陽一陰的格局，六四為主爻，它在九三的上方，無異於妻在上位，易形成爭吵。

我請這位女士提出她的問題。她說有兩位朋友要與她合夥做生意，不知未來發展如何。我說「夫妻反目」一語已經很明顯。這表示將來整個公司要靠一人獨撐，而此人位於相關的人之上，恐怕不易和諧相處。

她一聽連連稱謝，又不禁皺起眉頭。我再說，也許等三個月之後再占，因為各種情況都會產生變化，不然就先別著急，到明年再合作。因為六四說：「有孚，血去惕出，无咎。」意即：有誠信，避開流血並走出戒懼，沒有災難。

我在解卦時，只能根據卦象來說，主要參考卦辭與爻辭。所以古人學習《易經》，總會設法練習自行解卦，因為只有自己最清楚各種相關的人地事物，在解卦時也較容易分辨問題的關鍵何在。

《易經》助人減少盲目與執著，十分可取。

小畜卦的啟示

《易經》六十四卦中，有十六卦的卦名是兩個字，正好占了總數的四分之一。首先出現兩個字的卦名是「小畜卦」。順著前面的比卦而來，在人群團結和諧之後，就會開始小有積蓄，在經濟生活方面累積實力。

小畜卦的卦象是「風天小畜」（☴），顯示一陰五陽的格局。這時一陰（六四）成為主爻，要統領五個陽爻。陰爻為「小」，陽爻為「大」，形成以小畜大的情況，所以卦名稱為小畜。並且，一陰面對五陽，能力與實力皆有所不足，只可期待小成，是為小畜。

小畜卦以六四為主爻，而六四陰爻居柔位，正好「當位」，可以獲得五個陽爻的呼應與支持。這些陽爻的吉凶，要看它們各自與六四的關連如何。譬如，初九是「復自道，何其咎？吉。」意思是：循著正路回來，會有什麼災難？吉祥。這是因為初九陽爻居剛位，又有六四正應，可以依循正路回到它的應有位置，亦即在小畜卦中要稍安勿躁，謹守本分，接受六四的領導。

九二是「牽復，吉。」意思是：由牽連而回來，吉祥。九二位於下卦中位，並且上下皆是陽爻，等於大家牽連在一起，也須安於其位，可以獲得吉祥。

九三就麻煩了，「輿脫輻，夫妻反目。」意思是：大車脫落輻條，夫妻反目失和。當大車脫落輻條時，車子動彈不得。九三原本具有強勁的動力，帶著底下兩個陽爻，形成剛健的乾卦往上衝，但是奈何遇到六四這個主爻，只好停頓下來。不僅

如此，六四還對九三乘剛，等於妻在夫之上，家庭關係無法端正，形成「夫妻反目」的情況。

到了六四，則靠著誠信，可以「血去惕出，无咎。」意即：避開流血並走出戒懼，沒有災難。這一切來自於：六四當位，下有初九正應，上有九五可承，然後可以保住主爻的位置而沒有災難。六四善盡職責，可以把成就上推至九五。九五的爻辭是：「有孚攣如，富以其鄰。」有誠信而繫念著，要與鄰居一起富裕。九五既中且正，是尊貴的天子，又有六四相承，足以表現誠信。小畜到了這個階段，稍有所成，而九五也願與各爻分享。

到了上九，小畜卦進入尾聲，又會出現什麼情況呢？我們回到本卦的卦辭，它說：「密雲不雨，自我西郊。」意思是：濃雲密布而不下雨，從我西邊的郊野飄聚過去。依〈彖傳〉的解說，這種現象的原因是，因為風往上吹（風在上而天在下），所以「密雲不雨」，並且因為施雨還不到實現的時候，所以「自我西郊」。至於為何「施未行」？則理由應該是六四只有「小畜」，依其權位與能力，尚未能施恩於天下。

小畜卦結束時，前面的密雲不雨也該有個轉機了，所以上九爻辭說：「既雨既處，尚德載。婦貞厲。月既望，君子征凶。」意思是：已經下雨了，已經可以安居，要推崇道德滿載。婦女正固會有危險。月亮快要滿盈，君子前進會遭凶禍。

為何婦女正固會有危險？因為小畜卦歸功於六四，六四這位偉大的女性完成了小畜卦的目標，但是切忌居功自滿，而須功成身退。若是從君子的立場來看，則「月既望」所象徵的是陰柔的勢力籠罩天下，此時貿然前進，將會遭到凶禍。這顯示

對陰陽雙方皆有所警惕，關鍵在於要推崇道德，使大家都能安居樂業。

於是，本卦〈大象傳〉說：「君子以懿文德。」意思是：君子由此領悟，要美化自己的文采與道德。當一個國家剛剛建立的時候，正如前面的比卦所描述的；而現在所需要的，則如程頤所說：「君子所蘊蓄者，大則道德經綸之業，小則文章才藝。」「文德」是指文采與道德，兩者必須兼備。此時，要留意的是「懿」字，亦即美化之。小畜卦以六四為主爻，以小畜大，正是想要「美化」天下的文采與道德。這種觀點值得欣賞。

10 | 履卦 ䷉

履。履虎尾，不咥人，亨。
象曰：上天下澤，履。君子以辯上下，定民志。
①時運：依序升進，不可攀緣。
②財運：明察貨品，待時而售。
③家宅：門庭嚴整。
④身體：疏通氣血。

初九。素履，往无咎。
象曰：素履之往，獨行願也
①時運：等待時機，自有成就。
②財運：守好舊業，久必獲利。
③家宅：門庭吉祥。
④身體：慢跑有益。

九二。履道坦坦，幽人貞吉。
象曰：幽人貞吉，中不自亂也。
①時運：高尚其志，修身以道。
②財運：物價穩定，稍有小利。
③家宅：分析財產，小心損耗。
④身體：保養眼睛。

六三。眇能視，跛能履。履虎尾，咥人，凶。武人為於大君。

象曰：眇能視，不足以有明也。跛能履，不足以與行也。咥人之凶，位不當也。武人為於大君，志剛也。

①時運：退守為宜，妄動則凶。

②財運：被人欺弄，貨物滯銷。

③家宅：暗昧不明，以小凌大。

④身體：保養眼睛與腳部。

九四。履虎尾，愬愬，終吉。

象曰：愬愬終吉，志行也。

①時運：溫和篤實，終可免禍。

②財運：不急求售，終獲利益。

③家宅：平穩持家。

④身體：謹慎走路。

九五。夬履，貞厲。

象曰：夬履貞厲。位正當也。

①時運：撥雲見日，勿忘艱苦。

②財運：和衷共濟，惜售有利。

③家宅：居安思危，可保平安。

④身體：由危轉安。

上九。視履考祥，其旋元吉。

象曰：元吉在上，大有慶也。

①時運：晚運亨通，福壽雙全。

②財運：往來經營，無不有利。

③家宅：積善之家才有餘慶。

④身體：天年有限。

解卦實例

實例 1：堅守正道

　　一位朋友潛心向佛，聽我介紹國學（以儒家與道家為主）之後，覺得應該先深入了解自己傳統中的經典，再做完整的思考。他是有實力的企業家，因此提議合作開班，讓他的眾多朋友也能一起來學。

　　我的助理認為茲事體大，於是以籌策占卦，得到履卦（天澤履，☱，第十卦），變爻九二，爻辭是：「履道坦坦，幽人貞吉。」意即：所走的路平坦寬闊，幽隱的人正固吉祥。〈小象傳〉說：「幽人貞吉，中不自亂也。」意即：幽隱的人正固吉祥，是因為他守中使自己不亂。

　　九二居下卦中位，這表示我所能做的只是堅持中道，順勢而行，既不強求也不推託。至於「幽人」，則是指沼澤中的平凡人，這是因為下卦為兌，而兌為澤。另外幽人也是指光線不足、難以看清狀況的人。處於下卦，無法掌握全局，因為整件事都是由這位朋友出主意，我的角色只是設法配合而已。

　　看到「履道坦坦」一語，問題就不大了。現在要擔心的是「幽人」一詞，它提醒我要想辦法使情況更明朗。占卦所反映的是目前處境，這種處境常在變化之中，自己把握主動的心思，依然是自求多福的關鍵所在。

實例 2：清官難斷

　　我到一家電視臺接受訪問，談到《易經》的占卦妙用。節目結束之後，主持人拜託我為她占一卦。她先說明自己的處境

與問題。原來她一向與母親同住，現在希望搬出去獨立生活，由兄嫂來照顧母親。此事是否可行。

我教她使用數字卦，占得履卦，變爻六三，爻辭是：「眇能視，跛能履。履虎尾，咥人，凶。武人為於大君。」意即：眼有疾還能看，腳跛了還能走，踩在老虎的尾巴上，老虎咬人，有凶禍。勇武之人要做大王。

由此可見，她的構想不太可行。她說：「此事哥哥同意，但母親反對。」履卦五陽一陰，由一陰擔任主爻，要撐起全卦十分吃力。她覺得勞累，是可以理解的。但如果要違逆母親的意願，無異於踩到老虎尾巴，結果當然不好。履卦有穿鞋走路之意，必須按部就班、依禮而行，最後才會得到大家的諒解。

我建議她暫時打消念頭，稍待三、四個月之後再說。到了本卦上九：「視履考祥，其旋元吉。」意即：審視走過的路，考察吉凶禍福，如此返回最為吉祥。清官難斷家務事，她必須自己利用機會多向母親解釋這麼做的原因，取得母親的體諒，然後可以水到渠成。

履卦的啟示

小畜卦代表一個社會的經濟條件已經打下了基礎，接著出現的是第十卦履卦。「履」的本義是鞋子，引申為穿鞋走路，進而成為行事合乎禮儀。許慎的《說文解字》談到「禮」時，特別指出：「禮者，履也。」正好可以互相參照。人生猶如旅行，必須言行合禮，否則將會走投無路。

由卦象看來，「天澤履」（䷉），天在上而澤在下。天

是乾卦，代表剛健者；澤是兌卦，代表和悅者。和悅者在下，願意以柔順方式對待剛健者，這不是依禮行事嗎？且天的位置原本在上，澤的位置也是原本在下，各安其位，形成合理的秩序。所以〈大象傳〉說：「君子以辨上下，定民志。」意即：君子由此領悟，要分辨上下秩序，安定百姓的心意。

由卦象看來，履卦是一陰五陽的格局，只有六三是陰爻，因而也成為主爻。所謂「衣食足然後知榮辱」，這中間的關鍵正是教導百姓禮儀的規定。但是，在教導過程中，顯然會有不少考驗。本卦出現三個「吉」字，分別是九二、九四與上九，都是陽爻居柔位，所象徵的是：在推行禮儀時，行動要堅定，態度則須柔和。

譬如，九二是「履道坦坦，幽人貞吉。」意思是：所走的路平坦寬闊，幽隱的人正固吉祥。九二位居下卦中位，走在坦途上；幽人猶如澤中之人，因為下卦兌為澤，這樣的人謹守分寸，自然吉祥。

九四的爻辭很有趣：「履虎尾，愬愬，終吉。」意即：踩在老虎尾巴上，戒慎恐懼，最後吉祥。有時行禮如儀，必須全神貫注，稍有違失就會惹人非議。這裡出現「虎」，是因為九四直接站在兌卦之上。後天八卦有所謂「左青龍、右白虎、南朱雀、北玄武」之說，其意為：左為東（後天八卦的方位是由北往南看，所以東在左而西在右，與一般所見地圖相反），亦為震卦；右為西，亦為兌卦；南為離卦；北為坎卦。因此，兌卦有「虎」象。九四踩在虎尾上，只要戒懼即可吉祥。

到了上九，完成了整個禮儀的程序，「視履考祥，其旋元吉。」意思是：審視走過的路，考察吉凶禍福，如此返回最為

吉祥。我們以前說過，「元吉」是最好的占驗之詞，只有十二個卦有此殊遇。更難得的是，到了全卦最後一爻而有元吉的只有兩卦，一是履卦，二是井卦（第四十八卦）。那麼，履卦上九何以元吉？理由很清楚，因為禮儀貴在有始有終，並且不到「典禮完成」就不能皆大歡喜。

接著，再看另外三爻。初九，「素履，往无咎。」意思是：按平常的踐履方式，前往沒有災難。初九陽爻在剛位，但是畢竟位置最低，我們不會要求太多繁文縟節，只要它按平常方式行動，就可以无咎了。

然後，六三是主爻，情況非常複雜：「眇能視，跛能履。履虎尾，咥人，凶。武人為於大君。」意思是：眼有疾還能看，腳跛了還能走，踩在老虎尾巴上，老虎咬人，有凶禍。勇武之人要做大王。六三以一個陰爻要統帥五個陽爻，並且本身位於下卦，雖然勇武過人，但仍不宜造次。何以社會需要禮儀？目的是要讓有缺陷的人可以存異求同，大家採用同一套禮儀規範，就可以化解個別差異了。然後，大家都有路可走。誰要是踰越規範，就像是「履虎尾」，會有凶禍。那麼，六三為什麼可能走偏呢？因為它陰爻居剛位，並且上有上九正應，想要一步登天，因而顯然跨越分寸而陷於險境。

到了九五，「夬履，貞厲。」意即：剛決履行，正固有危險。九五既中且正，手握大權，依此而行（依其本性而正固之），將會有危險（厲）。

綜上所述，履卦代表社會上的禮儀規範，是滿足經濟需求之後的教化重點。施行禮儀時，外表規矩方正，內心則須柔順，亦即「禮讓」一詞所表示的，值得我們三思。

11 | 泰卦 ䷊

泰。小往大來，吉亨。

象曰：天地交，泰。后以財成天地之道，輔相天地之宜，以左右民。

①時運：一切順利，居安思危。

②財運：買賣均宜，買入較佳。

③家宅：盛但須防衰，婚嫁大吉。

④身體：運動合宜。

初九。拔茅，茹以其彙，征吉。

象曰：拔茅征吉，志在外也。

①時運：因人成事，逐步升遷。

②財運：合夥有成，貨財匯聚。

③家宅：團圓平安。

④身體：相約運動。

九二。包荒，用馮河，不遐遺，朋亡，得尚於中行。

象曰：包荒，得尚於中行，以光大也。

①時運：功名顯達，海外亦宜。

②財運：行商有利，國際貿易。

③家宅：勿信僕從。

④身體：疾病難治。

九三。无平不陂，无往不復。艱貞无咎。勿恤其孚。於食有福。

象曰：无往不復，天地際也。

①時運：謹慎保守，逸樂亡身。

②財運：眼前失意，後有大利。

③家宅：謹守先業。

④身體：小孩沒事，老人不吉。

六四。翩翩不富以其鄰，不戒以孚。

象曰：翩翩不富，皆失實也；不戒以孚，中心願也。

①時運：朋友同心，諸事可謀。

②財運：外強中乾，同業相助。

③家宅：親友相助，暫時無虞。

④身體：不必擔心。

六五。帝乙歸妹，以祉元吉。

象曰：以祉元吉，中以行願也。

①時運：謙虛待人，萬事皆吉。

②財運：國際貿易，甚為有利。

③家宅：有賢內助；遠嫁遠娶。

④身體：必得神佑。

上六。城復於隍，勿用師。自邑告命，貞吝。

象曰：城復於隍，其命亂也。

①時運：謹慎自守，須防小人。

②財運：小試手氣，等待時機。

③家宅：小心守業。

④身體：小心摔跤。

解卦實例

實例：小往大來

我在廣州開完《易經》班之後，接著計劃開《論語》班。一位志工擔心這次又會虧損，就占問：「在廣州開《論語》班的結果如何？」

占得泰卦（地天泰，☷☰，第十一卦），變爻九三，爻辭是：「无平不陂，无往不復。艱貞无咎。勿恤其孚。於食有福。」意即：沒有平坦而不傾斜的，也沒有離去而不回來的。在艱難中保持正固，沒有災難，不必擔心，要有誠信，在飲食方面有福氣。

前兩句話是說：如果過去有所虧損，後面會補貼回來。接著，一路堅持而有誠信，最後會有飲食可以享用。只要看到「於食有福」，就知道這次開班應該有些利益。所謂「小往大來」是也。

後來《論語》班開成了，參加學員五十人。所得學費把上次《易經》班的透支補回來，並且還有一些結餘。泰卦是上下相通之象，九三位正又有上六正應，並且上臨三個陰爻，有如眾人歡迎他。應驗了「有土斯有人，有人斯有財」這句古語。九三上臨坤卦，坤為土為眾人，那麼這時占問是否有利可圖，答案是肯定的。

泰卦的啟示

古代社會的階級劃分比較清楚，簡單說來，有統治階級與

被統治階級。戰國時代的孟子肯定這樣的二分法，亦即「勞心者治人，勞力者治於人」。用清楚的語詞來說，君子是統治者，泛指貴族及其子弟；小人是被統治者，又稱為民（百姓）。當然，「君子」在儒家的觀念中，已經轉化為修養德行、追求完美人格的有志之士了。

《易經》第十一卦是泰卦，卦象是「地天泰」（☷☰）。為什麼地在上而天在下這種完全顛倒的情況，反而是個泰卦呢？原因是：天是乾卦，也象徵國君與君子，亦即統治者；地是坤卦，也象徵庶民百姓，亦即被統治者。現在天在下，表示統治者來到百姓之下，可以探求民隱，使上下之間的心意得以溝通。「泰」即是通達之意。

〈彖傳〉說：「天地交而萬物通也；上下交而其志同也。」只有天到地的底下，才可以說是天地交，因為天的本性依然在上，所以它會往上走；並且一卦六爻的運行方式，原本即是由下往上。於是，底下三個陽爻將會帶著後續的陽爻往上走，結果將使上面三個陰爻逐一退出卦象。陽爻代表君子，而陰爻代表小人，所以〈彖傳〉又說：「君子道長，小人道消也。」意思是：君子的作風在成長，小人的作風在消退。這顯然是一件好事。

〈大象傳〉說：「后以財成天地之道，輔相天地之宜，以左右民。」意思是：君主由此領悟，要根據天地運行的法則來設計制度，配合天地運行的條件來助成效益，藉此引導百姓。這段話可以代表整部《易經》的精神所在，就是要依天道以立人道。

泰卦六爻的內容很豐富。以九二為例，「包荒，用馮河，

不遐遺，朋亡，得尚於中行。」意思是：包容廣闊，採取徒步過河，不因為遙遠而有所遺漏，失去朋黨，守中而行受到推崇。這幾句話是政治人物的座右銘。

以下分四點來談。一，九二有六五正應，可以由下往上，涵蓋天地，包容天下，這是有仁德。二，「用馮（憑）河」，直接徒步就要過河，這是有勇敢果決的行動。三，「不遐遺」，再遠再小的事，他都不會疏忽，這是有智慧。四，「朋亡」，沒有朋黨，才可大公無私。由此可見，九二展現了仁、勇、智、公這些美德，自然大受推崇了。

事實上，各爻的爻辭都不錯。初九是「征吉」，向前推進而吉祥，因為它在乾卦底部，上有六四正應，理當勇往直前。九三面臨上下卦之際，不必太緊張，「艱貞无咎。勿恤其孚。於食有福。」意思是：在艱難中正固，沒有災難。不必擔憂，保持誠信。在食物上有福可享。九三陽爻居剛位，又有上六正應；它面臨上面三個陰爻，處境艱難，必須正固，但是發展的空間也很大，所以說「於食有福」。

上卦三爻以六五最好，「帝乙歸妹，以祉元吉。」意思是：帝乙嫁來妹妹，以此得福最為吉祥。帝乙是商王，曾將妹妹許配給周伯（季歷），生下周文王。雖然貴為王妹，嫁給諸侯也須依禮制規定，順從其夫。六五與九二正應，表示陰要從陽。「元吉」出現了，上下配合，完美無比。於此可以對照坤卦六五的「黃裳，元吉」。

六四爻辭有「翩翩」一詞，因為它面對底下三個陽爻的進逼，立足不穩，變得輕飄飄的。六四陰爻居柔位，實力不足以擋住攻勢。

到了上六，「城復於隍，勿用師。自邑告命，貞吝。」意思是：城牆倒塌在壕溝裡，不要出動軍隊。從鄉邑傳來命令，正固將有困難。古人築城時，城外挖土成為護城河，土則堆砌成牆，現在牆倒，土又回到壕溝裡，這表示「物極必反」。大勢所趨，不必用兵；上六即將退位，準備接受新局面。

　　我們常說「否極泰來」，而《易經》的順序卻是「泰極否來」。這是物極必反的雙向描寫。至於「三陽（羊）開泰」，則是大家口中的吉祥語，有泰卦的卦象為據。

12 | 否卦 ䷋

否。否之匪人。不利君子貞。大往小來。
象曰：天地不交，否。君子以儉德辟難，不可榮以祿。
①時運：諸事不順，不可妄動。
②財運：適宜買入，後可獲利。
③家宅：勤儉免禍；仳離之象。
④身體：氣血不通，節制飲食。

初六。拔茅，茹以其匯，貞吉，亨。
象曰：拔茅貞吉，志在君也。
①時運：合夥謀事，家有吉祥。
②財運：新設商業，用人謹慎。
③家宅：親戚同住，可以照應。
④身體：傳染之症，但無大礙。

六二。包承。小人吉，大人否，亨。
象曰：大人否，亨，不亂群也。
①時運：寬容待人，萬事皆吉。
②財運：買賣皆利，訟則上訴。
③家宅：老人有疾無害。
④身體：修身養性。

六三。包羞。

象曰：包羞，位不當也。

①時運：謹慎自守，以避羞辱。

②財運：用人不當，暗中損耗。

③家宅：行為不檢，家門有羞。

④身體：寒中帶熱，遠求良醫。

九四。有命无咎，疇離祉。

象曰：有命无咎，志行也。

①時運：好運來到，謀事可成。

②財運：打定主意，轉虧為盈。

③家宅：家運轉吉。

④身體：體質尚強。

九五。休否，大人吉。其亡其亡，繫於苞桑。

象曰：大人之吉，位正當也。

①時運：安不忘危，諸事皆吉。

②財運：機會尚佳，慎選夥伴。

③家宅：祖業深厚。

④身體：小心保養。

上九。傾否，先否後喜。

象曰：否終則傾，何可長也？

①時運：亨通如意，訟事可結。

②財運：秋冬有利，春夏不利。

③家宅：遷居大吉。

④身體：即可病癒，須防復發。

解卦實例

實例 1：否極泰來

我在鄭州演講時，一位女士輾轉託人說有事相商。原來是她的姊夫受人誣告，全案快要結束了，不知結果將會如何。飯桌上通常使用數字卦較為方便。

她占得否卦（天地否，☰☷，第十二卦），變爻上九，爻辭是：「傾否，先否後喜。」意即：傾覆閉塞的現象，先閉塞然後喜悅。

一看否卦，就知道此人處境不利，表示上下不通，下情不能上達，被困住了。至於是否冤枉，則卦象不易說明，因為訴訟的當事人總是自認為清白的。占卦只能由卦象看出下一步的發展。

現在，「先否後喜」等於預測將會有好的結果。否卦上九走到最後一步，表示要脫離此卦的範圍，不再受困於否卦閉塞不通的情況了。

我向這位女士說明占卦所示，請她不必擔心。她有些心急，再問何時可以結案。我說，既然走到上九最後一爻，表示一個月左右就會有結果。她聽了直說不可思議，因為依法院公告，下個月就會宣判。

她再問，初審結案之後還會不會被人上訴。我說，既然爻辭是「先否後喜」，有個「喜」字，應該不會再有什麼後遺症了。《易經》講究變化，我們只能居安思危，隨時準備應付新的挑戰。

實例 2：小孩有利

　　一位朋友在電視臺工作，她的女兒今年上小學，她託人情想辦法要讓女兒進入全市最好的小學，但是又擔心女兒不知能否適應。

　　我請她用簡單的數字卦來占，占得否卦，六二變爻，爻辭是：「包承。小人吉，大人否，亨。」意即：包容承載，小人吉祥，大人閉塞，通達。否卦本來是指閉塞而言，但六二位置既中且正，所以還有轉機。現在是占問小孩的事，那麼看到「小人吉」就不必擔心了。

　　《易經》所謂的「大人」與「小人」，在解卦時可以直接代表大人與小孩，而不必涉及有無修養的問題。就像「君子」與「小人」對比時，也指有位者（管理階層）與無位者（一般百姓）之間的對照而言。這是占卦解卦時很重要的一點。若不如此理解，那麼誰會認為自己是小人？解起卦來，「小人吉」不是很奇怪嗎？

　　我告訴這位朋友：「否卦代表上下不通，可見你讓小孩去念這個學校，是用盡了心思。現在，對小孩吉祥，所以不必多慮，入學之後努力合群就是了。大人否，則是說做父母的比較辛苦，對於小孩在學校的表現，要多多包容承載。」解卦時有兩種狀況的並不多見，如何理解則仍有一定道理。

實例 3：占問健康

　　一位朋友在國中教書，他的父親年逾八十，近年住在養護中心，後因病送往長庚醫院治療。醫師診斷後認為病情沒有起色，就建議送回養護中心照顧。

他掛念父親的健康狀況，乃以籌策占卦，得到否卦，變爻有二：九五與上九。九五說：「休否，大人吉。其亡其亡，繫於苞桑。」上九說：「傾否，先否後喜。」

解卦也要靠對爻辭的直覺。一方面，否卦本身是天地之氣不通之象。九五有「其亡其亡」一語，意即「要滅亡了，要滅亡了」。為老人家占問健康，這幾個字很清楚了。另一方面，有二爻變時，依朱熹的解法，要看上爻的爻辭。現在的上爻是上九。上九位於全卦的最高也是最後的位置。由於爻的運動是由下往上推進，所以上九的意思是要出局了。

一個月之後，他的父親過世。否卦上九爻辭說：「先否後喜」，這兒的「喜」字如何理解？依民間習俗，年逾八十的老人家過世，固然讓親友悲傷，但同時也代表高壽，是安享天年，壽終正寢。

人生自古誰無死？能得善終自是一喜。這個有關健康的占問，在解卦時有些特別的地方，值得留意。

否卦的啟示

照《易經》的順序，先有泰卦再有否卦，因為通達之後必有阻塞。由卦象看來，「天地否」（☰☷），天在上而地在下，這不是合乎經驗上的觀察嗎？為什麼竟會阻塞不通呢？答案是：正是因為天在上而地在下，兩者之間沒有交流的機會，所以萬物也無法通順暢達。

《易經》講究的是在變化中不斷發展，所以陰陽二氣交感才可流通。現在天地定了位，正如統治者不願屈就去了解百姓

的心聲，這當然不是好現象。

在泰卦提及「君子道長」，到了否卦就變成「小人道長」了，意思是：小人的作風在成長。這是因為六爻由下往上推進，陰爻的勢力越來越大。再就內外來說，上卦在外而下卦在內；下卦是坤，代表小人，上卦是乾，代表君子；如此一來，不是形成「內小人而外君子」嗎？亦即：進用小人而疏遠君子。

在這種處境下，君子怎麼辦呢？〈大象傳〉說：「君子以儉德辟難，不可榮以祿。」意思是：君子由此領悟，要收斂修德以避開災難，不可謀取祿位來顯耀自己。這句話的警惕意義很清楚。君子縱有才華、抱負、修養與智慧，也不能不顧及時勢，非要謀取祿位不可。

否卦的時勢不佳，但並不表示六個爻都不好。譬如，初六安於下位，上有九四正應，可以通達。六二既中且正，又有九五正應，也可以通達，但是要注意「小人吉，大人否」（小人吉祥，大人閉塞）。相對於此，九五才是「大人吉」，但是九五另有危機，容後再敘。並且，在此，「小人」也可以指無權無勢的平凡百姓。

六三是「包羞」（包藏羞恥），因為它陰爻居剛位，並且往上依附九四，而九四陽爻居柔位；兩者皆不中不正。何況，六三還要順勢由下往上推進，內心之慚愧可想而知。

九四「有命无咎，疇離祉。」意思是：有所受命，沒有災難，眾人依附而得福。九四上承九五之命，下臨坤卦，坤為民眾；由此得到眾人依附，所以不但无咎，還可得福（祉）。「疇」借用為儔，「離」為麗，依附也。

到了九五，眼看底下三個陰爻往上推進，它的位置也不易守住，不免發出感嘆：「其亡其亡，繫於苞桑。」意思是：想到要滅亡了，要滅亡了，這樣才會繫在大桑樹上。

在〈繫辭下傳〉，孔子借題發揮說：「危者，安其位者也；亡者，保其存者也；亂者，有其治者也。是故君子安而不忘危，存而不忘亡，治而不忘亂；是以身安而國家可保也。」意思是：危險的，是那安居其位的人；滅亡的，是那保住生存的人；動亂的，是那擁有治績的人。因此之故，君子在安居時不忘記危險，在保存時不忘記滅亡，在太平時不忘記動亂，如此才能使自身平安，並且保住國家。我們現在則以「居安思危」一語來互相惕勉。能做到這一點，就可以轉危為安，亦即「大人吉」。

最後是上九，「傾否，先否後喜。」意思是：傾覆閉塞的現象，先閉塞然後喜悅。《易經》的爻辭很少出現「喜」字，有喜出望外之感。原因是：否卦走到最後，等於見到黎明的曙光，可以苦盡甘來了。

泰卦與否卦的關係，是覆卦（由下往上整個翻覆過去）也是變卦（六爻全部由陰變陽，由陽變陰）。《易經》六十四卦分為三十二組，依序二卦為一組。每一組的二卦的關係都是「非覆即變」，而泰卦與否卦則是既覆且變。既覆且變的另外還有漸卦（風山漸）與歸妹卦（雷澤歸妹），以及既濟卦（水火既濟）與未濟卦（火水未濟）。

泰卦上六說「城復於隍」（城牆倒塌在壕溝裡），否卦上九說「傾否」（傾覆閉塞的現象）。這兩者到了最後一爻又要轉變了。通達的遇到阻礙，閉塞的重啟生機。因此，我們處於

任何卦象的時勢中，都不必投注太多情緒，而須以理解為首要
目標，以求妥善因應未來的變局。

13｜同人卦 ䷌

同人。同人於野，亨。利涉大川，利君子貞。
象曰：天與火，同人。君子以類族辨物。
①時運：朋友支持，升遷順利。
②財運：合資有利，可以進取。
③家宅：闔家歡喜。
④身體：燥熱之症，另求良醫。

初九。同人於門，无咎。
象曰：出門同人，又誰咎也？
①時運：眼前平順，外出經營。
②財運：不宜開店，可以行商。
③家宅：家人和睦。
④身體：避地調養，可以無礙。

六二。同人於宗，吝。
象曰：同人於宗，吝道也。
①時運：相忌者多，未能順遂。
②財運：大宗買賣，留心出納。
③家宅：長子之力，勤儉起家。
④身體：魂歸宗廟，未可多言。

九三。伏戎於莽，升其高陵，三歲不興。

象曰：伏戎於莽，敵剛也，三歲不興，安行也。

①時運：潛心三年，再謀其事。

②財運：可開山林，三年獲利。

③家宅：須防盜賊。

④身體：不良於行。

九四。乘其墉，弗克攻，吉。

象曰：乘其墉，義弗克也；其吉，則困而反則也。

①時運：退守不動，反而吉祥。

②財運：守貨不售，將可獲利。

③家宅：修繕房屋圍牆。

④身體：雖有凶險，終究無害。

九五。同人，先號咷而後笑，大師克相遇。

象曰：同人之先，以中直也。大師相遇，言相克也。

①時運：辛苦有成，得償心願。

②財運：小有挫折，終有大利。

③家宅：不必驚惶，終於平安。

④身體：先危後安。

上九。同人於郊，无悔。

象曰：同人於郊，志未得也。

①時運：閒散之地，諸事無礙。

②財運：郊外立業，暫時無利。

③家宅：平順無災。

④身體：恐無生機。

解卦實例

實例：去留之間

有時為了考慮周全，針對某一個問題，我們可以做正反兩面的占卦。

一位朋友在考慮要不要離職另謀高就時，先占問「選擇離開」，得到同人卦（天火同人，☰☲，第十三卦），變爻九五與上九，上九爻辭是：「同人於郊，无悔。」《易經》各爻還有一句簡單的〈小象傳〉，用以補充說明爻辭，它說：「同人於郊，志未得也。」意即：聚合眾人於郊外，是因為心意沒有得到回應。

選擇離開而占到同人卦，似乎與原有的心意背道而馳。並且，「志未得」一語，似乎在提醒他這種想法未必可行。

接著他再占問「選擇留下」，得到家人卦（風火家人，☴☲，第三十七卦），由於出現三爻變，所以要參考卦辭：「家人。利女貞。」意即：適合女子正固。占問者並非女子，所以這兒的意思是：員工以公司為家，而他應該像女子在家中一般守住崗位。

在一個單位工作一段時間之後，同事之間培養出類似家人的感情，原是十分自然的事。因此占問「留下如何？」時，得到家人卦，可謂相當契合。當然，家人相處以感情為重，而未必可以取得經濟上的更好條件。

人生沒有完美，任何選擇也都是有得有失，就看自己在某一階段所珍惜的是什麼。

同人卦的啟示

《易經》第十三卦是同人卦，卦象是「天火同人」
（☲）。細心的讀者也許注意到了，這是首度出現「火」的
卦。火對古人而言，至為重要，代表文明的轉變契機。火是離
卦，「離」字原為「羅」，有網羅之意。

於是，一方面天火是指天下大放光明，正如〈大象傳〉所
說：「君子以類族辨物。」意思是：君子由此領悟，要歸類族
群，分辨事物；既要合異為同，又要別同為異，然後一切各就
其位，可以積極展開文化創造了。而另一方面，同人卦是說：
天下有網羅，可以把眾人聚在一起，而「同人」即是聚合眾人
之意。

天是乾卦，代表剛健的動力；火是離卦，代表光明與文
明；兩者相合，則是〈彖傳〉所說的：「文明以健，中正而
應，君子正也。唯君子為能通天下之志。」意即：文采光輝而
健行，居中守正而應合，這是君子的正道。只有君子可以溝通
天下人的心意。

在此，所謂「居中守正」，是指六二主爻而言，因為本卦
為一陰五陽的格局，六二既中且正，又有九五正應，等於上下
有志一同。但是，以一陰對五陽，真要達到同人目標，並不是
一件容易的事，這一點在各爻爻辭顯示出來了。

初九是「同人於門，无咎。」意即：在門外聚合眾人，沒
有責難。為何談到「門」？因為六爻可以配合當時的社會階級
來說，「初為元士，二為大夫，三為公卿，四為諸侯，五為天
子，六為宗廟」。到大夫才有「家」，有家才有門；初九在門

外，而在門外聚合眾人，表示沒有偏私。

六二雖為主爻，但是「同人於宗，吝。」意即：在宗族裡聚合眾人，鄙陋。六二與九五正應，忽略了另外四個陽爻也想依附它這個主爻，所以顯得有些狹隘鄙陋。由此可見，上下正應原是好事，但也須考量每一卦的特殊時勢。

九三與九四都是陽爻，也都想與九五爭奪六二的青睞。於是，九三是「伏戎於莽，升其高陵，三歲不興。」意即：在草莽中埋伏士兵，或者登上高陵瞻望，三年不能發動攻擊。

九四是「乘其墉，弗克攻，吉。」意即：登上城牆，卻不能進攻，吉祥。這二爻都有戰爭之象，可見要達到同人的理想，必須每個人都要有自知之明。九三陽爻居剛位，非爭不可；九四陽爻居柔位，知道收斂；所以占驗有別。

九五是個關鍵：「同人，先號咷而後笑，大師克相遇。」意思是：聚合眾人，先是痛哭後是歡笑，大部隊能夠會合。九五為何先哭後笑？因為它看到九三、九四橫亙它與六二之間，想要橫刀奪愛，所以悲從中來。但是，它與六二正應，終究可以聚合。

在〈繫辭上傳〉，孔子發揮其旨，說：「君子之道，或出或處，或默或語。二人同心，其利斷金。同心之言，其嗅如蘭。」意思是：君子所奉行的原則，是該從政就從政，該隱退就隱退，該靜默就靜默，該說話就說話。兩人心意一致，其鋒利可以切斷金屬；心意一致所說的話，其味道就像蘭花一樣。這段話說出了「同人卦」的最高理想。像「二人同心，其利斷金」這樣的成語，今日仍在使用，值得我們嚮往。

那麼，同人卦到了最後一爻又會有什麼結局呢？「上九。

同人於郊，无悔。」上九，聚合眾人於郊外，沒有懊悔。為何提及「悔」？因為上九距離主爻六二最遠，眼見大家群聚而自己有如處在最遠的郊野，難免黯然神傷了。如果對照初九的「无咎」來看，則上九的「无悔」是合宜的，因為在同人卦裡，必須坦蕩無私，而初九與上九，一在門外，一在郊外，都是光天化日，月白風清，自問用心純正，可以无咎无悔。

《易經》的每一卦（六十四卦又稱為「重卦」）都是由二個經卦（八個三爻的單卦）所組成，而各個單卦皆有豐富含意。如離卦為火，為光明，為網羅等等，由此形成開闊的想像空間。

14 | 大有卦 ䷍

大有。元亨。
象曰:火在天上,大有。君子以遏惡揚善,順天休命。
①時運:亨通無比,大放異彩。
②財運:放手去做,財富自來。
③家宅:積善之家,子孫保之。
④身體:虛火上升,小心診治。

初九。无交害,匪咎,艱則无咎。
象曰:大有初九,无交害也。
①時運:刻苦自勉,等待好運。
②財運:基業初創,慎始無害。
③家宅:新富可喜,值得珍惜。
④身體:健康無虞,訟事宜解。

九二。大車以載,有攸往,无咎。
象曰:大車以載,積中不敗也。
①時運:正交好運,一路順風。
②財運:國內國際,無不獲利。
③家宅:可以喬遷。
④身體:出外就醫,訟事得勝。

九三。公用亨於天子，小人弗克。

象曰：公用亨於天子，小人害也。

①時運：顯榮之時，取賄必敗。

②財運：名利並至，勿近小人。

③家宅：喜慶宴會，須防僕婢。

④身體：飲食小心，不可爭訟。

九四。匪其彭，无咎。

象曰：匪其彭，无咎，明辨晢也。

①時運：持盈保泰，知足不辱。

②財運：利益已足，勿再貪求。

③家宅：榮美可觀，滿則招損。

④身體：膨脹之症。

六五。厥孚交如，威如，吉。

象曰：厥孚交如，信以發志也；威如之吉，易而无備也。

①時運：眾人信服，晚運亨通。

②財運：人和為貴，富有不難。

③家宅：一家和睦，須防盜賊。

④身體：保持門面。

上九。自天佑之，吉无不利。

象曰：大有上吉，自天佑也。

①時運：一路好運，事皆吉祥。

②財運：百貨暢達，自然獲利。

③家宅：福慶滿門。

④身體：得神庇佑，或即歸天。

解卦實例

實例 1：馬國華人

二〇〇四年之前，我多次到馬來西亞為華人同胞上課講《易經》，最後都免不了要占卦。

占卦必須先設定問題。現場學員無不關心「馬國華人的未來」。於是，我在示範占卦時，另有兩位同學也占問同一個問題。三個人占同一個問題時，答案會出現同一個卦嗎？往往不會。但是依各人的角度去看，結果也十分巧妙。

我占到大有卦（火天大有，☰，第十四卦），這表示我所見到的馬國華人，在他們國家是經濟條件較好的。至於之卦，則是坤卦（☷），六爻有五爻變了。這時要看之卦中未變的六五，爻辭為「黃裳，元吉。」意思是：穿上黃色裙子，最為吉祥。這能給人什麼啟示？由於華人在馬來西亞人口占百分之二十四左右，在民主制度底下不太可能領導全國，因此以「黃裳」表示順從居於絕對多數的馬來人才是上策。

同時占問的另兩位學員是當地華人，他們所占得的結果都是坤卦，六爻皆陰而沒有變爻。這無異於說馬國華人只能像坤卦卦辭所說「元亨，利牝馬之貞。」適宜像母馬一般正固，並且「先迷後得主」，領先而走會迷路，跟隨在後則可以找到主人。形勢如此，夫復何言！

實例 2：天作之合

解卦要依所提的問題而定，因為卦辭或爻辭只是一種「最普遍」的建議，使用到具體狀況時，總會有些調整。並且，卦

象本身才是「最原始」的根據，任何解法都不能脫離卦象。

有一次，在一家出版社的聚餐場合中，在座都是文化界的朋友，談到《易經》難免有算命之譏。我說：「《易經》占卦不是算命，而是古人智慧所提供的生活參考。若是不信，請在座有問題的人給我三組三位數，我來示範一下。」

此話一出，大家安靜下來，面面相覷。一位女士鼓起勇氣說：「我下個月要結婚，請試一占。」我聽了此話，反而有些猶豫，因為擔心結果會讓人掃興。但是這時沒有退路了。

她提出了數字，我一算是大有卦，變爻上九，爻辭是：「自天佑之，吉无不利。」這不正是天作之合嗎？你若想要祝福別人結婚，並且由《易經》找一句話來說，這句話不是上上之選嗎？當場眾人無不嘖嘖稱奇，我心中倒是鬆了一口氣，同時也對《易經》更加佩服。但往後聚會時，我都不太願意主動談到這方面的問題了。

大有卦的啟示

《易經》在同人卦之後，接著上場的是大有卦。〈序卦傳〉說：「與人同者，物必歸焉，故受之以大有。」意思是：聚合眾人之後，物產自然豐富，所以後續的是大有卦。這符合「有土斯有人，有人斯有財」的觀念。

大有卦是同人卦的覆卦，卦象是「火天大有」（☲）。全卦依然是一陰五陽的格局，所以六五這個唯一的陰爻就成為主爻了。〈彖傳〉說：「柔得尊位，大中而上下應之。」意即：六五是陰爻，是柔順者，現在得到五的天子位，可以大行

中道，而上下五個陽爻都來應合。〈彖傳〉接著說：「其德剛健而文明，應乎天而時行，是以元亨。」意即：它的作風陽剛勁健又有文采光輝（火在上在外，表示光明顯示於外；天在下在內，表示自身有剛健的動力），配合天體法則又能按時運行（火在上，為日，為太陽；天在下，為天體，為天空；於是形同太陽在天上運行，造成四季循環。）這種情況稱為「元亨」（最為通達）。

換個角度來看，當火在天的上方時，必然大放光明，照亮萬物，使人間善惡無所遁形，君子也知道應該如何行動。〈大象傳〉說：「君子以遏惡揚善，順天休命。」意思是：君子由此領悟，要抑制邪惡、顯揚善德，順從上天所賦的美好使命。

對於「遏惡揚善」，大家都會覺得理所當然；那麼「順天休命」（休命是美好的命令）又是什麼意思呢？這句話提醒我們：孔子自述生平進境時，所謂「六十而耳順」一語，其中的「耳」字是衍文，應該去掉，改為「六十而順」。如此可以配合「五十而知天命」，表示孔子六十而「順天命」。這麼改的理由很多，我再補充一點，就是：早期儒家典籍（如《孟子》、《大學》、《中庸》、《荀子》、《易傳》等），從未談及「耳順」，倒是有多次談及「順天」與「順天命」。

大有卦六爻都不錯，三個无咎兩個吉。譬如，初九「无交害，匪咎，艱則无咎。」意即：沒有因為交往所帶來的害處，這不是災難，在艱困中就沒有災難。在本卦中，每一個陽爻都希望與主爻六五建立關係，而初九離六五最遠，等於高攀不上，如此正好符合「大有」（而非私有）的精神，所以无咎。

接著，九二「大車以載，有攸往，无咎。」意思是：用大

車來裝載，有所前往，沒有災難。九二居中，可以代表下卦乾卦，像大車（牛車）一樣有力，並且它與六五正應，可以前往而无咎。但是，為何不說「吉」呢？因為在大有卦，不該有獨占六五的心態。九二與六五正應，有獨占之意，所以只能做到无咎。

九三是「公用亨於天子，小人弗克。」意即：公侯接受天子的款待，小人不能如此。「亨」字通「享」，為款待之意。

九四「匪其彭，无咎。」意即：不仗恃他的盛大，沒有災難。初九到九四是連續四個陽爻，可謂聲勢浩大，但是九四陽爻居柔位，可以稍加收斂。

六五是「厥孚交如，威如，吉。」意思是：以誠信來交往的樣子，展現威望的樣子，吉祥。六五居上卦中位，有上下五個陽爻來相應，可謂誠信之至。但是，除了誠信還須展現威望，否則難以服眾。它的威望來自天子之位，也來自它與九三、九四形成一個兌卦（六爻的中間四爻可以形成另外兩個新的卦，稱為「互卦」，這一點將來再做解說），而兌卦為虎，自有威嚴。

到了上九，則表示大有卦完成了，所以說：「自天佑之，吉无不利。」在〈繫辭上傳〉，孔子說：天所幫助的是順從（天命）的人，人所幫助的是（對人）誠信的人，履行誠信並且存心順從，還會因而推崇賢者。所以獲得天的助佑，吉祥而無所不利。由此可知，《易經》的「天」除了指涉自然之天，還應指涉主宰之天，可以助佑善人。古代的「天」概念非常重要，我們從帝王稱為「天子」，可以有所領悟。古人把物產豐盛（大有）當成天的祝福，是可以理解的。

15 | 謙卦 ☷☶

謙:亨,君子有終。

象曰:地中有山,謙。君子以衰多益寡,稱物平施。

①時運:眼前平順,步步高升。

②財運:物價合理,利益保障。

③家宅:近山之居,闔家平安。

④身體:內鬱之症,放寬心胸。

初六。謙謙君子,用涉大川,吉。

象曰:謙謙君子,卑以自牧也。

①時運:不與人爭,自可無難。

②財運:投資航業,有利可圖。

③家宅:治家以德,平安和睦。

④身體:游泳健身。

六二。鳴謙,貞吉。

象曰:鳴謙貞吉,中心得也。

①時運:聲名傳開,頗為得意。

②財運:得人呼應,利益自來。

③家宅:家有恆產,亦有善名。

④身體:用心過勞之症。

九三。勞謙君子，有終，吉。

象曰：勞謙君子，萬民服也。

①時運：勞苦有成，晚運亨通。

②財運：基業已成，永保利益。

③家宅：持盈保泰，安居樂業。

④身體：勞累過度，可能歸天。

六四。无不利，撝謙。

象曰：无不利，撝謙，不違則也。

①時運：正當好運，諸事皆吉。

②財運：利益甚多，留些餘地。

③家宅：謙和相處，自無不利。

④身體：多多散心，自可痊癒。

六五。不富以其鄰，利用侵伐，无不利。

象曰：利用侵伐，征不服也。

①時運：振作自強，不可姑息。

②財運：防人分取，更生事端。

③家宅：擇鄰而處，守望相助；近鄰議婚。

④身體：消熱去火。

上六。鳴謙，利用行師，征邑國。

象曰：鳴謙，志未得也；可用行師，征邑國也。

①時運：大運已過，心意受阻。

②財運：有名無實，認真整頓。

③家宅：防範邪祟。

④身體：調養心志。

解卦實例

實例 1：不必討債

我年輕時自以為慷慨好義，對於朋友開口借錢總是盡力而為，結果在這方面累積了許多慘痛的經驗。一位出版社老闆欠了我一筆錢，我依約打電話給他，請他還錢時，他居然說要等分到父親遺產時才有辦法還錢。我一聽真是不忍，從此不再向他催債。只要我的生活過得去，何必讓人為難至此？

事隔三年，有一天心血來潮，為此事占了一卦，得到謙卦（地山謙，☷☶，第十五卦），變爻初六，爻辭說：「謙謙君子，用涉大川，吉。」意即：謙而又謙的君子，可以渡過大河，吉祥。〈小象傳〉說：「謙謙君子，卑以自牧也。」要以謙卑的態度管理自己。

我看到「卑以自牧」一語，心裡有數，因為哪有謙卑的人去向人家要債的？我學習老子思想，知道老子的建議是：手中握著借據，但不向人家要債。這表示自己一方面要像「道」一樣包容別人，同時也可練習從容自在的風度。世間萬物原是眾人共享，我們運氣好的才有多餘的資財可以借人，又何必念念不忘？不過如果真的在意，那麼以後與朋友之間最好不要有金錢往來，如此可以省去許多煩惱。其實不管誰是債主，「卑以自牧」一語含有至理。人不謙卑，又怎麼談得上修養。

實例 2：順利起飛

二〇〇八年暑假，我在廣州為三十位學員上《易經》，總共八天四十八小時。負責籌備的劉老師原本在北大企業家國學

班上過課，現在熱心協助辦成了廣州《易經》班。

上課時間分配在四個週末，每次兩天。第二次上課時，劉老師急著要在當天下課後趕回北京，但是碰到深圳地區出現颱風，而風勢波及了廣州。那天一早起來，她就為自己占了一個數字卦，得到謙卦，初九變爻，爻辭是「謙謙君子，用涉大川，吉。」意即：謙而又謙的君子，可以渡過大河，吉祥。

她問我：「現在颱風來了，真能回得去北京嗎？」我說：「爻辭有『用涉大川』一語，又說了『吉』。你就別擔心了。」

到了中午，風勢趨緩。四點半下課後她乘車去機場。許多班機都延遲起飛，但是她搭的那一班卻準時出發，並且順利回到了北京。她到北京出機場時，看到機場告示說：從南方飛往北京的班機大都延誤抵達。

其實，當我依爻辭解說時，窗外風聲呼嘯，我也不知道情況將會如何演變。但是，「用涉大川」一語又不容絲毫疑慮。《易經》占卦之妙，只能說是不可思議。

謙卦的啟示

以前尚未認真學習《易經》時，就聽別人說過「謙卦六爻皆吉」。這句話充分肯定了謙卦，但是卻與事實有些出入。比較準確的說法是：謙卦六爻「非吉則利」。六爻能夠非吉則利的，依然只有這一卦。

謙卦的卦象是「地山謙」（☷☶），地在上而山在下。當你想像一個人謙虛時，首先要承認他有實力，亦即在品德、智

慧、才幹這三者的任何一方面，有其過人之處，宛如一座山使人無法跨越。但是在外表上，他卻像大地一般平坦柔順，不給人任何壓力。

以孔子的學生來說，能表現謙虛的大概就是顏淵吧！曾參描寫顏淵時說：「以能問於不能，以多問於寡，有若無，實若虛。」我們稱讚一個人「虛懷若谷」，而事實上他的內在是一座高山，這樣的人怎麼不會得到大家的祝福呢？

《易經》六十四卦的〈彖傳〉中，只有謙卦同時談及「天道、地道、鬼神、人道」。原文是「天道虧盈而益謙，地道變盈而流謙，鬼神害盈而福謙，人道惡盈而好謙。」意思是：天的法則是減損滿盈者而增益謙卑者，地的法則是改變滿盈者而流注謙卑者。這裡所謂的天與地，是就自然界的規律而言，亦即自然界總是維持常態與平衡，依照物極必反的模式，調節「過與不及」。接著，鬼神的法則是加害滿盈者而福祐謙卑者，人的法則是厭惡滿盈者而喜愛謙卑者。在此，鬼神與人所針對的，則是眼前人群中能夠做到謙虛的人。「謙虛納百福」，「滿招損，謙受益」，確實有其道理。

那麼，謙卦六爻如何表現「非吉則利」呢？我們可以從六爻的爻辭得知，底下三爻都有「吉」，上面三爻都有「利」（無不利更是大利，表示沒有任何不適宜的事）。這不是「非吉則利」嗎？

初六的「謙謙君子」一詞，表示他在謙卦最底下，是謙而又謙。這時有蓄勢待發之象，實力足以渡過大河。他往上一看，是六二、九三、六四所構成的互坎。坎為水，而他不因為謙虛就忘記自己的本領，面臨大川也毫無畏懼。

六二上承九三，而九三是全卦唯一陽爻，因而也是主爻。所以，六二要鳴謙（響應謙卑的態度）。九三是有功勞而謙卑的君子，自然會得到好的結果。孔子在〈繫辭上〉稱許九三：「勞苦而不誇耀，有功績而不自認為有德，真是忠厚到了極點。這是說那些有功績依然謙下待人的人。德行要講求盛美，禮儀要講求恭敬，而謙卑是使人恭敬以致保存自己地位的坦途。」

　　六四陰爻居柔位，顯然可以撝謙，發揮謙卑的精神。六五「不靠財富就得到鄰居的支持」，因為他居天子之位。這時若有不順服的人出現，他照樣有能力進行征戰，而不會因為謙虛就軟弱無力。到了上六，因為與九三呼應，「響應謙卑的態度」，這時也有能力征伐自己的屬邑小國。

　　由此可見，六五與上六即使表現謙卦的精神，依然具有威嚴與實力。這一點提醒我們：不論如何謙卑，到了上位依然要全權負責，「行其所當行」。

　　最後，〈象傳〉指出：君子由此領悟「要減損多的並增益少的，衡量事物而公平給與」。換言之，除了自己做到謙虛之外，還要秉持公平原則，使社會人群不會差距過大，進而促使世間更為和諧。謙虛是美德，而其內容依然豐富，在不同地位應有不同的作為。

16 | 豫卦 ䷏

豫。利建侯行師。

象曰:雷出地奮,豫。先王以作樂崇德,殷薦之上帝,以
配祖考。

①時運:春雷發動,諸事吉祥。

②財運:新貨上市,必有大利。

③家宅:祈神祭祖,可保平安。

④身體:禱告靜心。

初六。鳴豫,凶。

象曰:初六鳴豫,志窮凶也。

①時運:得意忘形,致遭困境。

②財運:初可得利,切忌過貪。

③家宅:怪異之驚,應防凶險。

④身體:頗為不利。

六二。介於石,不終日,貞吉。

象曰:不終日,貞吉,以中正也。

①時運:人品高尚,不逐浮華。

②財運:自定其志,快速獲利。

③家宅:嚴正持家,拒斥小人。

④身體:新病可癒,宿疾即亡。

六三。盱豫，悔。遲有悔。

象曰：盱豫有悔，位不當也。

①時運：本身不正，因而有悔。

②財運：稍縱即逝，快速得利。

③家宅：速防竊盜。

④身體：立即就醫。

九四。由豫，大有得。勿疑，朋盍簪。

象曰：由豫大有得，志大行也。

①時運：大運正行，不必擔心。

②財運：眾貨聚集，大有利市。

③家宅：得福有財。

④身體：不必擔心。

六五。貞疾，恆不死。

象曰：六五貞疾，乘剛也。恆不死，中未亡也。

①時運：性格柔弱，難以振作。

②財運：用人不當，致生損失。

③家宅：恐被侵占。

④身體：帶病延年。

上六。冥豫，成有渝，无咎。

象曰：冥豫在上，何可長也？

①時運：冬去春來，奮發有為。

②財運：改舊從新，將可獲利。

③家宅：遷居改造為宜。

④身體：應有轉機。

解卦實例

實例：空自歡喜

一位朋友為公司籌劃方案，看來一切順利，信心滿滿。即使如此，有機會占卦時還是想要預測未來的發展。

他以籌策占得豫卦（雷地豫，☷☳，第十六卦），初六與上六為變爻。初六為「鳴豫，凶。」意即：響應愉悅的態度，有凶禍。這是因為初六剛剛上場就想一勞永逸，結果反而讓人擔憂。二個變爻，則以上爻為準，那麼上六呢？上六爻辭是：「冥豫，成有渝，无咎。」意即：在昏昧中愉悅，最後出現改變，沒有災難。如果知道愉悅不可能長久持續而早些採取應變措施，才會沒有災難。

由此可見，這位朋友過度樂觀，以為事情會如他所願那般順利進行。經過變爻之後，出現的之卦是噬嗑卦（火雷噬嗑，☲☳，第二十一卦），這個卦與訴訟及判斷有關，如此一來更要小心，因為事情的演變可能會有類似官司訴訟的狀況，需要公正裁決才會轉成好的結果。

人在愉悅時很容易粗心大意，忘記應該注意的細節。在疏於準備的情況下，即使好事也會做得辛苦。與其如此，不如保持警覺，像老子所謂的「慎終如始，則無敗事。」在結束時要像開始時一般謹慎，就不會失敗了。

豫卦的啟示

緊接在謙卦之後的是豫卦。「豫」字是指愉悅，但又與

「預」通用，為預備之意。一個人因為謙虛而得到大家的祝福，他自然十分「愉悅」。但是人一高興就會懈怠，所以要提醒他「預備」，以避免樂極生悲的不幸。

豫卦的卦象是「雷地豫」（☷☳），雷在上而地在下，表示雷出現在地上；雷為動，地為順，這是順勢而行動。在人間，可以「建侯行師」，建立侯王、出兵征伐。在〈象傳〉說的較深刻：雷從地下出來，使得萬物振作，然後古代君王由此領悟，「要制作音樂來推崇道德，再隆重地向上帝祭祀，連帶也向祖先祭祀。」

這段話的重點有二：一是當一切順利時，不妨從快樂推衍至音樂，但是必須切記「崇德」，要推崇道德，否則可能耽於逸樂。二是要存著感恩之心，向上帝及祖先祭祀。上帝是萬物的根源與主宰，祖先是人類的生命之本。人在順境中，尤其不該忘本。

豫卦六爻也是一陽五陰的格局，全卦以九四為主爻。值得留意的是：凡是與九四有關係的都有麻煩。譬如，初六與九四正應，結果是「鳴豫，凶。」響應愉悅的態度，有凶禍。原因是：初六一進入豫卦，就與主爻正應，顯得志得意滿或得意忘形，以致再也無處可去或者樂不思蜀。這種不思長進的心態就是凶禍的開始。

再如六三，「向上瞻望而愉悅，懊惱。行動遲緩也有懊惱。」他上臨九四主爻，希求愉悅，難免產生懊惱。甚至連六五都有問題，他以陰爻居君位，柔弱而耽溺於愉悅，「正固會有疾病，但總不至於死亡」。他是因為居中位，死亡可免，疾病難逃。由此可見，在豫卦中凡是想要藉著九四而愉悅的，都

會陷入困境。

　　反之，這時能夠安分知足，耿介不移，就會有好結果。最值得肯定的是六二，「介於石，不終日，貞吉。」意思是：耿介如堅石，不用一整天，正固吉祥。孔子在〈繫辭下〉借題發揮，他說：「知道事情的幾微，可以算是神奇吧！君子與上位者交往不諂媚，與下位者交往不輕慢，可以算是知道幾微吧！幾微，是變動的微妙徵兆，是吉祥的預先顯示，君子見到幾微就起來努力，不用等一整天。《易經》上說：『耿介如堅石，不用一整天，正固吉祥。』耿介有如堅石，怎麼會等待一整天？一定會有他獨到的見識。君子察知幾微也察知彰明，懂得柔順也懂得剛強，所以成為百姓的盼望。」

　　六二居中守正，在豫卦中領悟了「愉悅」與「預備」的雙重道理，表現「知道幾微」的言行，所以得到孔子的肯定。到了九四主爻，我們看到「由豫，大有得，勿疑，朋盍簪。」意思是：由此而產生愉悅，大有收穫，不必疑慮，朋友都來聚合。一陽五陰，九四一呼百應，心意可以充分實現。他也像簪子一樣，把上下的頭髮都聚攏起來。

　　到了上六，是「冥豫，成有渝，无咎。」意思是：在昏昧中愉悅，最後出現改變，沒有災難。人在愉悅到頂點時，很可能執迷不悟，是為「冥豫」；但是也正因為到了頂點，知道形勢即將變化，然後只要提醒自己接受這個事實，就可以避開災難了。

　　細看此卦，初六、六三、六五都是陰爻居剛位，等於本身條件不夠卻想獲得本卦的愉悅，以致反而陷入困境。至於六二與上六，則是得其正位，尤其六二是「眾人皆醉我獨醒」，並

且「其介如石」，既有智慧又有原則，可謂一枝獨秀，得到孔子的稱美。然後，上六處於最後一爻的位置，能取得「无咎」，已經很滿意了。

九四雖然是陽爻居剛位，既不中又不正，但是奈何本卦以它為主爻，要由他撐起全卦的主旨。容我們再回顧一次：人在愉悅中，必須有所預備；這種預備表現於修德，並且顯示為對上帝與祖先的感恩之情。能修德又能感恩，才可常保愉悅。這是豫卦的逆耳忠言。

17 | 隨卦 ䷐

隨。元亨，利貞，无咎。
象曰：澤中有雷，隨。君子以嚮晦入宴息。
①時運：明年遠行，五年方展。
②財運：堆積存貨，明春有利。
③家宅：防止驚懼。
④身體：休養為宜；牢獄之災。

初九。官有渝，貞吉。出門交有功。
象曰：官有渝，從正吉也；出門交有功，不失也。
①時運：交運之時，利於變動。
②財運：貨物外售，可以得利。
③家宅：裝修遷居。
④身體：改變用藥，遠方求醫。

六二。係小子，失丈夫。
象曰：係小子，弗兼與也。
①時運：形勢顛倒，最好謹慎。
②財運：貪小失大，顯然不利。
③家宅：家主受累；婚嫁不妥。
④身體：顧此失彼。

六三。係丈夫，失小子。隨有求，得，利居貞。
象曰：係丈夫，志舍下也。
①時運：求財求名，皆為正運。
②財運：小往大來，利益可期。
③家宅：積蓄有成，關心子女。
④身體：大人無妨，小孩不利。

九四。隨有獲，貞凶。有孚，在道以明，何咎？
象曰：隨有獲，其義凶也。有孚在道，明功也。
①時運：吉凶互見，明年吉祥。
②財運：雖有獲利，小心意外。
③家宅：置屋不宜。
④身體：先凶後吉。

九五。孚於嘉，吉。
象曰：孚於嘉吉，位正中也。
①時運：正當好運，諸事皆吉。
②財運：貨物上品，得利不少。
③家宅：積善之家；婚嫁可喜。
④身體：毋須擔心。

上六。拘係之，乃從維之；王用亨於西山。
象曰：拘係之，上窮也。
①時運：困難重重，難以如意。
②財運：穩紮穩打，未能伸展。
③家宅：家人抱怨；嫁娶有緣。
④身體：誠心禱告；可能歸魂。

解卦實例

實例：隨順為宜

我有一個碩士生，表現極佳，但因考慮父母年邁而想休學就業。他第一次聽我勸告而打消此意，隔了三個月又再度告訴我他已下了決心，要先工作賺錢以奉養父母。這次他等於是通知我，而不再徵詢我的意見了。

我內心難過，但也無可奈何，於是早起占了一卦，得到隨卦（澤雷隨，䷐，第十七卦），六爻皆不變，卦辭說：「元亨，利貞，无咎。」意即：最為通達，適宜正固，沒有災難。〈大象傳〉說：「澤中有雷，隨。君子以嚮晦入宴息。」意即：大澤中有雷潛藏，君子由此領悟，要在傍晚回家安靜休息。

我再注意閱讀隨卦六爻，看到其中有「係小子，失丈夫」（六二）與「係丈夫，失小子」（六三）等語，顯示二者不可得兼的情況。人生是一連串的取捨所構成的，許多時候無法兩全其美，只好看自己的考慮了。我念完這些資料，心情較為寬舒，知道人各有志，並且念書也不必急於一時。

平常學生的選擇不會引起我那麼大的關注，實在是難得遇到既聰明又用功的學生，心中才有惜才之意。即使如此，還是必須以隨順為宜。念書或做學問是一輩子的事，未必全要在教室完成。

隨卦的啟示

《易經》在謙卦與豫卦之後，出現了隨卦。一個人因謙虛

而受到肯定，自然心情愉悅，然後也會有人隨從。隨從並無特別事故，而是要依時勢與條件來決定行止。人生其實有不少時候與不少狀況，都是「平常」二字可以說完的。有平常，才有平淡與平安，這不是很好嗎？

隨卦的卦象是「澤雷隨」（☲），雷是活動，澤是喜悅，有活動都很開心。正如朋友來電約會見面，我的回答是「隨時」，這不是最美好的情況嗎？〈彖傳〉說：「隨時之義大矣哉！」隨著時勢的意義真是偉大啊！

〈大象傳〉說：「澤中有雷，隨。君子以嚮晦入宴息。」意思是：大澤中有雷潛藏，這就是隨卦。君子由此領悟，要在傍晚回家安靜休息。

《易經》各卦的〈大象傳〉，總是教我們做人處事的道理，我們對於修德行善的要求也耳熟能詳了。但是在此，忽然提醒我們「要在傍晚回家安靜休息」，實在讓人有些錯愕。這不是我們每天必須做的事嗎？這不是平常的生活規律嗎？這不是按照大自然的運行所安排的合理生活方式嗎？

隨卦各爻的吉凶如何？首先，「初九。官有渝，貞吉。出門交有功。」意思是：官員有變通，依此正固會吉祥。出門與人交往會有功績。身為政府官員，一切依法行政，但是不可忽略「變通」二字。若不能隨著民眾的需要而考量個別的情況，那麼官員與機器人有何兩樣？為什麼要強調「出門交有功」？因為要做到光明坦蕩，沒有密室交易。官員是國家的代表，最怕以權謀私，以私害公。古今所推崇的「官箴」，都是同樣的道理。

如果因為隨從而有收穫，那就要小心了。「九四。隨有

獲，貞凶。有孚，在道以明，何咎？」所謂「貞凶」，是說你認定這是你該得的，長此以往難免會有災禍。理由是什麼？因為你只是「隨從」，譬如跟對了老闆，一路往上升。這時只有一個補救辦法，就是「保持誠信，以明智處於正道，如此會有什麼災難？」這句話可謂千古名言。

最好的位置在於「九五。孚於嘉，吉。」九五居上卦中位，又有六二正應相隨，表示他對美善之事（嘉）保持誠信，結果自然是吉祥了。由此可見，即使擔任一個部門的主管，也不可隨心所欲、師心自用，而須「孚於嘉」，堅持走在美善的道路上，如此才可吉祥。

比較值得注意的是本卦的三個陰爻：六二、六三與上六。在隨卦中，陰要從陽，否則找不到方向。六二是「係小子，失丈夫」。丈夫是他的正應九五，小子是指底下的初九。六二在隨卦中，採取就近相隨的策略，取初九而失九五，可謂得不償失，缺乏長遠的眼光。

六三是「係丈夫，失小子。隨有求，得，利居貞。」他則是就近往上找了九四來做為依靠。這個選擇是合宜的，一方面陰要從陽，而六三對九四是「承」陽，完全正確。另一方面，從六三往上配合九四與九五，形成一個互巽，而巽為「近利市三倍」，所以他可以「隨有求，得」。

到了上六，依然出現了「係」字，可見陰爻必須牽繫於陽爻。「上六。拘係之，乃從維之；王用亨於西山。」意思是：把他抓住捆起來，後來又放開他。君王在西山獻祭。這句話是在描寫周文王自己。由於爻辭是周文王與其子周公合作的產品，所以從周公的立場是可以稱其父為王的。

周文王先被商紂王拘囚在羑里，這是因為上六必須隨從九五。但是，上六與六三不應，對自己的處境已有覺悟，可以不再執著，所以被釋放回到西山（岐山），這時得以逃過一劫。回到西山就要向天獻祭，表示自己順從及感激天意。由此可見，隨順將可逢凶化吉。

　　全卦六爻只有一個凶字，是落在九四的「隨有獲」上面。因此，人在有所收穫時，要特別留意思考：這是靠著搭順風車所得的好處呢？還是自己努力耕耘的成果？

18 | 蠱卦 ䷑

蠱。元亨，利涉大川。先甲三日，後甲三日。
象曰：山下有風，蠱。君子以振民育德。
①時運：力圖振作，可改舊觀。
②財運：不宜堆積，應即販售。
③家宅：整頓家風；恐有私情；生育不順。
④身體：蠱毒之症，小心咒詛。

初六。幹父之蠱，有子，考无咎。厲，終吉。
象曰：幹父之蠱，意承考也。
①時運：克勤克儉，前途光明。
②財運：重整舊業，可以得利。
③家宅：改造舊宅；婚嫁可喜。
④身體：初無大礙，無子不利。

九二。幹母之蠱，不可貞。
象曰：幹母之蠱，得中道也。
①時運：順勢而行，不可草率。
②財運：舊債積弊，緩和處理。
③家宅：母系擅權，忍耐協調；可得佳婦。
④身體：大人寒症，小孩補氣。

九三。幹父之蠱，小有悔，无大咎。
象曰：幹父之蠱，終无咎也。
①時運：痛改前非，仍有未來。
②財運：重立舊業，小損大利。
③家宅：改造住宅。
④身體：應可痊癒。

六四。裕父之蠱，往見吝。
象曰：裕父之蠱，往未得也。
①時運：不可因循，否則自誤。
②財運：未能除弊，難以獲利。
③家宅：父業難保。
④身體：急救內患，以免不治。

六五。幹父之蠱，用譽。
象曰：幹父用譽，承以德也。
①時運：自行振作，仍可揚名。
②財運：改善舊業，仍然有利。
③家宅：努力興家；嫁娶高親。
④身體：應覓名醫。

上九。不事王侯，高尚其事。
象曰：不事王侯，志可則也。
①時運：以退為進，較為有利。
②財運：不必急售，獲利可期。
③家宅：住在高處；良緣天成。
④身體：大限將至，安其天年。

解卦實例

實例：總統大選

二〇〇八年三月初,我在桃園教《易經》。上課前就覺得教室氣氛有些不安。一位同學代表大家發言:「《易經》能不能占出誰會選上總統?」

我說:「可以,但是問題需要有正當性。這是『不義不占』的原則。我們不妨這麼問:三月二十日大選投票之後,我們這三百人的心情如何?」

在大家同意之下,我公開占卦,占到蠱卦(山風蠱,☶☴,第十八卦),上九變爻,也就是要看上九的爻辭:「不事王侯,高尚其事。」

我接著分析:一,臺灣目前的情況,有如蠱卦所示,可謂積弊叢生,需要好好改革。二,由於上九變爻,可知蠱卦走到最後階段,即將轉入新局。三,上九爻辭的意思是:不去事奉王侯,以高尚來要求自己的作為。

那麼,我們這些人從三月二十日以後,就不必再看政治人物的臉色,不必受他們不當的言行所干擾,而可以自由選擇高尚的生活了。

而誰選上,將會為我們帶來這樣的結果?既能夠去除積弊,又可以尊重百姓?答案非常清楚。當時我公開說了誰會選上,結果也確實驗證了。只是改革之路並不容易,大家還有努力的空間。

蠱卦的啟示

在隨卦之後上場的是蠱卦。這是由於為了愉悅而隨從別人，最後一定會有事故，形成某些弊端，需要整頓修改。所謂的蠱，是指積弊嚴重，必須除舊布新。在卦辭中出現「先甲三日，後甲三日」一語，則是借用十天干的計數方式，以甲為重新開始，表示革新必須先做周全準備，再持續一段時日，方可大功告成。這樣的做法是為了「終則有始」，在結束之後又有新的開始。

蠱卦的卦象是「山風蠱」（☶☴）。風是空氣，山下的空氣一旦阻滯，就會形成瘴癘之氣；反之，山下有風吹拂，則將盪滌汙濁空氣。〈大象傳〉說：「君子以振民育德。」要振作百姓，培育道德。

六爻的爻辭中，前五爻都提及「蠱」字。初六、九三、六五都是「幹父之蠱」（救治父親留下的積弊）。初六這麼做是「有子，考无咎，厲，終吉。」意思是：這樣才是好兒子，他使亡父沒有受人責難，這樣做會有危險，但最後吉祥。初六是陰爻在剛位，手段不會過激，所以結果還不錯。

九三是「小有悔，无大咎。」意思是他有小的懊惱，但沒有大的災難。為何懊惱？因為九三是陽爻居剛位，手段有過剛之嫌，以致可能矯枉過正，所以會有悔。但最後无咎，則是因為積弊本來就須更正。

至於六五，則是「用譽」，意即受到稱譽。六五與初六類似，是陰爻居剛位，收到剛柔相濟的調和效果，手段比較溫和；並且，六五居上卦中位，是以道德來繼承父業，合乎「光

宗耀祖」的原則，所以受到稱讚。

此外，九二說：「幹母之蠱，不可貞。」意即：救治母親留下的積弊，不可正固。在古代，父之蠱往往是政治及社會上的大問題，母之蠱則局限於家人親族，所以手段不可過於剛強。九二居下卦中位，又有上面的六五正應，可以符合居中之道，沒有什麼問題。九二以陽爻居柔位，得到適當的緩衝。

至於六四，則說「裕父之蠱，往見吝。」意思是：寬容對待父親留下的積弊，前往會陷入困境。六四與初六不應，又對底下的九三乘剛，而自身是陰爻居柔位，寬容有餘而魄力不足，難以應對「父之蠱」，長此以往當然會有困難了。

以上五爻都談到蠱，到了上九等於進入最後階段，積弊應該改革得差不多了。而上九也是本卦主爻，其爻辭說：「不事王侯，高尚其事。」意思是：不去事奉王侯，以高尚來要求自己的作為。這句爻辭乍看之下，好像在描寫今天的民主時代，事實上呢？一個人眼見社會上各種積弊都改善得差不多了，自己也到了最後階段與最高位置，那麼今後又該何去何從？

兩個選擇：一是從此專務修德，二是存心成為隱士。孔子說：「隱居以求其志，行義以達其道，吾聞其語矣，未見其人也。」（《論語・季氏》）可見隱居是為了磨練他的志向，一有機會則將以實踐道義來貫徹他的理想。「不事王侯」一語表示已經具有獨立而自由的心態，往後要面對自己的人生，對自己負責了。民主社會中的百姓不是宣稱「人民最大」嗎？那麼人民就須表現出「高尚其事」的情操。

何謂「高尚其事」？譬如，在消極方面，不去違反法律與禮儀，不必別人監督才守規矩。在積極方面，則可以安排高尚

的生活內容，在知、情、意三方面與時俱進。把握時間每天閱讀、學習新知識；與人交往的情感品質可以不斷提升；在做任何選擇時，都努力化被動為主動，並且擇善固執，向著至善的目標前進。

　　「終則有始」是自然界的運行法則。一年結束又是新的一年，那麼人生呢？我們每隔一段時間也須提醒自己：是否要革除過去的積弊，重新開始自己的人生？

19 | 臨卦 ䷒

臨。元亨利貞。至於八月有凶。

象曰：澤上有地，臨。君子以教思无窮，容保民无疆。

①時運：活水流行，好運方來。

②財運：經營有成，獲利可期。

③家宅：家業正旺；兩性和合。

④身體：疾病拖延，不致危險。

初九。咸臨，貞吉。

象曰：咸臨貞吉，志行正也。

①時運：初交好運，守正大吉。

②財運：新貨推出，自然獲利。

③家宅：吉事臨門；佳偶可成。

④身體：初起之病，可保治癒。

九二。咸臨，吉，无不利。

象曰：咸臨，吉无不利，未順命也。

①時運：貴人相助，運氣正佳。

②財運：一再經營，依然獲利。

③家宅：福星高照；婚嫁亦吉。

④身體：並無大礙；訟事未決。

六三。甘臨，无攸利。既憂之，无咎。

象曰：甘臨，位不當也。既憂之，咎不長也。

①時運：知悔改正，後運可期。

②財運：糖業有利，其餘未必。

③家宅：遷徙為宜；婚姻不合。

④身體：藥不對症，可服苦辛。

六四。至臨，无咎。

象曰：至臨无咎，位當也。

①時運：好運已到，有吉無凶。

②財運：買賣得時，無往不利。

③家宅：家業正旺；婚嫁合宜。

④身體：危險之至，但仍可癒。

六五。知臨，大君之宜，吉。

象曰：大君之宜，行中之謂也。

①時運：正當好運，又有人助。

②財運：瞭解商情，當然有利。

③家宅：五福臨門；宜室宜家。

④身體：良醫診治，自然可癒。

上六。敦臨，吉，无咎。

象曰：敦臨之吉，志在內也。

①時運：好運已止，忠厚无咎。

②財運：販賣內地，尚有利益。

③家宅：忠厚肅穆。

④身體：培養元氣，自然健康。

解卦實例

實例：不必過慮

　　一位朋友想在煙臺買房子，一占之下得到「臨卦」（地澤臨，☷☱，第十九卦），六爻皆不變。若無變爻，則參考本卦卦辭：「元亨利貞。至於八月有凶。」意即：最為通達，適宜正固。到了八月將有凶禍。

　　朋友一看「至於八月有凶」，而那時正值農曆七月，於是擔心是否下月即將有凶？我說：「別擔心。臨卦是很好的卦，屬於十二消息卦之一，就是兩個陽爻由下往上發展，代表陽氣越來越旺，所以《易經》談到臨卦，都說那是『壯大』的意思。」

　　我又說：「所謂『至於八月有凶』，在〈象傳〉的解說中，只是很簡單的說了『消不久也』，意即消退之期，不久將會到來。這是提醒我們要居安思危，在壯大時要先想到將來的消退，如此才可常保平安順利。並沒有什麼特別不好的問題。臨卦六爻無一為凶，不僅如此，它還有四爻為吉，二爻為无咎，在六十四卦裡面，是極少數的好卦，所以不必過慮。」

　　朋友說他想買的房子可以眺望大海，景觀良好。其實「地澤臨」的卦象，已經看得出來這個房子面臨了澤（包括海湖河），所以放心去買吧。

臨卦的啟示

　　臨卦是十二消息卦之一，卦象為地澤臨（☷☱）。兩個陽

爻連袂由下而上，上面四個陰爻也緊靠在一起。陽爻與陰爻沒有交錯，這樣的組合即是消息卦，有此消彼長之意，並且形成一定的次序，可以用來代表十二個月分。如臨卦即是十二月。

十二月（夏曆）是冬季的最後一月，而陽氣已經形成力量，準備取而代之。臨卦因而有「壯大」之意。這個時候，卦辭說：「元亨利貞。至於八月有凶。」前半句不難理解，與乾卦的卦辭如出一轍；後半句立即提醒人「到了八月將有凶禍」。八月是觀卦（風地觀，☰，第二十卦），正好是臨卦的覆卦。〈彖傳〉解釋說：「因為消退之期不久將會來到。」這正是警惕我們要居安思危，不可以為天下自此太平。

〈大象傳〉說：沼澤之上有大地，君子要「教導思慮而不懈怠，包容保護百姓而無止境」。臨卦六爻，無一為凶，原因就在於君子「不懈怠」（無窮）與「無止境」（無疆）。六爻不是吉就是无咎，可見形勢十分有利。

首先，初九與九二都是「咸臨」（一起來臨）。初九是陽氣始生的第一步，必須守住正固，以做為後續發展的基礎。九二「吉，無不利」，因為他率領陽爻上來，自己守住中位，上有六五正應，等於得到國君「致敬、盡禮、道合、志同」，如此當然大有可為。

六三稍有問題，因為陰爻在剛位，又對九二「乘剛」。但是他在下卦是兌卦，態度柔和；往上是互坤，代表土地，能夠思考。這兩種條件使他產生「憂」，「既憂之，无咎。」有所憂慮，就不會陷於災難之中。關於坤卦與思考的關係，要追溯於《尚書・洪範》，其中談到到五行之「土」，與五事之「思」，是兩相對應的。不但如此，土地可供稼穡生長，而稼

穡的味道為「甘」。因此，六三稱為「甘臨」（以柔和態度對待來臨者）。來臨者即是初九與九二這兩個陽爻。

六四是「至臨，无咎。」他直接面對下卦的來臨，由於自己位正，並與初九正應，所以可保无咎。「至臨」的「至」一方面指下卦的來到，另一方面也指六四往下形成互震（九二、六三、六四），本身有行動能力，可以主動迎接來臨者。

六五說：「知臨，大君之宜，吉。」六五居上卦中位，與九二正應，有如溫和的國君得到剛明的大臣輔佐。這時他發揮了上卦坤的特性，事實上他不但在上坤，同時也在互坤（六三、六四、六五），等於具備雙重的思考能力，所表現出來的自然是過人的智慧了。以「大君之宜」來描寫他，可謂十分恰當。身為領袖，除了居中行正之外，必須知人善任，才可真正造福百姓。

到了上六，爻辭說：「敦臨，吉，无咎。」意即：以敦厚態度面對來臨者，吉祥而沒有災難。上六是上坤的最後一爻，土地的特性即是敦厚，所以稱之為「敦臨」。

有關「吉，无咎」為何連在一起的問題，可以如此理解：說他「吉」，是因為事物發展的方向是順從天道的，譬如臨卦是陽爻由下往上推進，到了上六順勢而行，自然是吉了。至於「无咎」，則是說在事物發展的過程中，他沒有什麼過錯，因而不致受到災難。上六以陰爻居柔位，本身又在上坤的柔順氣氛中，又怎麼會犯過錯呢？

比較有趣的是，《易經》有些卦的六爻採取另一種對應方式，就是由外而中，如初與上，二與五，三與四。本卦初九〈小象傳〉說「志行正也」（是因為心意與行為正當）；上六

〈小象傳〉說「志在內也」（是因為心意在於國內的百姓）。兩者都是以「心意」來呼應。這近似於乾卦初九說：「潛龍勿用」，上九說「亢龍有悔」，皆有不利於行之意。這種解法在各卦中偶爾會出現，表示《易經》的詮釋不可拘於一格。值得留意的是：六爻無凶，而卦辭言凶，能不使人提高警覺嗎？

20 ｜ 觀卦 ䷓

觀。盥而不薦，有孚顒若。

象曰：風行地上，觀。先王以省方觀民設教。

① 時運：出外遊覽，不易閒居。

② 財運：販賣洋貨，須防風險。

③ 家宅：供養神佛。

④ 身體：風濕之症，運動調養。

初六。童觀，小人无咎，君子吝。

象曰：初六童觀，小人道也。

① 時運：初運未佳，但無大礙。

② 財運：初登場面，小作即可。

③ 家宅：小心童僕；自由結親。

④ 身體：小孩沒事，大人不利。

六二。闚觀，利女貞。

象曰：闚觀女貞，亦可醜也。

① 時運：最好退守，女性有利。

② 財運：蠶絲有利，餘皆不宜。

③ 家宅：婦女主家。

④ 身體：陰寒之症，可癒。

六三。觀我生，進退。

象曰：觀我生進退，未失道也。

①時運：度德量力，稍安勿躁。

②財運：隨買隨賣，不致有失。

③家宅：守住舊債。

④身體：安心靜養，可保平安。

六四。觀國之光，利用賓於王。

象曰：觀國之光，尚賓也。

①時運：正當好運，名勝於利。

②財運：國際貿易，有利有名。

③家宅：喜事臨門。

④身體：多加小心。

九五。觀我生，君子无咎。

象曰：觀我生，觀民也。

①時運：直道而行，無往不利。

②財運：我來決定，必可得利。

③家宅：我來建宅。

④身體：平安無礙。

上九。觀其生，君子无咎。

象曰：觀其生，志未平也。

①時運：大運已過，自省無礙。

②財運：買到存貨，有利可圖。

③家宅：老宅生息。

④身體：來日無多。

解卦實例

實例：小心風險

我在年初為自己占了一卦，看看今年運勢如何。占得觀卦（風地觀，☰☷，第二十卦），六爻皆不變。這代表什麼意思呢？

「風地觀」有風行大地之象，表示我今年還是會像去年一樣，在大陸各地奔走，向人介紹國學。這時要先看卦辭：「盥而不薦，有孚顒若。」意即：祭祀開始時洗淨雙手，還未到進獻祭品的階段，心中誠信已經莊嚴地表現出來。這提醒我在講課時應該像進行宗教活動一般，真心誠意為之。事實上也是我一貫的自我要求。

〈大象傳〉說：「風行地上，觀。先王以省方觀民設教。」意即：風吹行在大地上，這就是觀卦。古代帝王由此領悟，要巡視四方，觀察民情，設立教化。因此，未來一年我不易在家閒居，而是將會出外從事教育工作。在財運方面，要小心販賣洋貨的風險。

原來我準備出版一套介紹西方哲學的光盤，見此一卦象不禁心生警惕。因為觀卦像是個放大的艮卦（☶），表示要懂得停止，不可一意孤行。目前國人對西方哲學的需求可能還未到全面推廣的時機，那麼何不稍安勿躁，靜待變化呢？有些風險是潛在的，表面上也許一切順利，暗中卻形成複雜的恩怨，不可不慎。

觀卦的啟示

觀卦排在臨卦之後，卦象為「風地觀」（䷓），是消息卦之一。臨卦有壯大之意，所以〈序卦〉說：「物大然後可觀，故受之以觀。」但是就消息卦而言，四陰在下，二陽在上，形勢不妙，再發展就是只剩一個上九的剝卦了。這時要穩住大局，〈卦辭〉說：「盥而不薦，有孚顒若。」意思是：祭祀開始時洗淨雙手，還未到進獻祭品的階段，心中誠信已經莊嚴地表現出來。

位居領袖，必須「莊以臨民」，像孔子教導仲弓的：「出門如見大賓，使民如承大祭。」

〈彖傳〉最特別的，是提到一句話：「聖人以神道設教，而天下服矣。」後代許多人就在「神道設教」一詞作文章，說古人相信「神明」云云。但事實上，配合上文來看，它說：「觀天之神道，而四時不忒。」意即：觀察天地「神妙的法則」，就知道四季的運行沒有偏差。這裡的「神道」是指神妙的法則而言，與所謂的神明並無關係。

《易經》固然肯定宗教上的祭祀活動，但主導的思想依然是「觀天道以立人道」，而不是側重在宗教上的神明。哲學與宗教的一線之隔正在於此。

就「風地觀」而言，有「風行大地」之意，意指國君要「巡視四方，觀察民情，設立教化。」（〈大象傳〉）

在六爻中，重點回到「觀」的位置與心態。初六說：「童觀，小人无咎，君子吝。」像孩童那樣觀看，小人沒有災難，君子就有困難。小人是指百姓，位處低地，像孩童一樣看熱鬧

是無妨的。君子是指有官位者，如果也像小孩一般見識，就會陷於困境。為何提及小人？因為觀卦有如放大的艮卦，而艮為少男。

六二說：「闚觀，利女貞。」這是描寫從門縫向外觀看，適宜女子正固。艮為門闕，而下卦坤為女。君子則不宜如此觀看。古代女子沒有受教育機會，活動範圍局限於家門之內，因此難免見識狹隘。由此亦可知，孔子所說的「唯女子與小人為難養（難以相處）」，是在客觀描述當時的社會現況，而不是在宣布他個人的特定見解。我們自然不能以這句話來批評孔子歧視女性了。

到了六三，位居大臣，但只能承上啟下，所以說：「觀我生，進退。」意即：觀察我的生民，再決定該進或該退。六三與上九正應，仍可不偏離正道。

到了六四，情況就不同了，它說：「觀國之光，利用賓於王。」意思是：觀察國家的政教光輝，適宜從政追隨君王。它上承九五，二者皆當位，名正言順，發揮了觀卦的合宜功能。

《易經》各卦，往往是下卦三爻搭了舞臺，再讓上卦三爻來展現該卦的整體作為。若要「觀」，當然是由上觀下，否則如何了解全局？

九五說：「觀我生，君子无咎。」意思很清楚：觀察我的生民，君子沒有災難。九五居中且正，下有六二正應與六四輔佐，為何只說无咎？因為這是他的本分與職責，做到了不算功勞，所以不說吉。權力帶來責任，在其位就須謀其政，否則如何穩定民心？觀卦再往上推，將成剝卦（山地剝），居安思危都來不及，還敢幻想吉祥嗎？

〈大象傳〉說得好：「觀我生，觀民也。」觀察我的生民，就是觀察百姓。君民互動密切，可以說：「民之善惡，生於君；君之善惡，形於民。」古代上行下效的情況非常明顯，從百姓的言行可以知道國君的施政是否恰當。

到了上九，「觀其生，君子无咎。」在此所觀察的是他（九五）的生民。為何要觀察？因為君子無位而有憂，小人有位而無憂。這裡所謂的君子與小人，是專就德行而言，因為小人也可能有位。上九處在即將離場的位置，還在觀其生，實在用心良苦。本卦兩個陽爻（九五與上九）都提及「君子无咎」一語，這提醒我們在有官位時要如何負責盡職，而根本不必考慮自己的吉凶悔吝。

21 | 噬嗑卦 ䷔

噬嗑。亨。利用獄。

象曰：雷電噬嗑。先王以明罰敕法。

①時運：好運初動，聲名直上。

②財運：買賣皆成，貨物暢銷。

③家宅：小心火災；百年好合。

④身體：須防鬱熱；失物不保。

初九。屨校滅趾，无咎。

象曰：屨校滅趾，不行也。

①時運：須防小災，慎免大患。

②財運：謹慎交易，避開木業。

③家宅：興工改造；婚嫁不宜。

④身體：足病初發，宜早醫治。

六二。噬膚滅鼻，无咎。

象曰：噬膚滅鼻，乘剛也。

①時運：才力尚淺，須借人助。

②財運：暫時保存，待價出手。

③家宅：老宅不利；婚嫁興家。

④身體：肌膚有病，小心深入。

六三。噬臘肉，遇毒。小吝，无咎。
象曰：遇毒，位不當也。
①時運：氣運不佳，反遭人怨。
②財運：處置不當，反受損失。
③家宅：小有不安。
④身體：藥不對症，幸無大礙。

九四。噬乾胏，得金矢。利艱貞，吉。
象曰：利艱貞吉，未光也。
①時運：改舊促新，萬事皆吉。
②財運：小本大利，自然可喜。
③家宅：保家有道；婚嫁勤儉。
④身體：難治之症，宜多調養。

六五。噬乾肉，得黃金。貞厲，无咎。
象曰：貞厲无咎，得當也。
①時運：正當行運，無不如意。
②財運：上品貨物，自然得利。
③家宅：方位合宜。
④身體：忌食肉類，小心調養。

上九。何校滅耳，凶。
象曰：何校滅耳，聰不明也。
①時運：柔和處世，可保無虞。
②財運：得利即止，可無大損。
③家宅：須防意外。
④身體：眼耳之疾；保養頭部。

解卦實例

實例：官司之累

二〇〇八年三月，我在桃園上《易經》課。為了示範占卦，我選擇以自己的時運為問題，占得噬嗑卦（火雷噬嗑，☲☳，第二十一卦），變爻為九四與上九，上九的爻辭是「何校滅耳，凶。」意即：肩扛著枷，遮住耳朵，有凶禍。

這個卦的組合像是打雷閃電，要秉公處理訴訟案件了。但是，我一個單純的教書人怎麼會牽涉到訴訟呢？當時我不以為意，只是對同學說：「這是示範教學，僅供參考。」

誰知道幾個月後，我竟然接到法院通知，要我出庭，因為有位聽我講課的社會人士控告我，罪名是「沒有因材施教。」

由於我開庭日不在臺灣，就打電話向法院請假，書記官聽到我的名字就笑出來，因為他們內部也覺得「匪夷所思」（這句話出自《易經》渙卦，意即不是平常所能想得到的）。我問他們既然如此，為何受理這個案件？答覆是：我們是法治國家，任何人只要交了訴訟費，我們就得受理。

兩個月後收到判決書，被告三人（連我在內）皆為無罪。如果「沒有因材施教」罪名可以成立，那麼學校附近大概都是法院了。《易經》占卦不可等閒觀之，此亦為一例。

噬嗑卦的啟示

《易經》第二十一卦是噬嗑卦，卦象為「火雷噬嗑」（☲☳）。火代表光明，有如閃電照亮大地；雷代表打雷，要

震動或採取作為。〈卦辭〉說：通達，適合判決訴訟。自古以來，百姓無不期望「仁愛」與「正義」。

君王仁愛，百姓可以安居樂業；君王正義，百姓才能心平氣和。正義的具體實現在於判決訴訟。「噬嗑」一詞有「咬斷而合」之意，因為正義將使民心相合。〈大象傳〉特別指出「先王以明罰敕法」，要明辨刑罰，端正法律。

初九說：「屨校滅趾，无咎。」意即：帶上腳枷，遮住腳趾，沒有災難。為什麼受到這樣的懲罰而沒有災難呢？〈繫辭傳〉說：「小人不恥不仁，不畏不義，不見利不勸，不威不懲。小懲而大誡，此小人之福也。」「小人」是指未受教育或不曾立志的平凡百姓，他們在初次犯錯時如果僥倖逃開懲罰，將來恐怕越陷越深而誤了一生！

這段話頗值得翻譯為白話：小人不知羞恥所以不會行仁，無所畏懼所以不會行義，不見到利益就不會振作，不受到威脅就不知懲戒。受到小的懲戒而避開大的過錯，這是小人的福氣啊！

接著，六二說：「噬膚滅鼻，无咎。」意即：咬食肥肉，鼻子沒入，沒有災難。噬嗑卦的初九與上九，有如上下兩排牙齒，所以中間四爻都提及「噬」字。但也正是初九與上九為受刑人，因為它們過於剛強而需要矯治。至於中間各爻，以六二來說，它是乘剛（在初九之上）。乘剛者自身不順，又須用刑於剛強的初九，所以不太計較手段，「吃相」不雅而无咎。

六三說：「噬臘肉，遇毒。小吝，无咎。」六三上面是個離卦，離為火，使肥肉成為臘肉；六三與九四、六五形成互坎，坎為危險與多憂，顯示有毒之象。它是用刑者，由於本身

不當位（陰爻在剛位），所以招來受刑者的怨毒反應。即使小有困難，還不至於有災難。

九四說：「噬乾胏，得金矢。利艱貞，吉。」九四咬食骨頭上的乾肉，獲得金屬箭頭。適宜在艱難中正固，吉祥。這是本卦唯一的「吉」字。九四進入上面的離卦，本身是個陽爻，所咬的變成骨頭上的乾肉。至於「金矢」，則是因為上卦原是否卦的上乾所變，而乾為金；矢則出於離卦與互坎，所形成之弓輪上的戈兵。它這一噬，把本卦的過去與現狀都如實呈現，所以有「吉祥」之象。

到了六五，則說：「噬乾肉，得黃金。貞厲，无咎。」意即：咬食乾肉，獲得黃金。正固有危險，但沒有災難。六五居國君之位，對訴訟案件做出最後裁決，所噬的是乾肉，既不肥，也無毒，更不硬。他所得的黃金，是由兩個因素所構成。一方面，它是否卦的下卦坤上來的，坤之色為黃；另一方面，它來到上卦乾，乾為金。合之則為黃金。此時正固會有危險，因為位置居中未正，又乘九四之剛，所以身段不妨柔軟些。

上九就難過了，「何校滅耳，凶。」意思是：肩扛著枷，遮住耳朵，有凶禍。相對於初九的无咎，上九為何陷於凶境？〈繫辭傳〉說：「善不積不足以成名，惡不積不足以滅身。小人以小善為无益而弗為也，以小惡為无傷而弗去也。故惡積而不可掩，罪大而不可解。」

上九無路可去，要悔改重新做人已經來不及了。由此可知初九的「小人之福」何所指了。人到成年之後，若不能得到良師益友的幫助，無法努力改過遷善，最後難免落到類似的不堪地步。

本卦有四爻「无咎」（初九、六二、六三、六五），在
《易經》中是很罕見的。這表示在判決訴訟時，不可貪求有
功，而須做到「哀矜而勿喜」。即使因而維護了社會正義，也
要為受刑者感到惋惜與遺憾。法律懲罰惡人，不是為了報復，
而是希望將來不再有人犯罪。

22 | 賁卦 ䷕

賁。亨。小利有攸往。
象曰：山下有火，賁。君子以明庶政，无敢折獄。
①時運：上有阻力，不可任意。
②財運：經理精明，須防套牢。
③家宅：小心火災。
④身體：鬱火上升，慎用寒劑。

初九。賁其趾，舍車而徒。
象曰：舍車而徒，義弗乘也。
①時運：個性清高，德優於名。
②財運：腳踏實地，雖小亦亨。
③家宅：勤儉起家，知足不辱。
④身體：初起之病，自可痊癒。

六二。賁其須。
象曰：賁其須，與上興也。
①時運：平平淡淡，依人成事。
②財運：配合富商，必可獲利。
③家宅：祖上福澤；婚嫁宜待。
④身體：遵照醫囑。

九三。賁如，濡如，永貞吉。

象曰：永貞之吉，終莫之陵也。

①時運：名利雙收，光華潤澤。

②財運：財源如水，可保基業。

③家宅：可以久居；百年偕老。

④身體：游泳健身。

六四。賁如，皤如，白馬翰如，匪寇婚媾。

象曰：六四當位疑也。匪寇婚媾，終无尤也。

①時運：安分則吉，明年亨通。

②財運：早些售出，獲利了結。

③家宅：先有喪事，後有婚事。

④身體：胸中氣阻，調節上下。

六五。賁於丘園，束帛戔戔。吝，終吉。

象曰：六五之吉，有喜也。

①時運：雖為正運，勤儉為宜。

②財運：木材絲綢，皆可獲利。

③家宅：家風勤儉；賢婦可喜。

④身體：園林修養。

上九。白賁，无咎。

象曰：白賁无咎，上得志也。

①時運：好運已終，恬淡自適。

②財運：直接出售，依然有利。

③家宅：清白高尚。

④身體：清淡解熱；可能歸天。

解卦實例

實例 1：大功告成

一位朋友由學校推薦參選「師鐸獎」，這對教書的人是一項肯定與榮譽。

她第一年參選時，占得賁卦（山火賁，☲，第二十二卦），六爻不變。卦辭是：「亨。小利有攸往。」意即：通達，小的方面適宜有所前往。我一看卦象，就說：「賁為裝飾之意，這次恐怕只能陪榜。但是因為沒上而使人緣變好，也可算是小亨。」

第二年她又參選，這次占得豫卦（雷地豫，☳，第十六卦），九四變爻，爻辭說：「由豫，大有得，勿疑，朋盍簪。」意思是：由此而產生愉悅，大有收穫，不必疑慮，朋友都來聚合。這個意思就很清楚了。朋友雖然志不在此，對世間榮耀看得很淡，但是若能表揚好老師做為表率，總是大快人心之事。

豫卦的九四一變，之卦成為坤卦（上下皆地，☷，第二卦），而坤卦是要人「厚德載物」，敦厚品德以包容眾人。這對於老師這個行業，也是不可或缺的美德，正如老子所說的「三寶」，以「慈」為先，要善待每一個學生。換言之，得獎與否並不重要，重要的是自己的修養成果。

真正的成就原本不在乎外在的掌聲，而在於實現自己向善天性，完成自我實現的目標。老師如此，學生亦步亦趨，大家以君子互期。

實例 2：心隨念轉

　　我在深圳介紹《易經》之後，立即上車趕赴機場。一位母親將自己的疑問及數字，傳簡訊到我助理的手機上，希望我為其占卦。

　　母親因為兒子由網路認識一個女孩，但雙方家世有一段差距，她不知該如何勸阻兒子。結果占得賁卦，變爻六四，爻辭是：「賁如，皤如，白馬翰如，匪寇婚媾。」意即：有文飾的樣子，潔白的樣子，白馬壯碩的樣子。不是強盜，而是來求婚配的。

　　在解卦時，側重爻辭中相關的語句。這位母親自己也研究過《易經》，於是立即想開了，因為「匪寇婚媾」一語完全化解她的疑慮。她兒子所認識的女孩在念大學，家世不夠理想，但頗有上進心。

　　這位母親在電話中告訴我：「太好了，這個女孩騎著白馬來到我們家，既有文飾又潔白可喜，將來還可能與我兒子結為佳偶。看樣子我歡迎她還來不及，怎能擔心她會給我們家添亂呢？」

　　《易經》六十四卦三百八十四爻中，出現「匪寇婚媾」一語的只有三處（屯卦六二，睽卦上九，以及此處）。母親的擔心是多餘的，她應該高興才對。這一占不但解決了一樁可能的家庭糾紛，還使大家往後更容易善意互相對待。

實例 3：角色認同

　　一位學員聽完《易經》課後，舉手提問：「最近有人找我合作事業，請占結果如何？」

他提出三組數字，一占之下，是個賁卦，變爻九三，爻辭是：「賁如，濡如，永貞吉。」意即：有文飾的樣子，潤澤的樣子，長久正固吉祥。

我說：「賁卦原有裝飾之意，山下有火，火能使山照亮，但無法具體改變什麼。所以你的合作結果是，你將只是裝飾品，沒有實權。只要記得這一點，謹守分寸，就可以與伙伴搭配良好。」

他聽了連連點頭說：「沒錯，我這位朋友是公司董事長，請我去當總經理，並且講明決定權在他手上，我只負責實際業務。」

我看這位學員相當年輕，還有學習及成長的空間。人在年輕時，跟著前輩學一點做人處事的經驗，其實是種福份。等到將來年紀大些，水到渠成，自己站上了第一線，手握決策大權時，想找人請教恐怕不容易。

〈繫辭傳〉說：「无有師保，如臨父母。」意思是等到年紀大些，沒有老師與保護者，這時占卦就好像面臨父母，向他們請教一般。父母愛護子女，又怎麼會不細心規勸呢？

賁卦的啟示

據說孔子在「四十而不惑」之後，曾想從政發揮抱負、造福百姓，特地為自己占了一卦，得到賁卦。於是，他收斂心思，專心治學，做些「刪詩書、訂禮樂」方面的工作。

賁卦是第二十二卦，卦象為「山火賁」（☲☶），有「文飾」之意。孔子知道自己即使從政，也只是做個裝飾品，無法

得君行道。這表示時機尚未成熟，不如「修身以俟命」，繼續培養實力、等待機緣吧！

〈雜卦〉說：「賁，無色也。」這使我們想到《論語·八佾》裡的一段對話。孔子當時提及「繪事後素」一語，意思是：繪畫時，最後才上白色。子夏由此領悟：「禮後乎？」結果得到孔子大加稱讚，甚至說：能啟發我的，就是子夏啊！（啟予者商也。）這段對話的重點是：禮儀是白色的，是以人的真實情感為其實質的。因此，若無真情，禮儀只是裝飾品而已。

賁卦〈彖傳〉說了一句名言：「觀乎天文，以察時變；觀乎人文，以化成天下。」意思是：觀察自然界的文飾，可以探知季節的變化；觀察人間的文飾，可以教化成就天下的人。後代由「人文化成」一語，形成「文化」一詞，可謂含意深刻。

進入本卦六爻，初九說：「賁其趾，舍車而徒。」意即：文飾腳趾，捨棄車子而徒步行走。初九位居最下，有如人的腳趾。腳趾文飾之後，理當徒步行走，否則誰又看得見呢？這是求虛忘實。

六二說：「賁其須。」要文飾鬍鬚。從腳趾一下跳到鬍鬚，是因為這兩者都是不切實際的成分。由卦象看，則六二上面有如一個縮小的頤卦（山雷頤，䷚），頤為口，在口之下則是鬚。六二必須隨著上位者而行動，因為上位者才是實體，六二只是外在的文飾。

九三說：「賁如，濡如，永貞吉。」意即：有文飾的樣子，潤澤的樣子，長久正固吉祥。九三上下皆為陰爻，有如二柔文飾一剛。它本身在離卦，又在互坎中；這時火為光明，水

為潤澤，可謂文飾之至。

六四說：「賁如，皤如，白馬翰如，匪寇婚媾。」意即：有文飾的樣子，潔白的樣子，白馬壯碩的樣子。不是強盜，而是來求婚配的。從六四開始，要由虛飾回歸實質了。此時提及潔白與白馬，以及非寇婚媾，皆與互坎（六二、九三、六四）有關，因為它已來到上面的艮卦，知其所止。

六五說：「賁於丘園，束帛戔戔。吝，終吉。」意即：所文飾的是丘山田園，只用很少的一束布帛。有困難，最後吉祥。在此，「束帛戔戔」是個關鍵，表示要去奢從儉，希望藉此移風易俗。六五位居至尊而留心「丘園」，未免有所「吝」，因為當政者應該想到的是文飾天下。但是，正如孔子所說：「奢則不遜，儉則固；與其不遜也，寧固。」以及，「禮，與其奢也，寧儉。」由儉而生吝，可謂情有可原；而最後的結果仍是吉祥。

到了上九，總算把賁卦的精神完全表現出來。「白賁，无咎。」意思是：用白色來文飾，沒有災難。〈小象傳〉補充說：「上得志也。」意思是：是因為在上位者實現了心意。這個心意是什麼？

回到全卦的〈大象傳〉，它說：「君子以明庶政，无敢折獄。」意即：君子由此領悟，要明察各項政務，不能依此果敢判決訴訟。為何「无敢折獄」？因為此時的光明（離卦）是為了照亮人間，而上位者必須有止而息（艮卦）的心態，讓文明收到「人文化成」與潛移默化之功。

「白賁」一詞正是前面所引孔子「繪事後素」之意。人性向善，原有美好實質；禮儀教化是讓人的真情得以具體展現的

「形式」。無內容,則形式只是虛有其表。有內容,則形式恰可彰顯「文質彬彬,然後君子」的理想。

23 | 剝卦 ䷖

剝。不利有攸往。

象曰：山附於地，剝。上以厚下安宅。

①時運：時運不佳，安心自守。

②財運：出口獲利，剝人之財。

③家宅：不離己宅，寄居可買。

④身體：魂不附體，千萬小心。

初六。剝床以足，蔑貞，凶。

象曰：剝床以足，以滅下也。

①時運：命當剝削，防有足疾。

②財運：底部有損，減少損失。

③家宅：基礎不穩，防備下人。

④身體：足部有傷，小心診治。

六二。剝床以辨，蔑貞，凶。

象曰：剝床以辨，未有與也。

①時運：日益低落，啞子黃蓮。

②財運：成本堆積，難以獲利。

③家宅：宜速變遷。

④身體：臥床待醫，防其不起。

六三。剝之无咎。

象曰：剝之无咎，失上下也。

①時運：運雖不正，尚能自反。

②財運：自行脫售，因而得利。

③家宅：舊宅改造。

④身體：消除火氣。

六四。剝床以膚，凶。

象曰：剝床以膚，切近災也。

①時運：顯然不佳，須防受傷。

②財運：剝耗過多，意外之禍。

③家宅：破敗防塌。

④身體：頗為凶險。

六五。貫魚，以宮人寵，无不利。

象曰：以宮人寵，終无尤也。

①時運：氣運堂皇，事無不利。

②財運：利潤甚豐，海產猶佳。

③家宅：婦女持家。

④身體：內虧之症，愛惜身體。

上九。碩果不食，君子得輿，小人剝廬。

象曰：君子得輿，民所載也；小人剝廬，終不可用也。

①時運：眼前衰落，一年方起。

②財運：賣出尚可，買入必剝。

③家宅：忠厚可保，刻薄無屋。

④身體：飲食不進，小心調養。

解卦實例

實例：苦撐待變

一位在銀行工作的朋友，想要自行投資創業，於是退下來與友人合夥做生意。一年下來諸事不順，又碰上金融風暴，加上友人帳目不清，惹來許多煩惱，此時進退不得，困窘無比，不知如何是好？

他為此占得剝卦（山地剝，☶，第二十三卦），變爻六四，爻辭是：「剝床以膚，凶。」意即：剝蝕到了床蓆，有凶禍。剝卦底下是五個陰爻，一路向上，只剩上九一個陽爻掛在上方，岌岌可危。任何人占得此卦都會心中忐忑，怎麼辦呢？

首先，這個卦確實反映出這位朋友的處境，因為剝蝕到了床蓆，而上面即將碰到人，眼看災難臨頭，當然要設法避開了。當時我建議他立即避開，就是即使吃虧也要退出股份，以免蒙受更大的損失。我也勸他，三個月之後情況應該可以改善。為何說三個月？因為六四、六五、上九是三步。

他依言而行，賠錢退股，不再與損友糾纏，另外投資別的生意。三個月之後果然雲霧散去，又看到了新的希望。占得凶字不必過度擔心，《易經》講究變化，在凶之後自然是順境。就怕你在困境中喪失鬥志，以致在新的機會來臨時，不願再繼續努力，而錯過了反敗為勝的契機。

剝卦的啟示

剝卦是第二十三卦，卦象為「山地剝」（☶）。這是消

息卦之一，代表農曆九月，再下一步進入冬季，亦即代表農曆十月的坤卦，六爻皆陰。從卦象看來，一個陽爻孤懸上位，等於剝蝕到最後階段了。〈卦辭〉說：「不利有攸往。」此時當然不適宜有所前往。

〈大象傳〉提醒統治者，要「厚下安宅」，厚待下民，穩固根基。無論山有多高，都必須依附在大地之上。《尚書·五子之歌》說：「民惟邦本，本固邦寧。」這是古代的民本思想，值得我們珍借。

剝卦六爻中，有三爻為凶。這種不利的情況，在《易經》另外還有四卦，就是師卦、頤卦、恆卦、小過卦。

初六說：「剝床以足，蔑貞，凶。」意即：剝蝕床腳，除去正固，有凶禍。陰爻由初六往上推進，最先遭殃的是床腳。關於「床」的取象，可以參考姤卦（天風姤，☰）當時只有初六為陰爻，亦即底下是個巽卦，巽為木，其象如床。由姤卦一路上去，最終才會出現剝卦。《易經》藉此提醒我們，任何事不能只看現狀，而須原始要終，把來龍去脈釐清，才可掌握變化的契機。

六二說：「剝床以辨，蔑貞，凶。」意即：剝蝕床腿，除去正固，有凶禍。這與初六所言只有一字之差，就是由床腳往上到了床腿。「辨」是指分隔上下的部分。以六二而出現「凶」字的，除本卦外，只有頤卦與咸卦，可見在此應該如何謹慎了。

六三說：「剝之无咎。」為何无咎？因為在五個陰爻之中，只有它與上九正應，不會順著別的陰爻去排除陽爻。六四說：「剝床以膚，凶。」意即：剝蝕床蓆，有凶禍。當人坐臥

在床時，床蓆與人的皮膚直接接觸。剝蝕到這個程度，當然是凶了。

到了六五，情勢出現變化。它說：「貫魚，以宮人寵，无不利。」意思是：連成一串魚，以宮人身分獲得寵愛，沒有不利。六五居於尊位，上承上九。它往下一看，四個陰爻有如一串魚。魚在寒冷的水中，可以代表陰爻。這些陰爻在此停止剝蝕的工作，反而像宮人（妻妾侍使）一般，以伺候國君為其職志。陰爻代表小人，小人只要安其位與守其分，則可以收「无不利」之效。

那麼，唯一的陽爻上九如何呢？「碩果不食，君子得輿，小人剝廬。」意即：碩大的果子沒有人吃。在君子將獲得車馬，在小人將剝除屋宇。在一爻中，分述兩種情況是很少見的。首先，為何會有碩果？因為上卦艮卦是唯一的陽爻，並且艮卦又有果蓏之象，所以是碩果僅存。

其次，君子是由上往下看，底下五個陰爻，有如萬民擁戴，而底下的坤卦為大輿，所以說他獲得車馬。它的意思是：即使預見不好的未來，也要珍惜現在所擁有的。並且，剝卦之後，萬物將會「剝極則復」，重新展現生機。

至於小人，則是順著底下五個陰爻的人多勢眾，要繼續往上推移，使陽爻完全剝蝕。但是，他不知道這樣一來，就像「剝除屋宇」一般，連屋頂都掀掉了。一旦如此，就形成一個六爻皆陰的坤卦。這是否「得不償失」？當然，就《易經》而言，變化勢在必行，並且循環不已，所以人的干擾終究無用。但重要的是，人處在任何一卦的任何一爻，都須先了解整體的形勢與個人的位置，然後採取合適的因應態度。譬如，人須自

問：是君子還是小人？

　　君子樂天知命，小人幸災樂禍。這一點在剝卦顯示得十分清楚。曾有一人占得本卦上九，我問他是君子還是小人，他立即回答是君子。這是不是太主觀或太自以為是呢？我不知道。我知道的是，君子固窮，在窮困中繼續堅持原則，藉此修養德行。處於剝卦，只有更加收斂，謹言慎行，如此或許可以應驗「君子得輿」的說法。如果自認是個君子，不妨靜待剝卦之後的復卦來到。

24 | 復卦 ䷗

復。亨。出入无疾，朋來无咎。反復其道，七日來復，利有攸往。

象曰：雷在地中，復。先王以至日閉關，商旅不行，后不省方。

①時運：好運初來，靜待發動。
②財運：暫停售物，必可獲利。
③家宅：待春再遷；婚嫁初春可成。
④身體：有痰上火，冬令宜防。

初九。不遠復，无祗悔，元吉。

象曰：不遠之復，以修身也。

①時運：好運漸起，一切順利。
②財運：賺回所損，不必懊惱。
③家宅：舊業復興；婚嫁又成。
④身體：靜養可復。

六二。休復，吉。

象曰：休復之吉，以下仁也。

①時運：擇善而從，萬事皆吉。
②財運：與人共利，事業興旺。
③家宅：和睦興家。
④身體：再請舊醫。

六三。頻復，厲无咎。

象曰：頻復之厲，義无咎也。

①時運：時好時壞，自己把握。

②財運：有盈有虧，全在自己。

③家宅：遷移不定。

④身體：身體屢治屢發，雖危無害。

六四。中行獨復。

象曰：中行獨復，以從道也。

①時運：雖想振作，力有未逮。

②財運：謀畫雖精，資本不足。

③家宅：女多男少；宜從前媒。

④身體：宜從初治之醫。

六五。敦復，无悔。

象曰：敦復无悔，中以自考也。

①時運：寬厚處之，有功無悔。

②財運：資本充足，來回獲利。

③家宅：光大祖業。

④身體：精氣皆老，不必過慮。

上六。迷復，凶。有災眚。用行師，終有大敗，以其國君
凶，至於十年不克征。

象曰：迷復之凶，反君道也。

①時運：做事乖張，謹慎免禍。

②財運：諸事不順，難以復業。

③家宅：居者不利。

①身體：難以保全。

解卦實例

實例 1：剝極則復

我在杭州電視臺上了一個文化訪談節目，結束後回到旅館準備休息時，助理告知該節目主持人有急事要占卦，希望我幫忙。我請助理先教她占卦，占完之後，我再為她解卦。

原來這位女士的父親年過八十，在一週前中風。醫生要求她這個獨生女立即決定要不要動手術。若不動手術，可能變成植物人；若是動手術，只有一半的成功機率。她占得剝卦（山地剝，☶☷，第二十三卦），變爻初六與上九，上九爻辭說：「碩果不食，君子得輿，小人剝廬。」意即：碩大的果子沒有人吃。在君子將獲得車馬，在小人將剝除屋宇。

我詢問她父親的身分背景，她說以前是一家國營企業的總經理。這屬於君子（管理階層），所以沒有問題。並且，之卦是復卦（地雷復，☷☳，第二十四卦），表示動手術後將可恢復健康。

第二天她立刻決定讓父親動手術。一個星期之後，助理說收到這位女士來電表示感謝，因為她父親不僅手術順利，並且恢復得很好。我讓助理回電說，這是她父親的福分，我只是依《易經》的學術觀點提供參考而已。

實例 2：驚人巧合

在我錄製的「易經通講」裡有這麼一段資料可供驗證。

我為學員示範占卦，用的是五十根籌策，得到「噬嗑卦」，九四及上九變爻。接著再示範用數字卦來占，我向三百

多位學員徵求三組三位數，於是由左方、中間、右方各傳來一組數字。經過簡單運算，組合起來一看，恰恰正是「噬嗑卦」上九。現場氣氛一時凝結，真是神祕而不可思議。這也可以說是巧合，但誰能否認某種神奇的力量存在呢？

　　既然如此，為何不取簡單的數字占卦，還要學習複雜的籌策占卦呢？理由在於：數字占卦一定是一爻變，而籌策占卦可能六爻皆不變或甚至六爻皆變，因而衍生了「之卦」，對於事件後續發展提供了重要信息。

　　以籌策占得噬嗑卦為例，在九四與上九皆變之後，出現了「復卦」（地雷復，䷗，第二十四卦），表示可以重新開啟一個新局。復卦卦辭說：「亨。出入无疾，朋來无咎。反復其道，七日來復，利有攸往。」意即：通達，外出入內沒有疾病，朋友前來沒有災難。在軌道上反覆運行，七天回來重新開始，適宜有所前往。

　　我自二〇〇八年四月起，頻繁往返大陸與臺灣，一切順利。在噬嗑卦的凶之後，有復卦的亨，我又何必過度擔心呢？

復卦的啟示

　　復卦是第二十四卦，卦象是「地雷復」（䷗），這也是個消息卦，一個陽爻從底下出現，亦即我們常說的「一陽復起」，或者「大地春雷」，重現生機。依農曆的節氣上，它是十一月，正是嚴冬季節，但陽氣已經悄悄上場。正如「冬天來了，春天還會遠嗎？」一語所云。

　　這個陽氣需要存養一段時日，〈大象傳〉說：「先王以至

日閉關，商旅不行，后不省方。」意即：古代帝王由此領悟，要在冬至之日關閉城門，商人旅客不得通行，君王也不去四方視察。這是保留元氣，待時而動。

〈彖傳〉提及兩個重點，一是「七日來復，天行也」，二是「復，其見天地之心乎？」所謂「七日」，是就一卦有六爻來計算的，譬如復卦的初九是經過十月的坤卦（六爻皆陰），再回到這個位置的。既然經過了六爻，到第七步才又進入卦象，不是七日來復嗎？至於「天地之心」，是指天地的用意，在於貴陽賤陰，希望君子道長而小人道消。專就《易經》而言，陽爻代表主動力，陰爻代表受動力；若是失去了主動力，則將不再有變化與生機，又豈是天地所樂見？

初九說：「不遠復，无祗悔，元吉。」意即；走得不遠就返回，沒有到懊惱的程度，最為吉祥。〈繫辭傳〉引述孔子的話說：「顏氏之子，其殆庶幾乎？有不善未嘗不知，知之未嘗復行也。」孔子如此稱讚顏淵。人的認知與行動不可能一開始就臻於完美，但是只要一察覺危機就立即回歸正途，那就上上大吉了。

六二說：「休復，吉。」它停下來返回，吉祥。它的〈小象傳〉說：「休復之吉，以下仁也。」表示它是為了向下親近仁者（初九）。《易經》的爻辭〈小象傳〉只有在此提及「仁」字，值得留意。對照而言，可以說：初九是自己返回，六二是靠別人指引才返回。元吉與吉之區分，即在於此。

六三說：「頻復，厲无咎。」意即：再三地返回，有危險但沒有災難。曾參說：「吾日三省吾身：為人謀而不忠乎？與朋友交而不信乎？傳不習乎？」能夠如此省察改過，就算有危

險也不會陷於災難之中。

六四說：「中行獨復。」走在行列中間而獨自返回。所謂「中行」，是說上面五個陰爻中，六四正好位居中間，它與初九正應，所以可以獨自返回。〈象傳〉說它「以從道也」，是為了追隨正道。如此自無問題。

六五說：「敦復，无悔。」意即：敦厚地返回，沒有懊悔。六五居上卦坤的中位，坤為地為厚，可以承載萬物。〈小象傳〉說它「中以自考也」，是因為居中而能自我省察。然後以敦厚態度回到正道，如此又何悔之有？

由此觀之，復卦出現了元吉、吉、无咎、無悔，都是正面效應。〈小象傳〉則有「修身、下仁、從道、中以自考」，可見吉凶依然在於人的修德。人性向善，不論處於任何狀況，人都有可能回歸於善，並因而得到福佑，這正是「自求多福」的光明坦途。

到了上六，情況變得十分複雜。「迷復，凶。有災眚。用行師，終有大敗，以其國君凶，至於十年不克征。」就字數而言，這是排名第二多的（僅次於睽卦上九），意為：在迷惑中返回，有凶禍。出現危險與災禍。發動軍隊作戰，最後會大敗，對國君的凶禍最大，甚至十年之內都不能再出兵。

上六離初九最遠，找不到引導，於是在迷惑中返回。這時如果真的返回到初六的位置，就將使復卦變成師卦（地水師，☷），所以後面出現戰爭與災難。上六處於國師的位置，他的作為將成為國君（六五）的負擔，可謂敗事有餘。上六此時最好安然自隱，讓復卦可以逐漸往上帶來更多陽爻，如此才可符合「天地之心」的要求。

25 | 无妄卦 ䷘

无妄。元亨利貞。其匪正有眚，不利有攸往。

象曰：天下雷行，物與无妄。先王以茂對時，育萬物。

①時運：正當好運，諸事皆宜。

②財運：貨到財來，自然開心。

③家宅：屋運甚旺；門當戶對。

④身體：保持運動，自可消化。

初九。无妄，往吉。

象曰：无妄之往，得志也。

①時運：株守不宜，出而有為。

②財運：行商有利，坐賈不宜。

③家宅：遷居為宜；婿可入贅。

④身體：出外就醫。

六二。不耕獲，不菑畬，則利有攸往。

象曰：不耕獲，未富也。

①時運：適得正運，意外之財。

②財運：不謀而獲，大利到手。

③家宅：承繼家產；招贅之親。

④身體：自然痊癒。

六三。无妄之災。或繫之牛，行人之得，邑人之災。
象曰：行人得牛，邑人災也。
①時運：尷尬之期，小心意外。
②財運：防備別人，以免耗財。
③家宅：外人侵占；遠人結親。
④身體：外人傳染，小心防治。

九四。可貞，无咎。
象曰：可貞无咎，固有之也。
①時運：氣運平順，妄動有咎。
②財運：堅守舊業，可以獲利。
③家宅：保持祖業。
④身體：安靜調養，下月可癒。

九五。无妄之疾，勿藥有喜。
象曰：无妄之藥，不可試也。
①時運：氣運正好，不必介意。
②財運：不憂物價，心平氣和。
③家宅：防備傾倒。
④身體：不必擔心。

上九。无妄，行有眚，无攸利。
象曰：无妄之行，窮之災也。
①時運：好運已終，不可妄動。
②財運：暫時靜守，勿再投資。
③家宅：慎勿遷移。
④身體：年老頤養。

解卦實例

實例 1：无妄之災

　　有一人在政府機構上班，是個中階主管。他的單位因圖利商人而被控告，他的圖章在關鍵位置被發現了，結果他要為此負責，被法院判刑兩年，可以緩刑。他完全是冤枉的，因為是單位主管私自取他圖章蓋在公文上的。他想要上訴，於是以籌策占卦，得到「无妄卦」（天雷无妄，☲，第二十五卦），沒有變爻。那麼，卦辭怎麼說呢？「无妄。元亨利貞。其匪正有眚，不利有攸往。」意即：无妄卦，最為通達，適宜正固。如果不守正就會有危險，不適宜有所前往。

　　他徵求我的意見。我說：「你占到无妄卦，代表你在這件事上是无妄之災，受委屈了。但是，由於六爻皆不變而沒有之卦，因此不必上訴，即使上訴也不會有什麼好的結果。法官審判只問證據，你的圖章蓋在上面，誰知道是怎麼回事？只有你的長官心知肚明，知道你受委屈了，代他受過。你若接受這個判決，將來未必沒有發展的機會。」

　　我們都希望正義得以伸張，但世間之事曲折離奇，一時的委屈也許造就了未來的前途。即使上訴，又能改變判決嗎？本卦沒有變爻，情況已經很明顯。往後自己認真「守正」，此時不利攸往，潛心修德吧！

實例 2：真誠相待

　　在介紹數字卦時，我會強調「占問一般的問題」。若是人生大事，最好還是費一番功夫，用籌策來占吧。

一位學員在課後提出三組數字，她問的是：「最近有人介紹一個男朋友，請問我與他交往的發展如何？」她的數字卦是「无妄卦」，變爻初九，爻辭是：「无妄，往吉。」意即：沒有虛妄，前往吉祥。

交友貴在真心相待。我說：「交友時不可考慮具體的利害關係，也不必想太多太遠的事。无妄就是要你真誠，只要彼此都能真誠，往前走自然沒有問題，恭喜你了。」

什麼是利害關係呢？譬如，對方家世背景如何，是否有錢，學歷條件以及事業前途等。考慮這些問題時，容易忘記這個人「本身」的個性、價值觀、做人原則等。忽略他本身的特質，又怎能長期為友？

不但如此，當我們考慮這些利害時，對方說不定也在從他的角度考慮我們的條件，如此一來不是像「在市場買東西」一般，又怎能找到真正的朋友？「天下雷行」，萬物都將顯示原形，不可虛妄。人的世界比較複雜，但真誠依然是不可妥協的要求。

无妄卦的啟示

无妄卦是第二十五卦，卦象是「天雷无妄」（☰☳）。〈序卦〉說：「復則不妄矣，故受之以无妄。」意即能夠返回正道，就不會虛妄了。「无妄」就是真誠。天下有雷，雷行天下，萬物皆須以真實面目展現出來。

人若真誠，回歸本來狀態，「其匪正有眚」，如果不守正就會有危難。孔子說過：「人之生也直，罔之生也幸而免。」

意思是：人能生存，是靠真誠而正直；沒有真誠與正直而能生存，那是因為僥倖而得免。接著，〈卦辭〉說：「不利有攸往。」這時不再有任何外在的動機與圖謀，所以不適合有所前往。〈彖傳〉加了一句：「天命不佑，行矣哉？」人生不宜有太多雜念，如果無法順從天命並且走在正道上，又怎麼行得通呢？

初九說：「无妄，往吉。」意思是：沒有虛妄，前往吉祥。初九在震卦中，陽爻居剛位，原本就有行動的力量，順著走就對了，所以吉祥。換言之，處於无妄卦是「不利有攸往」，但其中六爻各有位置與性質，若是勢在必行，還是往吉的。

六二說：「不耕獲，不菑畬，則利有攸往。」意思是：不耕種卻有收穫，不墾荒卻有熟田，那就適宜前往了。這種情況是「無心而為」。六二居中守正，又有九五正應，在各種條件成熟時，自然可以前往了。

六三說：「无妄之災。或繫之牛，行人之得，邑人之災。」意即：沒有虛妄卻遇上災難。有人拴了一頭牛，過路人把牠牽走，村裡人遭殃。在此所謂的「无妄之災」，就是我們常說的無辜受累，自己沒做什麼，卻莫名其妙被牽連進去。在解說中，六三處於下卦震中，代表行人；它也在互艮（代表手）與互巽（代表繩）之中。這是行人手牽繩子。至於牛與邑人，皆來自下卦震是由坤卦「改換」初九而成。坤是牛，也是邑人，現在變為震，等於「一變兩失」，牛不見了，邑人受到無妄之災。

就生活經驗而言，有人獲得就有人失去。如果憑空得到好

處，就須明白別人也是憑空失去某些利益。因此，凡是在世間取得成功（如名利權位）之人，皆須承擔社會責任，亦即「取之於社會，用之於社會」。否則受到無妄之災的人太多，社會難免充滿怨氣，最後恐怕沒有人可以安居樂業了。

九四說：「可貞，无咎。」可以正固而沒有災難，這是因為它已脫離下卦震，不會也不必採取行動，並且與初九不應，可以完全不動心。如此自然无咎。

九五說：「无妄之疾，勿藥有喜。」意思是：沒有虛妄卻生了病，不用吃藥也會痊癒。若是無緣無故或者不明緣故而生了病，就須小心，不可亂服成藥。當然，這是用來比喻人事，好像我沒做某事卻受人猜疑，那麼不必多做辯解，所謂「清者自清，濁者自濁」，真相終有大白之日。不過，世間之事十分複雜，誰敢擔保自己是「无妄之疾」呢？有時無心之言帶來各種困擾，難道自己真的無妄嗎？孔子說他自己專心研究《易經》，希望「可以無大過矣！」沒有大過，但小過恐仍難免。看來人要做到真誠無妄，確實需要認真修德。

上九說：「无妄，行有眚，无攸利。」意即：沒有虛妄，行動會遇到災禍，沒有任何好處。上九與六三正應，六三在下卦震中，上九在上卦乾中，所以上九好像非行動不可。但是它忘記了自己已到即將離開的位置，並且六三也在互艮（艮為止）之中，使上九之行動受阻。如此又怎能順利進展呢？

无妄卦提醒我們要真誠。若因真誠而遭到「无妄之災」或「无妄之疾」，那麼除了藉此修養自己之外，不宜改取「有妄」（有心而為）的態度。畢竟人生是要對自己負責的，「人不知而不慍，不亦君子乎？」即是此意。

26 | 大畜卦 ䷙

大畜。利貞，不家食，吉。利涉大川。

象曰：天在山中，大畜。君子以多識前言往行，以畜其德。

①時運：守靜二年，方可展運。

②財運：暫時株守，良機必至。

③家宅：家業日隆；婚姻大吉。

④身體：健康有力。

初九。有厲，利已。

象曰：有厲利已，不犯災也。

①時運：採取守勢，等待援兵。

②財運：等待幫手，方可獲利。

③家宅：屋宅忌高；夫順妻吉。

④身體：有病無虞。

九二。輿說輹。

象曰：輿說輹，中无尤也。

①時運：以退為進，可保無患。

②財運：早些脫手，減少損失。

③家宅：謹慎守業；貴婿大吉。

④身體：腹痛難癒，但無大礙。

九三。良馬逐，利艱貞。曰閑輿衛，利有攸往。
象曰：利有攸往，上合志也。
①時運：臨事而懼，馬到成功。
②財運：買賣合宜，有利可圖。
③家宅：勤儉興家；男女合志。
④身體：謹慎調養，可保無礙。

六四。童牛之牿，元吉。
象曰：六四元吉，有喜也。
①時運：得人賞識，可以升進。
②財運：新貨到手，蓄積有利。
③家宅：新居有路；少年聯姻。
④身體：防小兒病。

六五。豶豕之牙，吉。
象曰：六五之吉，有慶也。
①時運：不可躁進，定而後動。
②財運：得人支持，買賣有利。
③家宅：住屋風水；婚姻合宜。
④身體：調養節制。

上九。何天之衢，亨。
象曰：何天之衢，道大行也。
①時運：青雲直上，可喜可賀。
②財運：毫無阻礙，大獲其利。
③家宅：道旁吉宅；天作之合。
④身體：健康平安。

解卦實例

實例：不會離譜

占卦的奇妙之處很多，其中之一是不會離譜。譬如，若是占問事業或工作，所得往往是大畜卦與頤卦，前者象徵大有積蓄，後者則是張口要吃飯。

一位學員自法律系畢業後，在公家機關工作十年，升到中階主管。公務員生活安定，是許多人羨慕的職業，但是他又想當個律師，另做生涯規畫。他採用數字卦，一占是個大畜卦（山天大畜，䷙，第二十六卦），變爻上九，爻辭是：「何天之衢，亨。」意即：位處上天所賜的道路，通達。

大畜卦走到頂點，表示自己大有積蓄，並且站在制高點上眼觀四面，如此自然通達無比。我說：「你想轉業當律師，應該沒有什麼問題，一年之內可以成功。」我是看到上九變爻，所以論斷一年為期。並且一變而為泰卦（地天泰，䷊，第十一卦），泰亦為通順之意，可謂水到渠成。

這位學員說：「這與我自己規劃的時間一樣，並且我的轉業已經有相當的把握了。」有些人占卦，是為了增強原有的決心與信念，讓自己更有充分的理由去做某一件事。我在談論學《易》心得時，說過「學會終身受用」，看來並非虛語。

大畜卦的啟示

大畜卦是第二十六卦，卦象是「山天大畜」（䷙）。〈序卦〉說：「有無妄然後可畜，故受之以大畜。」它接著无

妄卦而來，因為不虛妄代表真誠而實在，由此培養內涵，然後可以大有積蓄。

在積蓄德行與學識之後，成為賢者，將會受到國君禮遇，不必在家裡吃閒飯。〈卦辭〉說：「利貞，不家食，吉」，即是此意。然後加上一句「利涉大川」，適宜渡過大河。凡是在〈卦辭〉中出現「利涉大川」者，其組合之卦中必有乾卦或巽卦。前者為剛健有力，後者得風而行。

〈大象傳〉說：「君子以多識前言往行，以畜其德。」意即：君子由「天在山中」（山天大畜）領悟，要廣泛學習並記得古人的言行，以培養自己的深厚道德。在畜德時，不能只看當代的人，還須「尚友古人」，向上取法古聖先賢，再敦促自己上進。

初九說：「有厲，利已。」意即：有危險，適宜停止。初九與六四正應，但六四屬於上卦艮，要以山來止住它前進。九二說：「輿說輹。」車廂脫離了車軸，想行動而不可得，這是因為它與六五正應，而六五亦在艮卦，使它打消念頭。

九三說：「良馬逐，利艱貞。日閑輿衛，利有攸往。」意即：駿馬奔馳，適宜在艱難中止固。每天練習駕車與防衛，適宜有所前往。九三在下卦乾中，乾為良馬；它又往上形成互震，看來非動不可。但是上卦是艮，不得不止。此時如果調整心態，每天練習駕車與防衛，做好準備工作，最後也將「利有攸往」。

大畜卦的特色到了上卦充分展現。六四說：「童牛之牿，元吉。」意思是：小牛在角上綁了橫木，最為吉祥。小牛依其本能以角傷人，現在綁上橫木無法傷人，乃由野而馴，成為可

以耕田、拖車及供人食用的家畜，由大害轉成大利，所以元吉。程頤說得好：「人之惡止於初則易，既盛而後禁，則扞格而難勝。」六四取「童牛」為象，乃因它在上卦艮，艮為少男，為童；它又在互兌中，兌為羊，羊為較小型的牛；合之稱為童牛。

談到古人馴牛之法，可以參考印度人馴象之法。印度人捕捉野象之後，將牠與家象用橫木連在一起，讓牠學習家象的溫馴習性，日久亦成馴象而為人所用。

六五說：「豶豕之牙，吉。」意思是：閹豬口中的牙，吉祥。野豬的獠牙是傷害人的利器，所以為了馴養牠，要先將牠去勢成為閹豬。消除野性之後，其牙不再傷人，並且長得肥大，成為人的食物來源。本爻所謂的豕，係出於上卦艮為黔喙之屬，帶著又黑又長的嘴，有豬之象。豬一經閹割，有如從根本上化解多欲的來源。六五身居君位，權力使人腐化，若不能修明政教，努力積德行善，則豈是百姓之福？

「大畜」是以四陽畜二陰，以大畜小。這二陰一旦畜好，則到了上九，是「何天之衢，亨。」意即：位處上天所賜的通路，通達。上九在此得到全卦的支持，不但位居最高（五與上為天位），並且底下有個互震（九三、六四、六五），震為大途。合而觀之，不是「何天之衢」嗎？這時的「亨」是真正的通達，可以無往不利。

《易經》六十四卦中，到了上九或上六，得到「吉」的大約有四分之一，比例上算是少的。但是，到了此位而有「亨」的，則只有大畜卦。所謂亨，是指通達，而上六或上九即將離開本卦，又怎能說是通達呢？

大畜卦何以不同？因為它求之於己，無論修德或治學都是為了改善自己的生命狀態，使之精益求精。正如孔子所云：「古之學者為己」、「君子求諸己」、以及「不患人之不己知，患其不能也」。自己準備完善之後，可以「用之則行，舍之則藏」，又何處不亨？

27 | 頤卦 ䷙

頤。貞吉。觀頤，自求口實。
象曰：山下有雷，頤。君子以慎言語，節飲食。
①時運：生機顯達，謹言慎行。
②財運：內外升降，未必流通。
③家宅：小心防火；賢婦從夫。
④身體：上寒下熱，五日乃瘳。

初九。舍爾靈龜，觀我朵頤，凶。
象曰：觀我朵頤，亦不足貴也。
①時運：舍己觀人，徒慕虛名。
②財運：經營不順，別人獲利。
③家宅：六神無主；婚姻不諧。
④身體：飲食致病。

六二。顛頤，拂經；於丘頤，征凶。
象曰：六二征凶，行失類也。
①時運：僥倖得成，終究是凶。
②財運：不合常理，難免耗損。
③家宅：未得其正；婦道可議。
④身體：頭昏眼花，小心調養。

六三。拂頤，貞凶。十年勿用，无攸利。

象曰：十年勿用，道大悖也。

①時運：無路可走，閉門思過。

②財運：久難成事，無利可圖。

③家宅：家宅不安；十年方婚。

④身體：痼疾難治。

六四。顛頤，吉，虎視眈眈，其欲逐逐，无咎。

象曰：顛頤之吉，上施光也。

①時運：養精蓄銳，可圖功名。

②財運：看清市場，買賣獲利。

③家宅：尚可稱正。

④身體：少欲則安。

六五。拂經，居貞吉，不可涉大川。

象曰：居貞之吉，順以從上也。

①時運：固守為宜，急進難成。

②財運：不利行商，可以坐賈。

③家宅：山居較宜；從一為吉。

④身體：安居靜養，勞累難治。

上九。由頤，屬吉。利涉大川。

象曰：由頤屬吉，大有慶也。

①時運：謹慎努力，可以成功。

②財運：辛苦經營，才有收穫。

③家宅：闔家平安。

④身體：雖危無礙。

解卦實例

實例 1：不必羨慕

二〇一〇年，房價越漲越高。以臺北市來說，假設夫妻皆為大學教授，那麼兩人不吃不喝所存下的薪水，大約也要二十五年才有辦法在市中心買一戶新建大樓的房子。

一位朋友住在市郊，考慮買市中心的房子，但實在下不了手。他為此占了一卦，得到頤卦（山雷頤，☲，第二十七卦），變爻初九，爻辭是：「舍爾靈龜，觀我朵頤，凶。」意即：捨棄自己神奇的大龜，卻來觀看我吃什麼東西。有凶禍。

頤卦有如一張大口，上下兩排牙，中間等著吃東西。初九的意思是：你自己是陽爻，有實在的食物，卻往上看到六四的吃相，還去羨慕他。這樣不是像老子所說：「不知足，妄作，凶」嗎？

意思是：這位朋友現在住的房子其實稍加整修，也是理想的居家環境。如果真的忍痛買下市中心的房子，光是付貸款，恐怕未來十幾年都會很辛苦，那又何必呢？許多欲望是外在刺激所引起的，當你覺得自己比上不足時，別忘了比下有餘。朋友得此一卦，暫且打消念頭，這時看看自己的房子，才發現原來也有不少可取之處。

實例 2：實力很強

我最近到深圳演講，一位朋友熱心接待。由於飛機誤點，晚餐拖到九點才開始，席間還有兩位初次見面的友人。

讓他們久候，總想稍做回報。談到《易經》，免不了要當

場實驗一番。一位友人說出三組三位數，我一算，是個頤卦，上九變爻。爻辭說：「由頤，厲吉。利涉大川。」意即：由此而得養育，危險但吉祥。適宜渡過大河。

我說：「你要問的，應該與事業有關。」他說：「是的，我正考慮要不要換工作。」我接著說：「你實力很強，在上九的位置而能『利涉大川』，在六十四卦中僅此一爻。所以換工作沒有問題。」他連聲說謝，並直呼太神奇了。

晚餐後，朋友送我回旅館。他在路上告訴我提問的那位友人的背景。原來他的長輩在廣東省的領導班子裡，實力之強不在話下，他自己也曾留學美國，是學有專長的海歸派。

頤卦像一張口，上下兩排牙，中間是空的，表示要求取食物。此卦下三爻皆凶，這也是《易經》所僅見的。在求取食物時，競爭激烈，這時若有實力，真是讓人羨慕，不是嗎？

頤卦的啟示

頤卦是《易經》第二十七卦，卦象是「山雷頤」（䷚）。從卦象可知，這是一張口，等著吃東西。卦辭說：頤卦。正固吉祥。觀察養育狀況，自己求取食物。

「頤」即是「養」，像「頤養天年」就是老年人的心願。養育要合乎正道，它牽涉的包括：口腹之養，以及養身、養德、養人與養於人。今天常用「培養」一詞，所針對的是子女、學生、晚輩、部屬等。

〈彖傳〉說：養育合乎正道，就會吉祥。推廣而言，「天地養萬物，聖人養賢以及萬民。頤之時大矣哉。」在此掃到

「時」字，是說養育要配合時機、隨順時勢。

　　到了〈大象傳〉就扣緊人的一張口來作文章了，它說「君子以慎言語，節飲食。」人的這張口必須謹慎，以免禍從口出；又必須節制，以免病從口入。在一卦六爻中，有三爻為「凶」，是很少見的。這種情況出現於以下五卦：師卦、剝卦、頤卦、恆卦、小過卦。

　　頤卦初九與上九為陽爻，中間四爻為陰爻。初九爻辭說：「舍爾靈龜，觀我朵頤，凶。」意思是：拋棄你的大烏龜，看著我嚼食東西，有凶禍。這句話是在責怪初九，說初九自己有靈龜，懂得養生之法，但是它與六四正應，眼睛往上看，看到口中有東西，有如「朵頤」，亦即人在吃東西時，口頰上下張合，有如花朵波動。現在我們還在使用「大快朵頤」一詞，表示吃得開心。

　　為何在此會提到靈龜？因為頤卦有如放大的離卦（☲），把離卦中間的陰爻變成四個陰爻。離為龜，所以稱之為靈龜。龜為長壽之物，又何必羨慕別人的飲食？

　　六二說：「顛頤，拂經；於丘頤，征凶。」意即：顛倒養育方式，違背了常理；往高處求養育，前進有凶禍。這是怎麼回事？在頤卦中，只有初九與上九是陽爻，其他四個陰爻都要設法與陽爻建立關係，才可放心飲食。六二先求初九，但這是往回走，顛倒了養育方式，顯然不可行；它又想往上找上九，但上九在艮卦中，艮為山，代表「丘」，位高，艮又為止，不讓六二往前進。六二與六五不應，所以上進無望，一定要去，則有凶禍。六二為凶，極為罕見，只有頤卦、剝卦、咸卦是如此。

　　六三說：「拂頤，貞凶。十年勿用，无攸利。」意即：違

背養育方式，正固有凶禍。十年不能有所作為，沒有任何適宜的事。六三以陰爻居剛位，又在震卦最上爻，非動不可又無動力；往上與上九正應，但上九在艮卦中，又止住它的活動。沒有一件合宜的事，動靜皆有困難。「十年」代表長期，「十」也是地數，這與六三在互坤有關；坤為地，沒有主動力。

六四說：「顛頤，吉，虎視眈眈，其欲逐逐，无咎。」意即：顛倒養育方式，吉祥。像老虎般瞪視，欲望接連而來，沒有災難。六四與六二都是「顛頤」，但是一吉一凶，這是因為初九所正應的是六四，而六二對初九則是乘剛。談到養育，應該是以上養下，在上卦必須有官威，「虎視眈眈」，否則無法服眾。

六五說：「拂經，居貞吉，不可涉大川。」意即：違背常理，守住正固就吉祥，不可以渡過大河。六五以陰爻居君位，又與六二不應，這對於負責養育百姓的國君而言，顯然是「拂經」。所以只可守住正固，並且還要往上依靠上九，談不上渡過大河。

上九說：「由頤，厲吉。利涉大川。」意思是：由此而得養育，危險但是吉祥。適宜渡過大河。頤卦上下兩個陽爻，初九不足貴，上九則彌足珍貴。上九在艮卦上位，若無它來「止」住，飲食無法完成。它的危險來自陽爻居柔位，又即將離去此卦。它下有六三正應，又有六五奉承，自然大有喜慶，並且有能力渡過大河。吃飽喝足了自然有力氣。

本卦底下三爻皆有「凶」字，因為僧多粥少，難免出現顛倒或違背常理的事。到了上卦三爻皆有「吉」字，表示有條件養人以及自養，只要謹守分寸，自可逢凶化吉。

28 | 大過卦 ䷛

大過。棟橈。利有攸往，亨。
象曰：澤滅木，大過。君子以獨立不懼，遯世无悶。
①時運：收斂自省，未可求名。
②財運：低價高漲，不易把握。
③家宅：防止傾斜；老少配婚。
④身體：肝腎皆累，不易治好。

初六。藉用白茅，无咎。
象曰：藉用白茅，柔在下也。
①時運：寬柔待人，一起成功。
②財運：柔白之貨，可以獲利。
③家宅：環境荒蕪。
④身體：病體柔弱，溫燥之藥。

九二。枯楊生稊，老夫得其女妻，无不利。
象曰：老夫女妻，過以相與也。
①時運：晚年成名，反敗為勝。
②財運：林木生意，應可獲利。
③家宅：枯樹開花；老夫少妻，得以生育。
④身體：雖危得安。

九三。棟橈，凶。

象曰：棟橈之凶，不可以有輔也。

①時運：剛愎自用，雖成終敗。

②財運：只靠自己，人財兩失。

③家宅：棟折難居；婚姻不利。

④身體：恐有不測。

九四。棟隆，吉。有它吝。

象曰：棟隆之吉，不橈乎下也。

①時運：可擔大任，勿圖小事。

②財運：木材生意，可以得利。

③家宅：門戶宏偉。

④身體：胸脹無礙。

九五。枯楊生華，老婦得其士夫，无咎无譽。

象曰：枯楊生華，何可久也？老婦士夫，亦可醜也。

①時運：晚年得意，求其平順。

②財運：小心多情，名利皆失。

③家宅：閨房不正；女大男小。

④身體：不好不壞。

上六。過涉滅頂，凶，无咎。

象曰：過涉之凶，不可咎也。

①時運：下過苦功，贏得聲名。

②財運：出貨謹慎，以免失利。

③家宅：小心水災。

④身體：顏面浮腫，可能難治。

解卦實例

實例 1：凶而无咎

朋友敘述一件個案，要我幫忙解卦。

一位女士因為先生外遇而痛苦不堪，他們有兩個孩子，不知道該怎麼辦。《易經》占卦要扣緊問題，於是她占問婚姻，得到大過卦（澤風大過，䷛，第二十八卦）。

這個卦象是上下兩端為陰爻，中間四個陽爻，有如屋樑兩邊弱而中間強，有崩塌之虞。並且，就「澤風」的組合而言，風亦為木（巽為風為木），木在澤之下，所以變爻上九說：「過涉滅頂，凶，无咎。」意即：渡河時淹沒了頭頂，有凶禍，但沒有責難。

平常我們把「无咎」譯為「沒有災難」。在此，既然說「凶」，又怎能說沒有災難？所以，要譯為「沒有責難」。這位女士的處境極為不利，婚姻岌岌可危，顯然有其凶兆。《易經》只能揭示真相，至於知道真相後要如何應變或化解，則要靠自己在具體情況中想辦法。

朋友向這位女士轉達我的解卦，一聽到「老師說這事不能怪你」，她立即放聲大哭。

《易經》洞見幽微，不讓人受委屈，不使真相受遮蔽，效果一至於此。

人的遭遇由各種複雜條件所組成，未必全然操之於己。自己所能做的是：經由理解而修養德行，使自己不受責難，進而逢凶化吉。

實例2：教育孩子

朋友讓小孩念私立高中，希望嚴格的管教可以讓孩子走在正路上。沒想到才高二的孩子既抽菸又迷上網路，父母怎麼勸都無效，於是求助於占卦。

占得大過卦，九二、九三、九四三爻變。三爻變要看本卦卦辭：「棟橈。利有攸往，亨。」意即：棟樑彎曲，適宜有所前往，通達。意思是要出門求助才可通達。

孟子主張「易子而教」，因此父母可能無能為力。但是，孩子是在學校學壞的，學校不是正當的教育單位嗎？這時只好特別拜託老師關心孩子。在學校裡，一位老師要面對四、五十位學生，不可能萬無一失。身為父母只好把孩子的問題主動告知老師，以便老師對症下藥。

大過卦的〈大象傳〉說：「君子以獨立不懼，遯世無悶。」意即；君子要堅定不移而無所畏懼，避世隱居而毫無苦悶。一時之間只能堅定信心，熬過這段痛苦經歷。

三爻變的之卦是比卦（水地比，䷇，第八卦），卦辭提醒：「不寧方來，後夫凶。」意即：從不安定中剛剛轉變過來，後到的會有凶禍。因此，這是不能拖延，必須快刀斬亂麻，再晚後果可能不堪設想。

實例3：稍安勿躁

我曾在基金會講過西方哲學，共七十二講。從希臘哲學一路下來，談到現代哲學。由於在準備時費了不少心力，內容尚稱豐富。有些學員聽了之後覺得頗有收穫，就建議我出版DVD，介紹給廣大讀者群。其中一位同學特別有心，說他願

意負擔出版費用。

　　我聽了難免心動，但還是採取謹慎態度，以籌策占了一卦，得到大過卦，六爻不變。卦辭是：「棟橈，利有攸往，亨。」意即：棟樑彎曲，適宜有所前往，通達。這看起來好像勉強可以。

　　但別忘了〈大象傳〉所說：「澤滅木，大過。君子以獨立不懼，遯世无悶。」沼澤淹沒了樹木，這時君子要堅定不移而無所畏懼，避世隱居而毫無苦悶。這就十分清楚了。

　　在時運上，我應該「收斂自省，未可求名。」本卦初六與上六兩個陰爻，如何撐得住中間四個陽爻？如果恃強而行，結果可能棟橈屋垮，自尋煩惱。尤其本卦沒有變爻，表示此事結局不變，始終讓人擔心。後來我仔細檢查這七十二講，發現中間有一部分的錄音效果不佳，聲音粗糙難辨，如果貿然製成商品，讀者一定會抱怨作者太不負責了。這種名不出也罷，還是稍安勿躁吧。

大過卦的啟示

　　《易經》第二十八卦是大過卦，卦象為「澤風大過」（☱）。本卦卦象與頤卦對照，是互為變卦，就是六爻皆變。現在我們看到初六與上六兩個陰爻，中間四個陽爻。陽爻稱「大」，四比二，所以說「大者過也」。

　　卦辭說：棟樑彎曲，適宜有所前往。陽為實，陰為虛；首尾兩端太弱，中間太強，有如棟樑彎曲。〈彖傳〉說：「大過之時大矣哉。」可見這又是一種特殊時機，但這一次要做什麼

事呢？程頤說得十分積極：「大過之時，其事甚大，故贊之曰大矣哉。如立非常之大事，興不世之大功，成絕俗之大德，皆大過之事也。」

〈大象傳〉說得簡明扼要：「澤滅木，大過。君子以獨立不懼，遯世无悶。」意即：沼澤淹沒了樹木。卦象是「澤風」，但代表風的巽卦，也有樹木之意。此時是個危機，是考驗的時候，所以君子要堅定不移而無所畏懼，避世隱居而毫無苦悶。能通過這樣的檢驗，就可以說是「大過人者」，遠非平凡人可比。

初六說：「藉用白茅，无咎。」意即：用白色茅草墊在底下，沒有災難。初六在下卦巽中，巽為木，為白。木在下在初，又是柔爻，故為白茅。古人墊白茅，是要在上面擺設祭品，表示慎重與虔誠。在陽爻大過之時，陰爻初六的做法是合理的，所以沒有災難。

九二說：「枯楊生稊，老夫得其女妻，无不利。」意即：乾枯的楊樹長出新的枝葉，老頭子獲得少女為妻，沒有不適宜的事。本卦卦象是「澤滅木」，楊樹長在沼澤邊，又有被滅之虞，所以說是枯楊。九二與初六配成一對，成為老夫少妻，仍有生育可能，所以說「長出新的枝葉」，「无不利」。

九三說：「棟橈，凶。」棟樑彎曲，有凶禍。九三與九四在全卦中間，所以都以「棟樑」為取象。九三以陽爻居剛位，正好犯了大過卦「剛過」的忌諱，以致過剛必折，房子都有危險了。九三雖有上六正應，但是上六無法使它平衡，反而加深了危機。

九四說：「棟隆，吉。有它吝。」意即：棟樑隆起，吉

祥。會有別的困難。九四也是棟樑，但因為它到了上卦，是向上隆起，而非向下彎曲。九四以陽爻居柔位，本身陰陽調和，不至於過剛。那麼，九四「別的困難」是什麼？則答案是它與初六正應，有向下彎曲的誘惑。

九五說：「枯楊生華，老婦得其士夫，无咎无譽。」意思是：乾枯的楊樹長出花朵，老婦人獲得壯男為夫，沒有責難也沒有榮譽。這裡所說的與九二相反。九二是找初六配對，為老夫少妻。九五是往上找上六配對，成為夫少妻老的關係。「華」是花朵，花開不易持久，很快就凋零了。老妻少夫無法生育，故有此說。

這種觀念在今日強調男女平權的時代已經沒有太大的意義了。但是，以占卦而論，在參考爻辭時不必執著於文字，而須就各爻之間的關係位置來判斷。值得注意的是「无咎无譽」，不求有功但求無過，能夠平順度日就不錯了。

最後，上六說：「過涉滅頂，凶，无咎。」意即：發大水時渡河，淹沒了頭頂，有凶禍，但沒有責難。上六在全卦終位，顯示了全卦「澤滅木」的結果。這是非戰之罪，因此先說凶，再說无咎，是要指出不應該加以責怪。

本卦九三與上六為凶，分別在下卦與上卦的最高位置。這兩爻正應，反而有害。以九三而言，棟樑已經很重了，上六以陰從陽，使它向下彎曲更為嚴重，所以見凶。而上六呢？它若與九五搭配，成為老婦士夫，沒有什麼好結果；它若與九三正應，則正好把上面的澤拉到底下的木上，成為無可逃避的澤滅木，結果也是凶。

初六的无咎，是因為謹慎之至，〈繫辭上傳〉孔子說：

「茅草是一種微薄的東西，但可以產生重大的作用。按照這種謹慎的方法去做事，就不會有什麼過失了。」由此可見，無論外在形勢如何，自己存著謹慎而恭敬的態度，總是可以避凶趨吉的。

29 | 習坎卦 ䷜

習坎。有孚，維心亨。行有尚。

象曰：水洊至，習坎。君子以常德行，習教事。

① 時運：逐步升遷，隨時防患。

② 財運：財如流水，商運亨通。

③ 家宅：鄰居營造；親上加親。

④ 身體：水瀉之症，虔心禱告。

初六。習坎，入於坎窞。凶。

象曰：習坎入坎，失道凶也。

① 時運：僥倖求名，反而受損。

② 財運：販賣失利，有去無回。

③ 家宅：不安之屋；婚姻小心。

④ 身體：求醫失當，情況危急。

九二。坎有險，求小得。

象曰：求小得，未出中也。

① 時運：小試有利，不可圖大。

② 財運：小心經營，可有小利。

③ 家宅：防止河岸。

④ 身體：醫治有效，但難全好。

六三。來之坎坎，險且枕，入於坎窞，勿用。

象曰：來之坎坎，終无功也。

①時運：守住困窮，以待未來。

②財運：航行受阻，暫時守成。

③家宅：填滿坎陷；求婚不成。

④身體：不宜過勞。

六四。樽酒簋貳，用缶，納約自牖，終无咎。

象曰：樽酒簋貳，剛柔際也。

①時運：春風得意，歡宴嘉賓。

②財運：造酒之業，頗為順利。

③家宅：節儉持家；婚姻吉祥。

④身體：最好禱告。

九五。坎不盈，祗既平。无咎。

象曰：坎不盈，中未大也。

①時運：不可自大，功名有限。

②財運：不談近利，考慮長遠。

③家宅：景觀可喜；門當戶對。

④身體：平心靜氣。

上六。係用徽纆，寘於叢棘，三歲不得，凶。

象曰：上六失道，凶三歲也。

①時運：意外之災，小心牢獄。

②財運：紡織生意，三年有成。

③家宅：整修家園；良緣須待三年。

④身體：不易動彈，安心靜養。

解卦實例

實例：辛苦三年

　　沒有人喜歡占到凶險的卦，但是《易經》講究變化，所謂「風水輪流轉」，又怎麼可能一人獨占所有的好處呢？

　　一位朋友在新加坡有個投資計畫，他利用飯局之後以籌策占卦，想知道這個計畫的未來如何。

　　他占得習坎卦（上坎下坎，☵，第二十九卦），變爻為上六。爻辭說：「係用徽纆，寘於叢棘，三歲不得，凶。」意思是：用繩索捆綁起來，放在牢獄中，三年不能出來，有凶禍。

　　這段話聽起來很可怕，好像會有牢獄之災。事實上，它是使用比喻，表示你投資之後有如被綁手綁腳，動彈不得。不過，既然它明言「三年」無法如願，就表示三年之後情況會有變化。

　　這位朋友聽了之後面帶微笑說：「我投資的事業，估計最快也須三年才會回收利潤，所以對我而言，這個爻辭是可以接受的。」

　　他的態度是正確的。許多人占卦時一看到「凶」字就心煩意亂，好像天快塌下來一樣。別忘了，有凶禍表示現在無法如願，但是下一步再怎麼變化也會比它稍好。所以《易經》教人修養德行為要，只要能在逆境中禁得起考驗，一旦環境改善了，不是更有致勝的把握嗎？辛苦三年而有成，在人生中依然算是幸運的。

習坎卦的啟示

　　《易經》第二十九卦是習坎卦，上下二卦皆為坎（☵）。上下二卦相同的有八個，就是八個經卦本身重疊，形成八個純卦。別的純卦用名簡單，只有此卦加一「習」字。程頤說：「習謂重習，它卦雖重，不加其名，獨坎加習者，見其重險，險中復有險，其義大也。」由此可知，「習坎」一名特別提醒人注意危險。

　　坎是水，代表重重險阻，也代表水一直流動而不失信，所以卦辭說：「有孚，維心亨。行有尚。」意即：有誠信，因為內心而通達。行動表現了上進。在此提及「內心」，是因為本卦有九二與九五，陽爻占住兩個中位，等於內心真實可信。〈彖傳〉強調三險：天象的險阻，是沒有辦法跨越的；地理的險阻，是山川丘陵；王公設險來守衛自己的國家。險卦的時勢作用太偉大了。由此可知，險有兩面，別人設險來阻擋我，我也設險來保護自己。經常練習，才可履險如夷。

　　〈大象傳〉使君子領悟：看到水連續不斷流過來，要有恆修養德行，熟習政教之事。如此可以擇善固執，變化氣質，成就自身不凡的人格；並且一有機會做官，則因為嫻熟政教事務，可以化民成俗。《易經》有「四大難卦」之說，如屯、習坎、蹇、困，皆有一個小的坎卦在其中，但是困難險阻不正是最好的考驗機會嗎？

　　初六說：「習坎，入於坎窞。凶。」意即：在重重險阻中，掉入陷阱，有凶禍。本卦六爻，只有初六出現「習坎」，因它位居底部，上面雙坎壓著，險之又險。它又是陰爻居剛

位，往上與六四不應，一無是處，當然見凶。

九二說：「坎有險，求小得。」意即：坎陷中出現險阻，求取小的會有收穫。由九二看來，本身占有中位，底下有初六相承，只可求小不可求大。它的險阻來自本身上下皆為陰爻，上與九五不應，未能脫離困境。

六三說：「來之坎坎，險且枕，入於坎窞，勿用。」意即：來去都是險阻，險難還到處遍布。掉入陷阱，不可有所作為。六三在全卦中間，上下皆為坎卦。它本身陰爻占剛位，又在互震（九二、六三、六四）與互艮（六三、六四、九五）中，一動一靜相互牽制，完全不能有所作為。這是成事不足的情況，保住平安就慶幸了。

六四說：「樽酒簋貳，用缶，納約自牖，終无咎。」意即：一盅酒與兩盤供品，用瓦盆盛著。從窗戶送進簡約的祭品，終究沒有災難。這裡所說的是簡約而樸實的祭禮。人在危險時，以宗教活動安定內心，保持虔誠，是否可以免禍呢？不論是否有效，但至少自己收斂心神，步步為營，總是比較安全的。六四位正，又有九五可以奉承依靠，所以終究沒有災難。坎在下卦與在上卦，情況大不相同。

九五說：「坎不盈，祇既平，无咎。」意即：坎陷尚未滿盈，抵達齊平的程度，沒有災難。九五居全卦尊位，但仍在兩個陰爻之間，有如流水無法滿盈。它又往下形成互艮，艮為止，有齊平之意，可以秉公行政。它與九二不應，所以只能做到无咎。

上六說：「係用徽纆，寘於叢棘，三歲不得，凶。」意思是：用繩索捆綁起來，放在牢獄中，三年不能出來，有凶禍。

本卦初六與上六為凶，初六是剛剛進入陷阱，無法防備；上六是陷阱早已成形，難以避開。陷阱有如牢獄，《周禮・司圜》說：「收教罷民……能改者，上罪三年而舍……其不能改而出圜土者，殺。」古代重罪關三年，若是還不悔改，則無生路。上六下乘九五，又與六三不應。它在全卦最高也是最終位置，即將離開本卦，所以這種離開有可能是生命的結束。

在占卦時，遇到上六或上九，而所占問的是身體健康的問題時，那麼結果就要小心了。這時出局有可能不再回到任何一種新的處境了。

30 | 離卦 ☲☲

離。利貞，亨。畜牝牛，吉。
象曰：明兩作，離。大人以繼明照四於方。
①時運：努力修德，前途光明。
②財運：與火有關，皆有所得。
③家宅：貴人之屋；可得繼室。
④身體：熱病嚴重，小心大去。

初九。履錯然，敬之，无咎。
象曰：履錯之敬，以辟咎也。
①時運：臨事而懼，得助而成。
②財運：暫無大利，但可无咎。
③家宅：大道之旁。
④身體：走路小心。

六二。黃離，元吉。
象曰：黃離元吉，得中道也。
①時運：文明在外，功名必顯。
②財運：利在土木，中規中矩。
③家宅：振起家聲；可成佳偶。
④身體：鬱熱之症。

九三。日昃之離。不鼓缶而歌，則大耋之嗟，凶。

象曰：日昃之離，何可久也？

①時運：老大無成，心思渙散。

②財運：留連夜市，必傷正業。

③家宅：老人不安；難望偕老。

④身體：早睡早起。

九四。突如其來如，焚如，死如，棄如。

象曰：突如其來如，无所容也。

①時運：為免災禍，不如隱退。

②財運：人財兩亡，小心避開。

③家宅：逆子之罪；婚姻不吉。

④身體：命在危局。

六五。出涕沱若，戚嗟若，吉。

象曰：六五之吉，離王公也。

①時運：位高權重，慎謀能斷。

②財運：辛苦經營，公家生意。

③家宅：婚事主貴，先泣後笑。

④身體：又哭又歎，但仍無妨。

上九。王用出征，有嘉。折首，獲匪其醜，无咎。

象曰：王用出征，以正邦也。

①時運：與人為善，必受重用。

②財運：上等貨品，才可獲利。

③家宅：旅行在外。

④身體：可能歸天。

解卦實例

實例 1：必須認命

在一次《易經》演講中，為了達到示範教學的效果，我讓一位學員以數字卦來占問。他先不說想問的是什麼，隨口給了三組三位數。

一算之下得到離卦（上下皆火，☲，第三十卦），變爻九三，爻辭是：「日昃之離。不鼓缶而歌，則大耋之嗟，凶。」意即：太陽西斜的附麗，不能敲著瓦盆唱歌，就會發出垂老之人的哀嘆，有凶禍。

看來十分不妙。這位學員所問的是什麼？原來他雖然才四十出頭，但已是一家公司的老總，現在又想爭取老董的大位，能夠成功嗎？

我直接說了：「離卦代表太陽，九三是下卦最後一爻，表示你的事業已到日薄西山的地步，這時如果不能知難而退或者知命樂天，那麼將來難免哀嘆自己的種種委屈！」

他聽了之後頻頻點頭，說公司已經答應給他一筆豐厚的退休金，只是他自己不太服氣，認為還有機會放手一搏，爭取領導的位置。不過看了占卦結果，他似乎有些感悟，當下點了點頭，說：「那就算了，既然《易經》占卦都這麼說，我又何必逆天命而行呢？」

我無從得知他在公司的情況，只有他自己最清楚。但是從他當下的決定，似乎可以覺察其中的複雜狀況。人在此時，或許認命是一個正確的選擇。

實例 2：爭吵不休

我在上海演講時，依例要為學員示範數字卦。所謂數字卦，就是當你心中有個問題時，碰巧想到了三組三位數，那麼由這三組三位數，就可以得出一個卦以及一個變爻。

一位同學大聲報出三組數字之後，我一算是個離卦，變爻九四。我對九四的爻辭有些擔心：「突如其來如，焚如，死如，棄如。」意即：貿然闖進來的樣子，灼熱的樣子，沒命的樣子，被棄的樣子。

這位同學說，她想問今年能否與男友結婚。因為是在公開場合，我含蓄地說：「這個問題不好回答，你要不要下課後再來談一下？」她說沒關係。

我說：「離卦上下皆為火，而九四位在二火之間，情況可想而知。你與男友目前還有許多衝突，不要著急，今年恐怕結不成婚。」

我才說完，在臺下的她立即大聲喊說：「實在太準了，我們現在天天吵架，以為結婚之後可以改善。現在看來不太容易了。真是謝謝。」

《易經》各爻少見如此凶險的爻辭，所以不可心存僥倖。若是這時想做任何事，都必須三思。最好等待一段時間，小不忍則亂大謀，大謀一亂就難以補救了。

實例 3：兩岸關係

在示範占卦方法時，同學們常為了選擇一個大家都關心的問題而傷腦筋。有一次，大家決定占一占兩岸關係，這自然是所有人都關心又十分敏感的問題。

結果出現離卦。有人驚呼：「難道兩岸終將分離？」我說：「非也。我們介紹過基本八卦的象徵。離為八卦之一，其象徵為火，其性質為麗，而麗是依附之意。」

火不能獨立燃燒，必須依附於木柴、布帛或蠟燭之上。由於六爻皆不變，所以要參考卦辭：「離。利貞，亨。畜牝牛，吉。」意即：離卦，適宜正固，通達。畜養母牛，吉祥。牛為溫馴的家畜，母牛更是如此。

這些話要如何理解呢？占卦須由占問者的角度去思考卦爻辭。從臺灣的百姓來看這個問題，的確「不能脫離」（亦即依附）兩岸關係，這是複雜的歷史因素所造成的處境。「畜牝牛」則是指兩岸關係的上策，就是雙方都溫和而友善的面對兩岸關係。

結果呢？適宜正固，又能通達，最後還有吉祥等著我們。這樣的占卦，真有「如響斯應」的奇妙之處。人為的努力是不可或缺的，但是先知道大概的局勢，不是更讓人放心嗎？

離卦的啟示

《易經》分為上經與下經，上經到第三十卦為止。第三十卦是離卦，這也是個純卦，上下皆為離（☲）。卦辭說：適宜正固，通達。畜養母牛，吉祥。

離卦有六二與六五，兩個中位都是陰爻，所以要先正固才可通達。至於牝牛，則因離卦中間的陰爻得自坤卦，坤為牛。並且離為火，火生土，由蓄積而成土。也有說法是：離為明，明見一切的人，最好採取柔軟的手段；並且，離為附麗，既然

有所依附，就應如牝牛一般柔順。

〈彖傳〉強調附麗，說：「日月麗乎天，百穀草木麗乎土，重明以麗乎正，乃化成天下。」從日月與百穀草木推及人間，要「以雙重光明來附麗於正道，如此可以教化成就天下百姓。」人間需要光明，沒有光明又怎麼主持正義呢？人與萬物之不同，在於要依附於正道，而不只是簡單的活著。

〈大象傳〉說：「明兩作，離。大人以繼明照于四方。」意思是：光明重複升起，這就是離卦。大人由此領悟，要代代展現光明來照耀四方百姓。這裡值得注意的是，六十四卦的〈大象傳〉中，只有本卦提及「大人」，大人應指有位的君子。在〈大象傳〉中，另有五十三卦提及「君子」，應指無位的大人。

初九說：「履錯然，敬之，无咎。」意即：腳步中規中矩，採取恭敬態度，沒有災難。處在一個光明的時代，剛剛上場的年輕人應該有這樣的表現。若是此時稍有不敬，很可能招來危險。所以能做到「无咎」，於願已足。

六二說：「黃離，元吉。」意思是：黃色的附麗，最為吉祥。六二在離卦中，居中得正。黃為土色，土居五行中位，所以黃也成為中位之色。因此，「黃離」所代表的是美好的文明。只要以適當態度來展現自己的光明，而這種光明又有所附麗，那麼結果將是元吉。坤卦六五說「黃裳，元吉」，亦代表類似觀點。

九三說：「日昃之離。不鼓缶而歌，則大耋之嗟，凶。」意即：太陽西斜的附麗。不能敲著瓦盆唱歌，就會發出垂老之人的哀嘆，有凶禍。九三在底下的離卦中，離為日，有如日薄

西山，光明將盡。「鼓缶而歌」表示樂天知命，隨遇而安。若是做不到這一點，依然無可奈何，因為形勢比人強。「耋」為八十老人，該放下時就看開一些吧！

到了九四，情況變得極其複雜。九四說：「突如其來如，焚如，死如，棄如。」意即：貿然闖進來的樣子，灼熱的樣子，沒命的樣子，被棄的樣子。這裡連續使用五個「如」字，讓人在戒惕中發揮想像力。

九三與九四其實都處在上下二「火」之間，但由於火向上燒，所以九四受創嚴重。九四以陽爻居柔位，不中不正。個性剛猛，進逼六五，為天理所不容，以致死後名聲還要「被棄」，真是慘到了極點。九三、九四、六五形成互兌，兌為毀折，所以這三爻各有苦惱。

六五說：「出涕沱若，戚嗟若，吉。」意即：眼淚湧出的樣子，悲痛哀嘆的樣子，吉祥。六五在上面的離卦，離為目，它又在互兌中，兌為澤；目出水如澤，是為「出涕沱若」。它能畏患憂懼，就沒有問題，何況它還位居上位之中，是王公之位，並且還有上九可以依靠。

上九說：「王用出征，有嘉。折首，獲匪其醜，无咎。」意思是：君王可以出兵征伐，會有功勞。斬了首領，俘獲的不是一般隨從，沒有災難。上九以陽爻居離卦上位，可謂剛明之極，既可以照見天下的邪惡之徒，也可以採取武力征伐，目的是為了使國家走上正道。離為火，為甲冑、戈兵，有如戰火，到此時可謂師出有名。它所對付的，是像九三之類的敵對首領，而不是一般隨從。「醜」為眾，指相從的同類人。

《易經》的上經部分，從代表天地的乾坤，一路發展到代

表水火的坎離。內容豐富曲折，人生啟示良多。接著的下經部分，對人間的複雜處境更是深入著墨，值得用心體悟。

31 | 咸卦 ䷞

咸。亨，利貞。取女吉。
象曰：山上有澤，咸。君子以虛受人。
①時運：謙虛待人，可保功名。
②財運：轉運販賣，必可圖利。
③家宅：知其所止；兩性和好。
④身體：虛弱宜補。

初六。咸其拇。
象曰：咸其拇，志在外也。
①時運：捷足先登，一舉成名。
②財運：貨物已辦，尚未發行。
③家宅：遷居外地；結親之始。
④身體：足疾醫治。

六二。咸其腓，凶，居吉。
象曰：雖凶居吉，順不害也。
①時運：退守為要，依人成事。
②財運：不宜行商，可以坐賈。
③家宅：婚事有變，順守則吉。
④身體：無法步行。

九三。咸其股，執其隨，往吝。

象曰：咸其股，亦不處也。志在隨人，所執下也。

①時運：最好退守，聲名不彰。

②財運：合資困難，主事不力。

③家宅：隨人他遷不宜；所適非佳偶。

④身體：勿陷情欲。

九四。貞吉悔亡，憧憧往來，朋從爾思。

象曰：貞吉悔亡，未感害也。憧憧往來，未光大也。

①時運：功名顯達，不正則惡。

②財運：見利忘義，爭奪不休。

③家宅：謹慎交際；須防不貞。

④身體：心神恍惚，最好靜養。

九五。咸其脢，无悔。

象曰：咸其脢，志末也。

①時運：所求未成，稍待時日。

②財運：已有感應，不必擔心。

③家宅：可保平安。

④身體：有病將癒，且可增壽。

上六。咸其輔、頰、舌。

象曰：咸其輔、頰、舌，滕口說也。

①時運：口才過人，心存正直。

②財運：口舌之禍，不可不慎。

③家宅：口角之爭；媒人誇張。

④身體：胡言亂語，禱之求安。

解卦實例

實例：靜養為宜

地球資源需要人類保護，但怎麼保護呢？有一句口號最有道理，就是：「不要干擾它，地球會自行復原！」許多時候，人的身體也是如此。一位朋友擔心自己的健康，他為此占了一卦。得出的結果是「隨卦」（澤雷隨，☱☳，第十七卦），初九與六三為變爻，六三爻辭說：「係丈夫，失小子。隨有求，得，利居貞。」意即：保住丈夫，失去小孩。跟隨而有所求，可以獲得，適宜保持正固。

在占問健康時，這句爻辭的意思是：大人沒事，小孩危險，所以最好保持正固，就是隨遇而安。本卦〈大象傳〉說：「君子以嚮晦入宴息」，就是到了晚上就回家安靜休息。有時保健並無祕方，只需靜養即可。

並且，由於初九與六三為變爻，一變之後所形成的之卦是咸卦（澤山咸，☱☶，第三十一卦）。咸卦的下卦是艮卦，而原先隨卦的下卦是震卦。在解卦時，下卦離我較近，常可代表我的處境。現在下卦由震到艮，表示由動到止；而外卦兌卦不變，表示外在環境一如往常。那應該怎麼辦？答案很清楚：要安心靜養。讓身體休息，它也會自行復原。這時，不只是身體減少操勞，連心思也須放寬。心情好了，身體也容易復原。

咸卦的啟示

《易經》第三十一卦是咸卦，卦象為「澤山咸」（☱☶）。

〈序卦〉說：「有天地然後有萬物，有萬物然後有男女，有男女然後有夫婦，有夫婦然後有父子，有父子然後有君臣，有君臣然後有上下，有上下然後禮儀有所錯，夫婦之道不可不久也，故受之以恆。」

這段話的重點是強調人的社會始於夫婦一倫，而在咸卦為何要先談夫婦呢？因為有咸卦的男女感應，才會接著出現要求穩定的夫婦關係，亦即恆卦。

咸卦卦辭說：「亨，利貞。取女吉。」此時適宜正固，娶妻吉祥。咸卦下艮上兌，艮為少男，兌為少女，皆純潔而多情易感，容易通達心意，但是最需正固。

〈彖傳〉側重感應，說：「天地感而萬物化生，聖人感人心而天下和平。觀其所感，而天地萬物之情可見矣。」本卦六爻皆有正應，因此，「咸」有感應、感動、感化之意。至於「天地萬物之情」一語中的「情」字，是「實」的意思。

〈大象傳〉指出「君子以虛受人」，要以謙虛態度接納別人。山上有澤，高聳的山空出地方，容納原本在低地的沼澤，沼澤的水也滋潤山上眾物，兩相配合，不是美好之事嗎？

初六說：「咸其拇。」感應到腳的拇指。本卦由下而上，是以人的身體取象，有如感應也由下而上。初六與九四正應，以陰從陽，心意在外。此時感應尚淺，不足以採取行動。並且下卦為艮，為止，想動也不可能。

六二說：「咸其腓，凶，居吉。」意即：感應到小腿肚上，有凶禍，安居就會吉祥。六二往上形成互巽（六二、九三、九四），巽為股，六二在股的下方為腓，即小腿肚。六二與九五正應，但又處於艮卦，想隨感應而動又不可能，所以有

凶。但六二居中守正，安居就會吉祥。

九三說：「咸其股，執其隨，往吝。」意思是：感應到了大腿，控制住跟隨的動作，前往會有困難。九三互巽為股，且以陽爻居剛位，又有上六正應，可謂動性極強，但無奈自身仍在下卦艮中，艮為止，動彈不得。由此可見，兩情相感必須到上卦較為成熟才可行動。

九四說：「貞吉悔亡，憧憧往來，朋從爾思。」意即：正固吉祥而懊惱消失，忙著來來往往，朋友跟從你的想法。九四已至上卦，位置在於心臟，是感應的主體。九四又在互乾（九三、九四、九五），同伴來到交往，耗費不少心思。〈繫辭下〉引述孔子一大段話，其意如後：

「天下萬物思索什麼又考慮什麼？天下萬物有共同的歸宿卻經由不同的途徑，有同樣的目標卻出自千百種考慮。天下萬物思索什麼又考慮什麼？日往則月來，月往則日來，日月互相推移而光明自然產生。寒往則暑來，暑往則寒來，寒暑互相推移而一年自然形成。前往的要屈縮，來到的要伸展，屈縮與伸展互相感應就會出現有利的情況。……探究精微義理到神妙的地步，是為了應用在生活上；藉用各種途徑安頓自己，是為了提升道德。超過這些再向前推求，就沒有辦法清楚知道了；能夠窮盡神妙的道理並懂得變化的法則，已經代表道德盛美了。」

感應的效用由此可見。九五說：「咸其脢，无悔。」意即：感應到了後背上，沒有懊惱。這時自然不會採取行動。九五所感應的原是天下百姓，現在只與六二正應，所以最多只能做到无悔。

上六說：「咸其輔、頰、舌。」感應到牙床、臉頰、舌頭。這時可能信口開河，因為上卦為兌，兌為口，一有感應就表現為能言善道，反而可能忽略了真誠心意。

　　咸卦六爻中，六二有吉有凶，看你如何自處。其他有悔有吝，而未涉及吉凶，是因為有感應而無行動。初六與上六成了純粹描述，不寫任何占驗之詞，但仍可判斷感應之淺與深，以及當事人合宜的態度。

32 | 恆卦 ䷟

恆。亨，无咎，利貞。利有攸往。
象曰：雷風恆。君子以立不易方。
①時運：努力耕耘，不可躁進。
②財運：貿易之地，不可更改。
③家宅：方向不改；百年好合。
④身體：氣喘有痰，仍服舊方。

初六。浚恆，貞凶，无攸利。
象曰：浚恆之凶，始求深也。
①時運：安分知足，求榮反辱。
②財運：得利即售，勿貪高價。
③家宅：華麗難久；勿求攀結。
④身體：運動傷害，操之過急。

九二。悔亡。
象曰：九二悔亡，能久中也。
①時運：穩住陣腳，可以免禍。
②財運：苦撐待變，將可回本。
③家宅：位置不利，須待十年。
④身體：尚稱平順。

九三。不恆其德，或承之羞，貞吝。

象曰：不恆其德，无所容也。

①時運：三心二意，如何成功。

②財運：沒有恆業，難以獲利。

③家宅：不利久居；難以偕老。

④身體：運動無恆，如何健康。

九四。田无禽。

象曰：久非其位，安得禽也？

①時運：不得正位，徒勞無功。

②財運：地方不對，如何有利。

③家宅：方位不利；配偶不和。

④身體：服藥謹慎。

六五。恆其德，貞。婦人吉，夫子凶。

象曰：婦人貞吉，從一而終也。夫子制義，從婦凶也。

①時運：迷戀感情，因小失大。

②財運：只見小利，如何致富。

③家宅：女強男弱；女占喜，男占凶。

④身體：男女異命。

上六。振恆，凶。

象曰：振恆在上，大无功也。

①時運：功名已盡，不可妄動。

②財運：不願結算，無利可言。

③家宅：舊宅不改；再娶必凶。

④身體：小心保養。

解卦實例

實例 1：變化太大

在解卦時，遇到與感情有關的問題，最難說得清楚。占者通常語焉不詳，好像不願洩漏自己的祕密。至於解者，其實更為尷尬，因為誰想知道別人的私事呢？

一位朋友占問感情，得到恆卦（雷風恆，䷟，第三十二卦），初爻、二爻、三爻皆變。之卦成為震卦（震，䷲，第五十一卦）。我細看這個情況，覺得不妙，因為這三個變爻有「凶、悔、羞、吝」等字，而無一「吉」字，連「无咎」都沒有。這種情況怎不讓人擔心。

所謂三爻變則看本卦與之卦的卦辭，這是一般原則，但既然是變爻，就表示這些爻辭也有許多信息要傳達。其次，之卦為震卦，表示此事將來的發展是震動不已，不免更令人擔心。

感情之事最難占斷，因為它涉及兩個當事人以及他們之間的關係。譬如，恆卦一般認為是夫婦相處的卦象，而其中竟然有三爻（初六、六五、上六）出現「凶」字。由此可見經營一個家庭是多麼不易了。這情況有些像是占問買賣股票之事，在得失之間變化太大，難以把握常態現象。所以除了修德之外，少有更好的辦法。九三爻辭有「不恆其德，或承之羞」一語，似乎可以一語驚醒夢中人。

實例 2：堅持下去

我在廣州講完《易經》、《論語》、《老子》之後，接著計劃講《莊子》，但是關於在何處上這門課則有兩種考慮。一

是在廣州繼續開課，讓學員較為方便；二是到江西一位同學的會所開課，一口氣六天上完《莊子》精華內容。

主辦的朋友為此占了一卦，得到恆卦，變爻九三，爻辭是：「不恆其德，或承之羞，貞吝。」意即：不能恆守德行的人，常常會受到羞辱，正固會有困難。這是什麼意思呢？

原來爻辭提醒我們要繼續以同樣的方式在廣州上課。「恆」是恆心，要堅持下去，所堅持的自然是從前所走過的路。最後它又說「貞吝」，則是因為堅持並不容易。於是我們設法調整費用以平衡收支，大家都覺得可以接受。

因此，一方面要守恆，維持原有做法，另一方面也須稍做協調，不能膠柱鼓瑟，完全不知變通。〈繫辭傳〉說：「窮則變，變則通，通則久。」走投無路時，不妨稍做變動，一變動機會就出現了。同學面對恆卦的九三內容不免嘖嘖稱奇。九三一變，之卦成為解卦（雷水解，䷧，第四十卦），表示問題將會迎刃而解。人謀鬼謀，一切都好像安排好了，只待我們誠心提問。

恆卦的啟示

《易經》第三十二卦是恆卦，卦象為「雷風恆」（䷟）。咸卦描寫男女感應，恆卦則是夫婦之道。「恆」有不易之恆，也有不已之恆，因此卦辭說，「利貞」，又說「利有攸往」。這實在是一大難題。

〈彖傳〉說：「天地之道，恆久而不已也。」但同時也須「終則有始」。然後「日月得天而能久照，四時變化而能久

成，聖人久於其道而天下化成。觀其恆，而天地萬物之情可見矣。」或者可以說：規則恆定不易，而運作恆行不已。

〈大象傳〉說：君子由此領悟，要立身處世不改變自己的正道。要做到不易與不已，才合乎恆卦的要求。本卦六爻有三爻出現「凶」字，實在讓人意外，由此可見挑戰之大。

初六說：「浚恆，貞凶，无攸利。」意思是：深入追求恆久，正固會有凶禍，沒有任何適宜的事。初六一進入恆卦，就想深入追求，好像就此穩定不動，這是守常而不知變。其次，初六與九四正應，但想追隨九四，又有中間二陽阻隔，以致無法如願。何況九四自己在上卦震中，急於行動而顧不了初六。

九二說：「悔亡。」懊惱消失。它的悔，來自以陽爻居柔位，位不正則難以持久。不過，中勝於正，仍可悔亡。九二有六五正應，保持中道尚無問題。

九三說：「不恆其德，或承之羞，貞吝。」意思是：不能恆守德行的人，常常會受到羞辱，正固會有困難。九三在下卦巽中，巽為風，為進退，為不果，所以很難恆守德行。在《論語》中，孔子直接引述《易經》的就是這句爻辭。原文如下：

子曰：「南人有言曰：『人而無恆，不可以作巫醫。』善夫！『不恆其德，或承之羞』子曰：『不占而已矣。』」（《論語・子路》）

意思是：孔子說：「南方人有一句話：『一個人沒有恆心的話，連巫醫也治不好他的病。』這句話說得好！《易經・恆卦》的爻辭說：『不能恆守德行的人，常常會受到羞辱。』孔子說：『不靠占卜也可以知道了。』」

依儒家所說，擇善之後還須固執，亦即持之以恆。一般人

為何做不到？因為未能體驗行善的快樂，不知道人性向善，而行善是體現人性的光明坦途。如果明白這個道理，就比較容易堅持行善了。

九四說：「田无禽。」意即：打獵而沒有獲得禽獸。古人在田野打獵，所以以田為獵。九四在震卦中，動性極強，但位置不正。在取象上，恆卦九四是由泰卦（☷☰）初九換位上來的。九四來到原本是坤卦的上卦，使坤卦消失，田不見了，所以說田無禽。

六五說：「恆其德，貞。婦人吉，夫子凶。」恆守自己的德行，正固。對女子吉祥，對男子有凶禍。〈小象傳〉說：「婦人貞吉，從一而終也。夫子制義，從婦凶也。」古人認為女子從一而終是正確的；今人未必接受此說。至於男子要受道義所約束，不能跟隨妻子不知變通；今人則認為男女皆當如此。在教育普及的今日社會，每個人都應該為自己負責，要做則「不易」與「不已」兩種恆的要求。一方面堅持道義原則，同時還須進德修業，與時俱進，不可執著而不知變通。這是所謂的「守經達權」。

上六說：「振恆，凶。」意即：震動長久不停，有凶禍。上六位於恆卦終位，但又在上卦震的上位，想停下來也不可得，兩相衝突，又怎能不凶？

恆卦初六與上六皆凶，可見古人對於持守夫婦相處之道是如何戒慎恐懼了。開始要小心，結束更要小心，否則人生將耗費許多時間與力氣，去協調連清官都難以斷定的家務事。至於六五所提及的「夫子凶」，則表示在家庭之外還有國家大事，還有道義，要列為人生的重要考量。

33 │ 遯卦 ䷠

遯。亨。小利貞。
象曰：天下有山，遯。君子以遠小人，不惡而嚴。
①時運：最好退隱，君子有吉。
②財運：物價漲跌，相去甚遠。
③家宅：須防作祟；婚姻不宜。
④身體：避居吉地。

初六。遯尾，厲。勿用有攸往。
象曰：遯尾之厲，不往何災也？
①時運：深藏不露，不會有難。
②財運：全部出手，可以免災。
③家宅：早遷為宜；婚姻不合。
④身體：走路小心。

六二。執之用黃牛之革，莫之勝說。
象曰：執用黃牛，固志也。
①時運：雖有才華，功名難望。
②財運：守住本金，脫售不及。
③家宅：遷移有利；退婚不易。
④身體：運動有恆。

九三。係遯，有疾厲。畜臣妾，吉。

象曰：係遯之厲，有疾憊也；畜臣妾吉，不可大事也。

①時運：急流勇退，可保無害。

②財運：當售即售，久留必損。

③家宅：急速遷移；娶妻不利。

④身體：縱欲傷身。

九四。好遯。君子吉，小人否。

象曰：君子好遯，小人否也。

①時運：君子正名，小人盜名。

②財運：出貨得利，不必遲疑。

③家宅：隱居為宜；離婚之憂。

④身體：大人可治，小孩危險。

九五。嘉遯，貞吉。

象曰：嘉遯貞吉，以正志也。

①時運：功成身退，值得嘉許。

②財運：應變得宜，仍可獲利。

③家宅：高風可尚；志同為婚。

④身體：避開陰邪。

上九。肥遯，无不利。

象曰：肥遯无不利，无所疑也。

①時運：樂天知命，安享天年。

②財運：人棄我取，退可得利。

③家宅：利於求財；私奔之虞。

④身體：過胖虛脫。

解卦實例

實例：人棄我取

　　一位同事即將退休，但是對未來又深感不安，因此想占一卦。占得遯卦（天山遯，☰☶，第三十三卦），變爻上九，上九爻辭是「肥遯，无不利。」意即：高飛而走的退避，無所不利。這實在有些巧合，因為「遯」字代表上面四個陽爻會一個個退出格局。上九首當其衝，沒有閃躲餘地。

　　那麼，結果如何？「肥」字借為「飛」，既然位居全卦最高位置，不正是遠走高飛的意思嗎？人在退休後，無事一身輕，不是可以好好規劃自己的生活內容嗎？到處走走，放鬆心情，不正是樂天知命的表現嗎？

　　如果不是即將退休的人占得此爻，就須「以退為進」才對自己有利。所謂「无不利」即是此意。不過，在占問健康時，得到此爻就須小心了，它一方面提醒你「小心肥胖」，因為「肥」字就其字面來看，意思很清楚。另一方面，如果是病中之人占問，則有可能要離開人世，真正飛登天鄉了。

　　解卦雖然有規則，但由於受到問題所限制，因而還要靠幾分靈感。我常強調占問者自己才是最好的解卦者，因為他了解所有相關的細節，知道卦爻辭有何具體的指涉。若不如此，就只能按圖索驥，勤翻解卦手冊了。

遯卦的啟示

　　《易經》第三十三卦是遯卦，卦象為「天山遯」（☰☶）。

「遯」即是「遁」，有退走之意。卦辭說：通達，小的一方適宜正固。「小」是指陰爻，兩個陰爻由下連袂而往上走，對陽爻顯然不利。

《易經》常由陽爻立場說話，所以希望陰爻正固，而上面的陽爻則知道應該漸漸退走了。這是個消息卦，代表夏曆六月，陰氣發展已具規模。君子在退走時照樣可以通達，所謂「其身遯而其道亨」。〈彖傳〉提及「遯之時義大矣哉」，強調它順應時勢的意義。這正如孔子之所為：「可以行則行，可以止則止。」

〈大象傳〉說：「君子以遠小人，不惡而嚴。」君子由此領悟，要疏遠小人，不去憎惡他們，但要嚴肅以對。孔子說：「人而不仁，疾之已甚，亂也。」（《論語・泰伯》）對於不肯走在人生正途上的人，如果厭惡得太過分，也會使他作亂生事。孔子「不為已甚」（《孟子・離婁下》），做任何事都不會過分。「不惡而嚴」一詞是我們對待小人的指導原則。

初六說：「遯尾，厲。勿用有攸往。」退避時居後尾隨，有危險，不可以有所前往。本卦立起來看，上為首，下為尾。走的方向是往上，所以初六說「遯尾」，見機太晚。但初六陰爻，溫和而位低，即使上有九四正應，只要不前往，又會有什麼災難呢？

六二說：「執之用黃牛之革，莫之勝說。」用黃牛皮製成的繩子捆住，沒有人能夠解開。在此，「說」借為「脫」，解開之意。六二既中且正，又有九五正應，必須安定不動。黃為中色，牛為坤卦，若是六二再往上走，底下即是坤卦；此時，六二仍在下卦艮中，艮為皮膚，有皮革之意。至於「捆住」，

則因六二往上形成互巽（六二、九三、九四），巽為繩直，而艮為止。合併取象則是爻辭所言。本卦強調「止」住底下二陰，讓上面的陽爻可以順利退走。

九三說：「係遯，有疾厲。畜臣妾，吉。」繫住退避，出現疾病與危險。蓄養奴僕侍妾，吉祥。九三面臨兩個陰爻的進逼，必須穩住陣腳，但是上無正應，所以有「疾厲」。但是它在艮卦中，艮為止，仍可自保。艮為少男，代表臣妾。亦即把初六與六二看成自己所蓄養的臣妾，能夠如此轉念一想，情況也隨之成為吉祥。沒有人不想成就大事，但時機與條件尚未成熟時，不妨先靜下心來，回顧自己眼前的處境。調整心態，轉危為安。

九四說：「好遯。君子吉，小人否。」合宜的退避。君子吉祥，小人困阻。到了上卦乾，既有實力，也可以明白大勢所趨，所以採取合宜的退避。君子在此吉祥，順時而動，像顏淵居陋巷而不改其樂。小人為何困阻呢？因為九四下有初六正應，本身又在互巽中，為進退兩難之象，不易做到「好遯」。

九五說：「嘉遯，貞吉。」美好的退避，正固吉祥。九五居中守正，下有六二正應。凡是一卦有九五與六二的，表示大局穩定。本卦六爻，無一「凶」字，算是好卦了。九五距離底下的陰爻尚遠，卻能明辨時勢而不戀棧。同時也不放棄自己眼前的職責，所以說「貞吉」。

上九說：「肥遯，无不利。」高飛而走的退避，無所不利。「肥」借為「飛」。上九居遯卦最高位，上卦乾為天，正是海闊天空任其遨遊。它在底下沒有正應，不會有猶豫的念頭，所以用「飛」來描寫其毫無羈絆。

本卦底下三爻為艮，有止之意。但是消息卦一定是由下往上發展，對上面的陽爻而言，情勢很明顯，不必心存僥倖。所以從九四開始，是「好遯」、「嘉遯」、「肥遯」，表現越來越瀟灑，心情也好像越來越輕鬆。就像演員表演完畢要離場時，不必多所眷戀。換一個舞臺可以重新開始，也許生命還有不同的層次與境界，等著我們去品味。判斷何時該遯退，又以何種姿態遯退，實為人生難題。

34 | 大壯卦 ䷡

大壯。利貞。
象曰:雷在天上,大壯。君子以非禮弗履。
①時運:成名不難,不可驕傲。
②財運:得價即售,不可過貪。
③家宅:小心防火;相敬如賓。
④身體:保養腳部。

初九。壯於趾,征凶,有孚。
象曰:壯於趾,其孚窮也。
①時運:有勇無謀,功名必卑。
②財運:不能慎思,必遭損失。
③家宅:不可遷移;防女足疾。
④身體:慎擇良醫。

九二。貞吉。
象曰:九二貞吉,以中也。
①時運:中庸處世,受到肯定。
②財運:貨價合宜,自然獲利。
③家宅:地位適中;婚姻吉祥。
④身體:滋補得宜。

九三。小人用壯，君子用罔，貞厲。羝羊觸藩，羸其角。

象曰：小人用壯，君子罔也。

①時運：臨事而懼，謙退受益。

②財運：不必壟斷，否則大耗。

③家宅：過高易震；夫妻反目。

④身體：血氣過剛，防有不測。

九四。貞吉悔亡，藩決不羸，壯於大輿之輹。

象曰：藩決不羸，尚往也。

①時運：前途無阻，功名亦顯。

②財運：滿載而歸，何樂不為。

③家宅：趕快整修；不是佳偶。

④身體：恐有不測。

六五。喪羊於易，无悔。

象曰：喪羊於易，位不當也。

①時運：亡羊補牢，晚年有望。

②財運：恐有小失，尚無大礙。

③家宅：不宜畜牧；婚禮不成。

④身體：不吉之象。

上六。羝羊觸藩，不能退，不能遂，无攸利。艱則吉。

象曰：不能退，不能遂，不詳也；艱則吉，咎不長也。

①時運：早些退休，以免後悔。

②財運：原想發財，難以保本。

③家宅：艱難自守；先苦後樂。

④身體：進退兩難。

解卦實例

實例：過則易折

　　朋友與人合夥生意，最近大家意見不合，爭持不下，求助於占卦。

　　得到大壯卦（雷天大壯，☳☰，第三十四卦），變爻九三，爻辭是：「小人用壯，君子用罔，貞厲。羝羊觸藩，羸其角。」意即：小人仗勢的是強壯，君子憑藉的是蔑視，正固會有危險。公羊衝撞藩籬，卡住了羊角。

　　由這句爻辭看來，目前處境是進退兩難，好像羊角卡在藩籬上，動彈不得。我告訴朋友：「你身為管理階層，應該學習君子作風。所謂『用罔』，是指不要『用壯』而言，也就是要以柔克剛。這件事如果大家都不讓步，成了硬碰硬，結果可能兩敗俱傷。」

　　他聽了我的建議，不再採取強硬態度，結果大家各讓一步，終於找到新的方案。在爻辭中有「貞厲」一辭，表示「正固會有危險」，又是怎麼回事？這表示非變不可，也因此才會有兩種意見難以得到共識。變化其實是正常的，只要大家同心協力來面對即可。

　　儒家談到「君子」，總是以他代表理想人格的表現，這樣的君子深得陰陽消息而知所進退，同時也很少堅持要「用壯」，如果時機與位置不能配合，就算用壯也未必能夠得到好的結果。過剛易折，乃是常理。

大壯卦的啟示

大壯卦是第三十四卦,其象為「雷天大壯」（☳☰）。大
壯卦是遯卦的覆卦,現在是四陽在下,二陰在上。這也是個消
息卦,代表夏曆二月。這時對陽爻而言,應該真的考慮停止
了。〈雜卦〉說:「大壯則止,遯則退也。」此時陽爻若不停
止,將立即成為夬卦（☱☰）,等到陰爻全部出局之後,又會
由下往上重新出場。

因此,大壯卦提醒我們「止」,並且還須止於正道。卦辭
只有「利貞」二字,適宜正固。〈彖傳〉則說「大者正也」,
大的一方為正,然後「正大而天地之情可見矣」,守正而能
大,就可以看出天地萬物的真實情況了。

〈大象傳〉指出,君子由此領悟,「非禮弗履」,對不合
禮儀的事都不要進行。禮儀是正道的具體表現。在（《論語·
顏淵》）中,孔子談到「仁」的具體做法時,強調「非禮勿
視,非禮勿聽,非禮勿言,非禮勿動。」這四個「勿」字,正
是我們考慮人生行止時的重要參考。

初九說:「壯於趾,征凶,有孚。」意思是:強壯在腳趾
上,前進會有凶禍,但仍有信實。初九在乾卦中,有前進的實
力與動力,但是位置太低,有如足趾,如何走得動呢?它與九
四不應,等於無路可走,所以說「征凶」。初九位正,陽爻居
剛位,所以「有孚」,但是這種信實十分有限,可以守成而
已。

九二說:「貞吉。」正固吉祥。簡單二字,表示九二知所
進退。九二以陽爻居柔位,躁進的心意稍微緩和,並且上有六

五正應，更使它可以安定下來。

九三說：「小人用壯，君子用罔，貞厲。羝羊觸藩，羸其角。」意即：小人仗恃的是強壯，君子憑藉的是蔑視，正固會有危險。公羊衝撞藩籬，卡住了羊角。九三以陽爻居剛位，又在下卦乾中，自然十分強壯，小人於是乘勢「用壯」。但是，君子卻以蔑視態度對之，一方面忽視這種強壯，同時也設法守住正固，以合乎本卦的要求。

即使如此，危險仍是難免。九三在互兌（九三、九四、六五）中，兌為羊，「羝羊」為大角公羊。這隻公羊往前衝，但是結果如何？「藩」是屏障，有如諸侯屏障天子，而九三所面臨的上卦正好是震卦，震為諸侯。於是九三之角卡在藩籬中，進退兩難。

九四說：「貞吉悔亡，藩決不羸，壯於大輿之輹。」意即：正固吉祥而懊惱消失，藩籬裂開不再纏住，因為大車的車輹十分堅固。九四率同四個陽爻往上推進，壯盛之極而銳不可當。但是本卦要求停止，九四陽爻居柔位，下與初九不應，所以「貞吉」才可「悔亡」。此時「藩決不羸」，是因為它已至上卦，並且震卦有如大輿（坤卦）下方之橫木，亦即車輹堅固。九四確實有上進之力。

六五說：「喪羊於易，无悔。」意即：在邊界失去羊，沒有懊惱。六五面對四個陽爻的衝擊，本身還在互兌之中，所以形成「喪羊於易」的處境。「易」為邊界。六五有九二正應，以柔順姿態面對這種處境，尚可无悔。

上六說：「羝羊觸藩，不能退，不能遂，无攸利。艱則吉。」意即：公羊衝撞藩籬，不能退後，也不能如意，沒有任

何適宜的事，在艱難中才會吉祥。上六與九三正應，回頭尋求奧援，結果同樣陷入九三的困境，進退不得。

另一種觀察是：大壯卦也可以看成是放大的兌卦（☱），兌為羊，其象見於上六。而這時全卦的要求是「止」，有羊而須止，不是「不能退，不能遂」嗎？到了上六，沒有任何適宜的事，是可以理解的。至於「艱則吉」，則是因為本卦即將結束，上六的困境也將隨之瓦解。

《易經》講究的是「時」，要配合時勢與時機而行動。並且，「時」總是在變易之中，因此會特別注意下一步的走向。若是當下一切安好，缺乏遠見之明以及應變之方，又要如何回應新的形勢？

35 | 晉卦 ䷢

晉。康侯用錫馬蕃庶，晝日三接。
象曰：明出地上，晉。君子以自昭明德。
①時運：好運新來，步步高升。
②財運：光亮之業，最有利潤。
③家宅：陽光之屋。
④身體：自知之明。

初六。晉如，摧如，貞吉。罔孚，裕，无咎。
象曰：晉如摧如，獨行正也。裕无咎，未受命也。
①時運：耐心等待，不必急進。
②財運：稍待時日，可獲大利。
③家宅：吉屋可居；婚姻緩成。
④身體：寬心解懷。

六二。晉如，愁如，貞吉。受茲介福，於其王母。
象曰：受茲介福，以中正也。
①時運：所求多阻，守正必亨。
②財運：守住低潮，自然受福。
③家宅：遷居與老人同住；婚姻稍待。
④身體：多聽老人言。

六三。眾允，悔亡。

象曰：眾允之志，上行也。

①時運：眾人悅服，自無懊惱。

②財運：雙方和睦，買賣皆利。

③家宅：氣氛和諧；兩性融洽。

④身體：團體運動；訟事調解。

九四。晉如鼫鼠，貞厲。

象曰：鼫鼠貞厲，位不當也。

①時運：守正為宜，耍詐必凶。

②財運：貪財必敗，見好就收。

③家宅：耗失過多；婚姻不正。

④身體：疥瘡或嘔血，皆危。

六五。悔亡，失得勿恤，往吉，无不利。

象曰：失得勿恤，往有慶也。

①時運：災去福來，無意得之。

②財運：前有小失，今可大得。

③家宅：屋運轉好；婚姻吉祥。

④身體：已無大礙。

上九。晉其角，維用伐邑。厲吉无咎，貞吝。

象曰：維用伐邑，道未光也。

①時運：好運將終，防有事故。

②財運：同業紛爭，幸可无咎。

③家宅：鄰里不安；始爭終和。

④身體：保養頭部；罷訟為吉。

解卦實例

實例：低調前進

曾有三家出版社同時找我，商洽有關出書事宜。我一時之間不知如何選擇，因為每家出版社各有優點與弱點。

我為自己占了一卦，得到晉卦（火地晉，☲☷，第三十五卦），變爻九四，爻辭是：「晉如鼫鼠，貞厲。」意即：進展像鼫鼠一樣，正固有危險。所謂「鼫鼠」，有「五技而窮」之說。牠「能飛不能過屋，能緣不能窮木，能游不能渡谷，能穴不能掩身，能走不能先人。」做任何事都中途而廢，顯然成不了大器。

我一見卦象與爻辭，就知道：一，晉卦是「明出地上」，表示光明在大地之上，能為眾人所見，但尚未到六五的正中位置，所以時機尚未成熟。二，九四本身與底下二爻形成艮卦，表示有所阻礙；它又處在互坎中間，表示仍有困難，不可貿然行事。

我衡量自己的情況，正好有些類似，所以最好等一年再說。我婉謝這三家出版社，說將來有機會再說。一事歸一事，我目前在出書方面寧可謹慎些；至於演講則與此無關，可以行則行。後來我也發現，讀者對書的要求較高也較仔細，不像演講只是當下兩三個小時把話說清楚就可以了。

許多事情需要主觀與客觀條件的配合。低調收斂一些，總是有益的。

晉卦的啟示

　　《易經》第三十五卦是晉卦，卦象為「火地晉」（☲☷）。火在上為明，地在下為順，君明臣順，所以六爻無一「凶」字。卦辭說：「康侯用錫馬蕃庶，晝日三接。」「康侯」可以指周武王的弟弟康叔，也可以指安邦的諸侯。如果主張卦辭為文王（也許加上周公的補充）所作，則「康侯」應指安邦的諸侯。這樣的諸侯受賞眾多車馬，一日之內獲天子接見三次。

　　〈大象傳〉說：「明出地上，晉。君子以自昭明德。」光明出現在大地的上方，等於旭日大放光明，這時君子要自己彰顯光明的德行。在此，有關「明德」可以稍加討論。若明德是人所固有，則何必再彰顯之？可見明德即使是人所固有，也還須再加彰顯。亦即，未加彰顯的明德，只是隱然的或靜態的，至於真正的「德」仍須以行動來體現。這樣一來，就不必堅持人性本善，而可以說：人本身即有行善的能力與要求。或者，人之行善要靠自己而不是靠別人或外來的力量。「自昭」一詞頗有深意。

　　初六說：「晉如，摧如，貞吉。罔孚，裕，无咎。」意思是：進展的樣子，擁擠的樣子，正固吉祥。未受信任，寬裕，沒有災難。一旦進入晉卦，各爻都想配合形勢往前進。晉即是進。初六在下卦坤中，三個陰爻推擠，此時正固吉祥，因為初六往上看到一個互艮（六二、六三、九四），知道必須停止。它與九四正應，但九四在互艮中，使初六裹足不前，此時所受信任有限，放寬心胸就不會有災難。

　　六二說：「晉如，愁如，貞吉。受茲介福，於其王母。」

意即：進展的樣子，憂愁的樣子，正固吉祥。在王母那兒蒙受這樣的大福。六二居中守正，在晉卦中，為何會憂愁？因為它在互艮中，艮為止，使它無法進展；並且往上看是一個互坎（六三、九四、六五），坎為加憂，為心病。所以六二有愁。不過，此時六五以陰爻居君位，可稱「王母」，對六二的表現顯然滿意，賞賜有加。

六三說：「眾允，悔亡。」意思是：眾人答應追隨，懊惱消失。六三在下卦坤中，坤為眾；它居上位，得到眾人支持，所以即使處於互坎，也不必懊惱。六三還有上九正應。上有正應，下有支持，要配合本卦往上走的要求，應該沒有什麼問題。

九四說：「晉如鼫鼠，貞厲。」意即：進展像鼫鼠一樣，正固會有危險。鼫鼠又名「五技鼠」，《說文》有云：「能飛不能過屋，能緣不能窮木，能游不能渡谷，能穴不能掩身，能走不能先人。」這就是「鼫鼠五技而窮」，描寫一個人貪學多藝而不能精通，結果處處受困。九四以陽爻居柔位，又在互艮與互坎中，無法前進而有憂悔。底下還有有三個陰爻在進逼，即使正固也有危險。

六五說：「悔亡，失得勿恤，往吉，无不利。」意即：懊惱消失，不用顧慮損失與獲得，前往吉祥，沒有不適宜的事。晉卦是由觀卦（☴☷）的九五與六四換位而成。對晉卦的六五而言，原本觀卦的巽是近利市三倍，現在成為六五，得到君位，一失一得，所以不必多慮。六五與六二不應，也不必懊惱，因為現在上卦為離，大放光明，可以賞罰得宜。君明臣順，關鍵在於六五。

上九說：「晉其角，維用伐邑。厲吉无咎，貞吝。」意即：進展到頭上的角，可以用來征伐屬國。有危險，吉祥而沒有災難，正固會有困難。上九居全卦終位，有如頭上的角。前無去路，但本身既有實力又有光明，可以用來安定內部。上九與六三正應，六三在下卦坤中，坤為邑。上九在上卦離中，離為戈兵，為甲冑，所以有征伐之象。上九本身位高，但不中不正，尚未做到「自昭明德」，所以爻辭提及「厲」與「吝」。

人皆有上進之心，但未必人人如願。「自昭明德」是上策，否則難免衍生各種恩怨。

36 ｜明夷卦 ䷣

明夷。利艱貞。

象曰：明入地中，明夷。君子以莅眾用晦而明。

①時運：明哲保身，以避災厄。

②財運：明無利潤，暗中分紅。

③家宅：父子分居為宜；不是明媒正娶。

④身體：肝大鬱積，注意保養。

初九。明夷於飛，垂其翼。君子於行，三日不食。有攸往，主人有言。

象曰：君子於行，義不食也。

①時運：未能騰達，善自保全。

②財運：資本有損，主人煩言。

③家宅：最好遷居；婚姻不諧。

④身體：食道有疾，或病在手。

六二。明夷，夷於左股，用拯馬壯，吉。

象曰：六二之吉，順以則也。

①時運：貴人相助，倖免於難。

②財運：策畫不當，難免損失。

③家宅：修繕完整；婦有足疾。

④身體：左足受傷。

九三。明夷於南狩，得其大首，不可疾，貞。

象曰：南狩之志，乃大得也。

①時運：退守南方，可以得志。

②財運：耐心經營，終見光明。

③家宅：鄉里富家；得其佳偶。

④身體：南方休養較宜。

六四。入於左腹，獲明夷之心，於出門庭。

象曰：入於左腹，獲心意也。

①時運：出明入暗，出門為宜。

②財運：外出經商，稱心致富。

③家宅：路有阻礙；婦已有孕。

④身體：心腹之症，出門求醫。

六五。箕子之明夷，利貞。

象曰：箕子之貞，明不可息也。

①時運：君子固窮，未來通達。

②財運：歷經艱難，方可獲利。

③家宅：親族失和；罷婚為宜。

④身體：精神症狀。

上六。不明，晦。初登於天，後入於地。

象曰：初登於天，照四國也；後入於地，失則也。

①時運：先好後壞，收斂為宜。

②財運：貨價宜平，才有信用。

③家宅：地勢太低；先富後貧。

④身體：上火下泄，殊為難治。

解卦實例

實例：不得不信

　　我在廣州為一家國營企業的中階主管講《易經》。在示範占卦時，我請他們用籌策來占。其中一位學員占得明夷卦（地火明夷，䷣，第三十六卦），初九變爻，爻辭是：「明夷於飛，垂其翼。君子於行，三日不食。有攸往，主人有言。」意即：在昏暗中去飛翔，垂下翅膀。君子要出行，三天不吃東西。有所前往，主人說出責怪的話。

　　解卦必須針對所占的問題，因此我請這位學員說明問題。他想占問一位親戚的健康。我說：「爻辭中有『垂其翼』，可見他的身體有病；『三日不食』則表示他的病與吃東西有關。」他聽了說：「實在太準了，我親戚患了食道癌。」

　　有病要找醫生診治。《易經》占卦可以看出一個人各方面的處境，有如照鏡子一般。但是《易經》不可能提供任何祕方讓你自然痊癒，其他方面亦然。我最怕有人要求我用《易經》幫他解決特定困難。這是問道於盲。

　　了解是第一步，因為人難免有其盲點與執著，以致看不清真正的狀況。能夠客觀了解自己的處境，才可對症下藥，找到具體的方法來改善現況。

明夷卦的啟示

　　《易經》第三十六卦是明夷卦，卦象為「地火明夷」（䷣）。地在上而火在下，光明受到壓制，所以稱為「明

夷」。卦辭很簡單，「利艱貞」，適宜在艱難中正固。程頤說：「晉者明盛之卦，明君在上，群賢並進之時也。明夷昏暗之卦，暗君在上，明者見傷之時也。」

〈彖傳〉說：「明入地中，明夷。內文明而外柔順，以蒙大難，文王以之。利艱貞，晦其明也。內難而能正其志，箕子以之。」〈彖傳〉中出現人名，這是難得一見的。意即：光明陷於大地之下，這就是明夷卦。內心文明而外表柔順，以此承受大的災難，周文王是這樣做的。適宜在艱難中正固，是要隱晦自己的光明。面臨內部的患難而能端正自己的志節，箕子是這樣做的。這裡提到兩段故事：一是文王被商紂拘於羑里七年之久，二是箕子苦勸而商紂不聽，乃佯狂而被囚。

〈大象傳〉說，在這種情況下，君子在治理眾人時，要隱晦明智而使一切明白呈現。上位者若是精明苛察，則百姓無所不隱；反之，上位者寬厚包容，則百姓易於光明坦蕩。《老子》五十八章說：「其政悶悶，其民淳淳；其政察察，其民缺缺。」即是此意。

初九說：「明夷於飛，垂其翼。君子於行，三日不食。有攸往，主人有言。」意即：在昏暗中去飛翔，垂下翅膀。君子要出行，三天不吃東西。有所前往，主人說出責怪的話。在大地昏暗之時，初九有動向，想要迅速離去。本卦由小過卦（䷽）變來，是小過卦的九四與初六換位而成。因此，本卦初九還記得「小過卦有飛鳥之象」（參考第六十二卦），但此時已是垂其翼，失去平衡而不可為；並且由四到初，經過三位。原有的互兌也不見了，口象毀去，所以說三日不食。

六二說：「明夷，夷於左股，用拯馬壯，吉。」意即：在

昏暗中，傷到左股，用來拯救的馬強壯，吉祥。六二在原本的小過卦中，有互巽，巽為股；由於是九四變為初九，傷到左股。現在六二有了互坎（六二、九三、六四），坎為美脊馬，所以說「用拯馬壯」，吉祥。這或許是指文王之事，最後獲釋回到周朝地盤。

九三說：「明夷於南狩，得其大首，不可疾，貞。」意即：在昏暗中，去南方狩獵，獲得大首領，不可過於急切，要正固。九三陽爻居剛位，又在下卦離中，既有動力又心存光明，它與上六正應，中間沒有阻隔，可以直取上六這個大首。這裡說的可能是後來武王伐紂之事。

六四說：「入於左腹，獲明夷之心，於出門庭。」意即：進入到左腹部，得知昏暗者的心思，往外走出門庭。從小過卦變為本卦時，是初六與九四換位，形成現在的上卦坤，坤為腹，因此這個六四是入於左腹。所說或許是微子之事，他離開了商紂，明哲保身。

六五說：「箕子之明夷，利貞。」像箕子那樣處於昏暗中，適宜正固。六五在上卦坤中，而坤是壓制光明的大地。六五守中待時，身段柔軟，箕子身為紂的叔父，也只能在艱難中正固，使光明得以續存。後來《尚書・洪範》記載，周武王得天下之後，請教箕子治國之方。

上六說：「不明，晦。初登於天，後入於地。」意即：沒有任何光明，一片晦暗。起初升到天上，後來陷入地下。這裡說的應該是商紂，他的作為不配擔任國君，但仍居最高地位。他原本應該照耀四方邦國，現在反而成了黑暗之源，像個獨夫一般受人唾棄。

像明夷這樣的卦，卻沒有出現「凶」字。並且，除了六二有一「吉」字，其他各爻也不談「厲、吝、悔、咎」這些負面的占驗。這也許表示：人不能選擇形勢，在遇到明夷之時，只能修身以待光明重現。明末黃宗羲有一書，名為《明夷待訪錄》。

37 | 家人卦 ䷤

家人。利女貞。
象曰：風自火出，家人。君子以言有物而行有恆。
①時運：旺運當頭，言行小心。
②財運：囤積貨品，後有高價。
③家宅：小心火災；親上加親。
④身體：痰多氣喘，難以根治。

初九。閑有家，悔亡。
象曰：閑有家，志未變也。
①時運：好運初來，自我檢點。
②財運：初做生意，嚴守商規。
③家宅：有規有矩；清白之家。
④身體：有病就治，一拖難醫。

六二。无攸遂，在中饋。貞吉。
象曰：六二之吉，順以巽也。
①時運：因人成事，尚可如意。
②財運：販運糧食，可以獲利。
③家宅：婦人當家。
④身體：胃口尚好，可以無礙。

九三。家人嗃嗃，悔厲，吉；婦子嘻嘻，終吝。

象曰：家人嗃嗃，未失也；婦子嘻嘻，失家節也。

①時運：刻苦有成，逸樂則廢。

②財運：內外皆齊，尚可自保。

③家宅：家規嚴肅；兩性相從。

④身體：涼劑解厄。

六四。富家，大吉。

象曰：富家大吉，順在位也。

①時運：發財保家，正當好運。

②財運：利市三倍，其富可知。

③家宅：富豪之家。

④身體：過於肥胖，減之即瘥。

九五。王假有家，勿恤，吉。

象曰：王假有家，交相愛也。

①時運：人心感通，自然吉祥。

②財運：奉公營商，利潤可保。

③家宅：高門大宅；嫁入豪門。

④身體：肝火過旺，調養心氣。

上九。有孚威如，終吉。

象曰：威如之吉，反身之謂也。

①時運：萬物皆吉，好運將盡。

②財運：商道之正，有利有名。

③家宅：一鄉之望；兩性和睦。

④身體：運動健身。

解卦實例

實例：家人相處

一位朋友對從政很有興趣，總想找機會坐上領導的位置，發揮平生抱負。

最近恰好有升遷機會，他為此占了一卦，得到家人卦（風火家人，䷤，第三十七卦），變爻九三，爻辭是：「家人嗃嗃，悔厲，吉；婦子嘻嘻，終吝。」意即：家中有訓斥之聲，會帶來懊惱及危險，但還是吉祥；若是婦女孩子放肆嘻笑，最終會有困難。

整體而言，家人卦很好，六爻有五爻出現「吉」字。不過，有些吉是需要條件配合的，譬如九三所說，若是家中缺乏「訓斥之聲」，只是大家互相遷就開心過日子，恐怕最後的結果會有困難，譬如孩子的表現不如預期。

我對朋友說：「你想的是升官，卻占到家人卦，這表示暫時不會變動，不如先照顧好家人吧。若是升官，應該是『不家食』，不在家裡吃飯；或者是『得臣無家』，有了部屬而失去了家人。」

人生有得有失，家庭與事業如何兼顧，一直都是個難題。不同的人會有不同的考量，因此最好順勢而行。若是為了事業而忽略家庭，很可能得不償失。現在占得家人卦，就不必奢望太多。修身、齊家之後，再從政服務人群，不也是很好的規畫嗎？

家人卦的啟示

　　《易經》第三十七卦是家人卦，卦象為「風火家人」
（☲☴）。卦辭說：適宜女子正固。前面的明夷卦談的是從政
做官所受的傷害，現在「傷於外者必反於家」（〈雜卦〉），
所以要回歸家庭，尋求安定。

　　在古代男主外、女主內的觀念下，女子是家庭的主要角
色，所以說「利女貞」。程頤說：「夫夫婦婦而家道正，獨云
利女貞者，夫正者身正也，女正者家正也，女正則男正可知
矣。」這種觀點在今日看來，未必有效。

　　〈彖傳〉說得比較周全：「女正位乎內，男正位乎外。男
女正，天地之大義也。家人有嚴君焉，父母之謂也。父父，子
子，兄兄，弟弟，夫夫，婦婦而家道正，正家而天下定矣。」
每一個人就自己的家庭角色，做到「名分」所規定者，自然天
下太平。至於「嚴君」，則並稱父母，由此可見二人必須同心
協力。

　　〈大象傳〉說：「風自火出，家人。」君子由此領悟：說
話要有根據，行動要有常法，火是內在有熱有光，再向外發
散；風則是助火向外延燒的利器。這等於是把一家之道推及天
下。

　　《論語·為政》提及，有人問孔子為何不參與政治？孔子
說「《書》云『孝乎惟孝，友於兄弟，施於有政。』是亦為
政，奚其為為政？」意即：《書經》上說：「最重要的是孝順
父母，友愛兄弟，再推廣到政治上去。」這就是參與政治了，
不然，如何才算參與政治呢？

初九說：「閑有家，悔亡。」家中做好防範措施，懊惱消失。初九陽爻居剛位，勇於任事；又有六四正應，可以治家。「悔」字最容易在講究情感的家人之間出現，所以必須即早做防範。

六二說：「无攸遂，在中饋。貞吉。」意即：不可隨心所欲，要主持家庭中的飲食。正固吉祥。六二在內卦，居中守正，代表妻子。它在離卦，為火；又在互坎（六二、九三、六四），為水。水在火上，為料理飲食之象。六二上應九五，而九五在上卦巽中，使六二既柔順又隨順。如此自然吉祥。

九三說：「家人嗃嗃，悔厲，吉；婦子嘻嘻，終吝。」意思是：家中有訓斥之聲，會帶來懊惱及危險，但還是吉祥；若是婦女孩子放肆嘻笑，最終會有困難。這裡談的是家庭教育。教育總是「愛之深，責之切」，或者「恨鐵不成鋼」，造成家人之間（尤其親子之間）的緊張關係，所以有悔有厲，但終究吉祥。

九三以陽爻居剛位，治家易嚴不易寬。它在下卦離中，離為目，又在互坎中，坎為水，目中之水為淚。這可以說是家人受到訓斥而啼哭，也可能是九三訓斥家人而自己落淚。能夠真情相待，家人相處自然和睦。若是任其自由發展，大家整天嘻嘻哈哈，不談應有的修身之法，則最終難免遭遇困難。

下卦三爻皆言家內之事。到了上卦，則顯示正面的效應。六四說：「富家，大吉。」使家庭富裕，非常吉祥。這是「家和萬事興」的寫照。六四本身位正，下有初九正應，上有九五可承。上卦巽又是近利市三倍，焉能不富？

九五說：「王假有家，勿恤，吉。」「假」為格，來到之

意。君王來到家中，不必憂愁，吉祥。九五為君位，在家人卦，則是「王假有家」。九五已脫離底下的互坎，坎為加憂，所以說「勿恤」。這是由修身、齊家，可以推廣到治國平天下了。〈小象傳〉說：「交相愛也。」大家互相親愛，從一家人，走向天下一家的願景。

上九說：「有孚威如，終吉。」有誠信而有威嚴的樣子，最終吉祥。家人相處，不能只靠恩情，還須有誠信。身為長輩，不能只靠名分來表現威嚴，這須做到〈小象傳〉所謂的「反身」，就是約束自己，從自己開始修養。如此才有可能「終吉」。一卦而有四吉，並且無一「凶」字，可見這是值得珍惜的卦。

38 | 睽卦 ☲☱

睽。小事吉。
象曰：上火下澤，睽。君子以同而異。
①時運：上下不通，以正處之。
②財運：人棄我取，尚有小利。
③家宅：遷避為宜；擇而娶之。
④身體：上火下濕，實在難治。

初九。悔亡，喪馬勿逐，自復。見惡人，无咎。
象曰：見惡人，以辟咎也。
①時運：好運初至，順其自然。
②財運：不必多慮，後必大亨。
③家宅：平順无咎；耐心等待。
④身體：沒有大礙。

九二。遇主於巷，无咎。
象曰：遇主於巷，未失道也。
①時運：風雲際會，勇往直前。
②財運：遇到財主，共同經營。
③家宅：貴人來訪；小心私情。
④身體：得遇良醫。

六三。見輿曳，其牛掣。其人天且劓，无初有終。

象曰：見輿曳，位不當也；无初有終，遇剛也。

①時運：恐有刑傷，苦撐三年。

②財運：人和不易，無利可圖。

③家宅：朝西為宜；先疑後釋。

④身體：面上有瘡，久後自癒。

九四。睽孤，遇元夫。交孚，厲无咎。

象曰：交孚无咎，志行也。

①時運：孤僻個性，朋友相助。

②財運：進退兩難，舊友幫忙。

③家宅：四周荒涼。

④身體：目疾求醫。

六五。悔亡，厥宗噬膚，往何咎？

象曰：厥宗噬膚，往有慶也。

①時運：同宗相助，可以放心。

②財運：須防合夥，自己端正。

③家宅：舊屋可居；親上加親。

④身體：皮膚毛病，不難治好。

上九。睽孤，見豕負塗，載鬼一車。先張之弧，後說之弧。匪寇婚媾，往遇雨則吉。

象曰：遇雨之吉，群疑亡也。

①時運：運轉之時，正心誠意。

②財運：秋雨之後，方可獲利。

③家宅：防有作祟；婚姻終和。

④身體：因疑成病，解疑無礙。

解卦實例

實例 1：不宜貪多

一位親戚近年開拓能源企業，在二○○七年石油價格飆升到每桶一百五十美元時，他著實賺了一筆錢。有錢就有膽量，他計劃在美國買下一家能源公司，並且預估獲利可達十數倍。

他知道我教《易經》，有一次聚會時就要我教他占一卦，想問這項投資的前景如何？他占得睽卦（火澤睽，☲，第三十八卦），六爻皆不變，所以要參考卦辭：「睽，小事吉。」意即：對小事吉祥。

我說：「這項投資遠在美國，與你睽隔太遠，上下之氣不通，未必可以像你所想的這麼樂觀。並且卦辭說『小事吉』，表示以賺錢來說，只有小利而不可能有什麼暴利可圖。」

他說：「現在能源最夯，一片榮景，怎麼可能像你所說的那樣？」他還問我有沒有興趣投資一點錢。我說：「目前手邊沒有餘錢，只好心領了。」

一年之後發生金融危機，石油價格暴跌，能源股也在低空盤旋。當時在飯桌上用新買的五十根筷子充當籌策的景象還在眼前，而形式已大不如前了。這不是「小事吉」嗎？《易經》是探討變化的書，神妙莫測的變化讓人嘆服。

實例 2：形象感人

我在三亞為一家電信公司的客戶演講《易經》，照例在最後談到占卦。由於時間有限，只能以數字卦為例說明。

一位學員說要占問姊姊的健康問題。他占得睽卦，變爻六

三，爻辭是：「見輿曳，其牛掣。其人天且劓，无初有終。」
意即：看到車子往前拉，後面卻有牛拖住。這人頭髮剃光，鼻
子割去，沒有好的開始，但有好的結果。

「睽」字代表分隔，占問健康就表示此人病象不輕，已與
家人分隔。這位學員說他姊姊患了癌症，正在考慮做化療。

做化療之後，頭髮會掉，並且常需戴口罩以避免感染。所
謂「天」與「劓」，都是古代的刑罰，天是剃光頭，使頭直接
對著天，劓則是割鼻子。做化療之後的形象不正是如此嗎？這
位同學聽了直說不可思議。但是，後續發展如何呢？

我說：「无初有終，表示開始的狀況不理想，但最後結果
卻不錯。所謂『有終』，是指好的結果而言，不必太擔心。」

我當初讀到這段爻辭，不太理解現代人跟其中所描述的情
況如何連得起來，直到這位學員占問之後，我才恍然覺悟，原
來《易經》的奇妙不受時空限制，只看我們有無慧心而已。

睽卦的啟示

《易經》第三十八卦是睽卦，卦象為「火澤睽」（☲☱）。
家人卦的覆卦，即是睽卦，代表睽別或乖離。人生聚散分合，
乃是事理之常，即使親如家人亦不例外。

火是離卦，為中女；澤為兌卦，為少女。所以〈彖傳〉
說：「二女同居，其志不同行。」兩個女兒各有心意，因為將
會嫁給不同的人。在這種時候，卦辭就說：「小事吉。」對小
事吉祥，不可圖謀大事。

睽別一定不好嗎？〈彖傳〉說：「天地睽而其事同也，男

女睽而其志通也，萬物睽而其事類也。睽之時用大矣哉。」天與地分隔，但是化育的工作相同；男與女有別，但是愛慕的心意相通；萬物各有領域，但是進行的活動相似。睽卦配合時勢的運用方式太偉大了。

〈大象傳〉說：君子由「上火下澤」，領悟：要求同而存異。以體用而論，有時是「體異而用同」，如前面所說的天地、男女、萬物；有時是「體同而用異」，肯定合作而尊重差異。兼顧兩者，則明白變化之理。

初九說：「悔亡，喪馬勿逐，自復。見惡人，无咎。」懊惱消失，丟失的馬匹不必追尋，自己會回來。見到惡人，沒有災難。初九一進入睽卦，發現同處下卦的九二與六三皆有正應，不免有悔。但是在睽卦中沒有正應，實不必懊惱。

睽卦由中孚卦（☲☱）變來，初九原與六四正應，但是六四與九五換位形成睽卦之後，原先六四的互震消失，震為善鳴馬；現在出現的是互坎（六三、九四、六五），坎為美脊馬。這不是失而復得嗎？至於「惡人」，則指九四，因為它在互坎中，坎為盜。但是這個惡人不會傷害初九。

九二說：「遇主於巷，无咎。」在巷子中遇見主人，沒有災難。九二與六五正應，二者雖在中位，但皆不正，因此只能局限於小巷相遇。對九二而言，六五為主。

六三說：「見輿曳，其牛掣。其人天且劓，无初有終。」看到車往前拉，牛卻往後拖。車夫受過斷髮割鼻的刑罰，起初不好而最後有結果。六三陰爻居剛位，又有上下兩個陽爻擋住去路，以致進退不得。它在互坎（六三、九四、六五），坎為曳馬，為多眚輿，表示馬拉著一輛遇難的車；它又在互離（九

二、六三、九四），離為牛，表示牛在後拖著。而車夫的情況，則六三在原本的中孚卦，有互艮，往上看到互巽；現在一變兩失，艮為鼻而巽為寡髮人，現在皆消失不見，有如受天刑（去髮）與劓刑（割鼻）。它的「有終」來自與上九正應。

九四說：「睽孤，遇元夫。交孚，厲无咎。」意即：乖離而孤獨，遇到有為之士。互相信任，有危險但沒有災難。九四陽爻居柔位，有不安之象；處於下澤與上離之間，又受上下兩陰爻所困，是為「睽孤」。它與初九無應，但符合卦意，視之為「元夫」（元有初意），尚可无咎。

六五說：「悔亡，厥宗噬膚，往何咎？」懊惱消失，他的宗人在吃肉，前往有什麼災難？在中孚卦，六四有互艮，艮為膚（帶皮的肉）；變為睽卦，成為六五，而九四為其宗人，等於一口咬進肉裡。這種換位前往，自無問題。

上九說：「睽孤，見豕負塗，載鬼一車。先張之弧，後說之弧。匪寇婚媾，往遇雨則吉。」意思是：乖離而孤獨，見到豬背上都是泥，載了一車的鬼。先張開弓，後來放下弓。不是強盜而是要來婚配的，前往遇到下雨就吉祥。

這麼長的爻辭並不多見。上九在睽卦終位，乖離孤獨之極，犯了疑心病。它在上卦離中，離為目，看見它與下卦之間，橫著一個互坎（六三、九四、六五），坎為豕，為溝瀆，合之則為「如豕負塗」。其次，坎為水，為正北方之卦，萬物之所歸，而人之所歸為鬼；坎又是多眚輿，所以說「載鬼一車」。同時，坎為盜，為弓輪，但它與六三正應，使下卦兌（兌為澤）上升成為互坎，為雨，所以「遇雨則吉」，可以誤會冰釋，終於擺脫了睽卦的困境。

39 | 蹇卦 ☰

蹇。利西南，不利東北。利見大人，貞吉。
象曰：山上有水，蹇。君子以反身修德。
①時運：處於艱困，更加奮勉。
②財運：財不流通，難以得利。
③家宅：防水沖損；婚姻有悔。
④身體：足部有疾，小心保養。

初六。往蹇來譽。
象曰：往蹇來譽，宜待也。
①時運：暫時退守，以待好運。
②財運：不可冒險，守本為宜。
③家宅：遷居不利；婚姻宜待。
④身體：有病初起，退而自養。

六二。王臣蹇蹇，匪躬之故。
象曰：王臣蹇蹇，終无尤也。
①時運：勞碌不已，避開險難。
②財運：中途受阻，人財兩失。
③家宅：方向不利；夫恐有難。
④身體：過勞之厄。

九三。往蹇來反。

象曰：往蹇來反，內喜之也。

①時運：前進不易，且先退守。

②財運：貨物不暢，轉銷內地。

③家宅：團聚之喜；重逢有緣。

④身體：多加保養。

六四。往蹇來連。

象曰：往蹇來連，當位實也。

①時運：同心協力，可以過關。

②財運：客人皆來，當然有利。

③家宅：比鄰而居；親上加親。

④身體：久病纏身，一時難癒。

九五。大蹇，朋來。

象曰：大蹇朋來，以中節也。

①時運：轉危為安，另圖發展。

②財運：貨物太多，不易脫手。

③家宅：不宜居家。

④身體：眾醫會診，才可治好。

上六。往蹇來碩，吉。利見大人。

象曰：往蹇來碩，志在內也；利見大人，以從貴也。

①時運：大運將至，名利皆實。

②財運：貨價高漲，保本獲利。

③家宅：貴人相助；婚姻主貴。

④身體：良醫出手。

解卦實例

實例 1：為誰辛苦

我在南昌講過一次《易經》。課程結束後免不了要占卦。當時坐在前排的一位年輕人，看來像是高中生，旁邊坐著他的母親。

他首先舉手。我請他提出三組三位數，算出來是「蹇卦」（水山蹇），卦象為☵☶，是第三十九卦。變爻六二，爻辭說：「王臣蹇蹇，匪躬之故。」意即：「君王的臣子遇到重重險難，但不是為了自己的緣故。」

我請年輕人說出他的問題，他說是有關求學之事。我依爻辭告訴他兩點：一，你求學之路走得非常辛苦；二，你求學不是為了自己。

話才說完，坐在他旁邊的媽媽拿出手絹擦眼淚。原來是父母賺了錢，就把念高中的孩子送到美國去念書，但兒子英文不好，在美國念了一年苦不堪言，天天想回家。他又不敢違逆父母之命。怎麼辦呢？

《易經》占卦只能「揭示」真相，讓你不要自欺欺人。接著該如何抉擇？那就全在自己了。母子淚眼相望的畫面，使我心惻然。

實例 2：保養足部

我在二〇〇八年下半年獲得臺大休假半年的機會，特地前往北京舉辦一系列的國學演講。由於時間長達兩個多月，我在臨行前占了一卦，得到蹇卦。

這個卦顧名思義，就知道很辛苦，我聯想到蘇東坡的一句詩：「往日崎嶇還記否？路長人困蹇驢嘶！」現在迎在前面的蹇卦，提醒我未來這幾個月要謹慎小心。以本卦的組合來說，山代表阻止，水代表坎陷，怎能不讓人憂慮？不過，知道有困難，就可以預先防範。

蹇卦六爻無一為凶。我的變爻是九三，爻辭說：「往蹇來反。」意即：前往有險難，又返回來。〈小象傳〉補充說明加上一句，「內喜之也」，是因為家內的人喜歡他。我此番工作結束回臺灣之後，臺灣的學生都更加珍惜我上課的機緣了。

我看到「蹇」字底下有個「足」字，心中想到要好好保養足部，於是在北京期間，大約每隔一日就與朋友前去做足浴，這算是我這種疏於運動的人的祕方了。效果如何？只能說是很好，讓我心懷感恩。學易的幫助之一就是多了一個寶貴意見，為人處事會更加用心。

蹇卦的啟示

《易經》第三十九卦是蹇卦，卦象為「水山蹇」（☵☶）。水有「險」意，山有「止」意，合之則為艱難險阻。卦辭說：西南方有利，東北方不利，適宜見到大人，正固吉祥。在後天八卦中，西南方代表和順，東北方代表險阻，亦即要低調行事，等待困難的形勢早些過去。

蹇卦雖被視為四大難卦之一，但是六爻沒有「凶、咎、厲、吝、悔」這些負面的警告，而只是描述面對逆境時的因應方法。到了上六，蹇卦行將結束，居然還有個「吉」。這一點

提醒我們不必害怕考驗，而須採取合宜態度。

〈大象傳〉說：君子由此領悟要「反身修德」，反省自己，修養德行。君子遇到困難，一定先省察自己，看看困境是否自己造成的。

孟子說：「行有不得者，皆反求諸己，其身正而天下歸之。」（《孟子·離婁上》）他又說：「仁者如射，射者正己而後發，發而不中，不怨勝己者，反求諸己而已矣。」（《孟子·公孫丑上》）這代表儒家的基本立場，就是「反身修德」，至於外在的阻礙，則不妨視之為砥礪自我的契機。

初六說：「往蹇來譽。」前往有險難，回來有稱譽。初六剛剛進入蹇卦，上無正應，往前一看是個互坎（六二、九三、六四），坎為險，所以說是「往蹇」。「來譽」是指退保其位，等待時機。這是值得稱讚的態度。

六二說：「王臣蹇蹇，匪躬之故。」君王的臣子遇到重重險難，但不是為了自己的緣故。六二與九五正應，是個王臣。它本身進入互坎，上卦又是坎，面對兩坎，可說是「蹇蹇」。如此任勞任怨，但不是為了自己，而是盡忠職守，所以不會招來責怪。居中守正的六二，理當沒有問題。

九三說：「往蹇來反。」前往有險難，又返回來。這是見險而知止。外坎內艮，外險內止，所以它要返回來。〈小象傳〉說：「往蹇來反，內喜之也。」它之所以回來，是因為家內的人喜歡它。九三底下是初六與六二，有如它的家人。

值得注意的是，九三陽爻居剛位，充滿動力，並且有上六正應，原本可以往前走；但是它進入互離（九三、六四、九五），有自知之明，知道在蹇卦中不宜貿然前進，所以寧可退

而與家人團聚。

六四說：「往蹇來連。」意即：前往有險難，回來有連結。六四陰爻居柔位，是「當位」，它在上卦坎中，不易前進，若是退回來，則有九三可依靠做為後盾，感覺較為踏實。

九五說：「大蹇，朋來。」在大的險難中，朋友來到。九五居君位，所面對的是大蹇。它有六二正應，又有六四奉承，可以得到呼應與支持。「朋」在此指它的臣下。下卦為艮，艮為堅多節之木，所以〈小象傳〉會指出九五「以中節也」，因為居中而有節度，所以得到臣下與百姓支持。

上六說：「往蹇來碩，吉。利見大人。」意即：前往有險難，回來有豐收，吉祥。適宜見到大人。上六有九三正應，九三在下卦艮中，艮為果蓏；對上六而言；有如得到碩果而豐收，自然吉祥。它所利見的大人，是指九五。這是面對險難時往回走的一大收穫。

兩點之間最短的距離是直線，這是數學常識；用在人生卻未必如此。有時停下腳步，有時往回走幾步，有時繞個圈子，反而使自己抵達理想的境地。本卦有四爻提及「往蹇」，而回來時都有好的結果。六二與九五代表全卦骨幹，處於蹇卦中，沒有往或來的考慮，只有埋頭苦幹，結果也都能讓人滿意。

許多人學習《易經》，都希望可以趨吉避凶，但是正確的觀念是：不要執著於吉凶的客觀標準。而要認真調節自己的心態，把握時勢與位置，注意變化的趨勢。像蹇卦這樣的處境，似乎符合孔子所謂的處世原則：「臨事而懼，好謀而成。」（《論語·述而》）

40 | 解卦 ䷧

解。利西南。无所往，其來復吉。有攸往，夙吉。
象曰：雷雨作，解。君子以赦過宥罪。
①時運：災難已解，聲名大起。
②財運：天時地利，人和為貴。
③家宅：祈禱解厄；婚姻吉祥。
④身體：藥到病除。

初六。无咎。
象曰：剛柔之際，義无咎也。
①時運：困難初解，不可妄動。
②財運：沒有損失，即是幸事。
③家宅：平安度日。
④身體：一切無恙。

九二。田獲三狐，得黃矢，貞吉。
象曰：九二貞吉，得中道也。
①時運：避邪歸正，功名有望。
②財運：努力經營，可得厚利。
③家宅：防範作祟；得到正室。
④身體：防有邪念邪病。

六三。負且乘，致寇至，貞吝。

象曰：負且乘，亦可醜也；自我致戎，又誰咎也？

①時運：素行不端，自取其辱。

②財運：小心防盜，以免損失。

③家宅：竊盜難防；富而不仁。

④身體：亂服成藥，自找麻煩。

九四。解而拇，朋至斯孚。

象曰：解而拇，未當位也。

①時運：因人成事，才有機會。

②財運：獲利不多，朋友交心。

③家宅：不易安居；有力媒人。

④身體：慢跑健身。

六五。君子維有解，吉，有孚於小人。

象曰：君子有解，小人退也。

①時運：正運亨通，君子有利。

②財運：自然作去，就有利潤。

③家宅：福宅可居；婚姻吉祥。

④身體：恢復正氣。

上六。公用射隼于高墉之上，獲之无不利。

象曰：公用射隼，以解悖也。

①時運：運途順利，須防小寇。

②財運：謹慎防範，有利無損。

③家宅：防備竊盜。

④身體：戶外運動。

解卦實例

實例 1：不去也罷

　　二〇〇八年十月中旬，我接到一通電話，說他們正在為香港某大學物色一位中國文化方面的講師。原來香港大學徵聘師資是經過某種學術人力仲介機構，這對我倒是一件新鮮事。

　　他們所給的待遇是臺大教授薪水的五倍，但是這個講座必須兼任研究所長，並且每次離開香港都須正式請假。我認真考慮之後，不易下定決心。我為此占了一卦，得到解卦（雷水解，䷧，第四十卦），變爻上六，爻辭是：「公用射隼於高墉之上，獲之无不利。」意即：王公去射高牆上的�鷹，擒獲牠就無所不利。

　　看來競爭這個職位的不只一人，我如果全力以赴，應該很有希望。但是想到自己年紀老大了，還要搬家換工作，學著講廣東話，重新建立人際關係，豈不是太辛苦了？

　　於是我再占一卦，問「去了之後怎麼樣？」得到泰卦（地天泰，䷊，第十一卦），表示亨通之意；但是六爻不變，也表示將來一路發展不會再有什麼大的變化。我雖然喜歡學術工作，但與學術界的人格格不入，我真的適合去香港教書嗎？

　　後來該大學的院長在電話中徵詢我的意向時，我表示自己仍有許多考慮，一時不便答應。由此可見，占卦值得參考，但人生還是要自己負責抉擇的。

實例 2：迎刃而解

　　一位朋友在國中擔任教務主任。由於這所國中才創立三

年，許多老師是新聘的，並且第二任校長也才走馬上任，校內許多事務未上軌道。要怎麼面對這樣的挑戰呢？

首先要占問的是：國三學生升學輔導。占得解卦，變爻九四，爻辭是「解而拇，朋至斯孚。」意即：解開你的腳拇趾，朋友來到才會有誠信。

九四與初六正應，初六位置卑下，有如腳拇趾。這種正應關係，在解卦中正好可以化解開來。意思是：不要為了校內瑣碎的小事，而要把握九四上卦為震卦的特色，亦即繼續向前行進。

至於「朋至斯孚」，則表示要以誠信得到校內同事的支持，並且他們身為老師，只要激發出教育熱忱，一定會同心協力化解各種阻礙，勝過任何挑戰的。

聽了我的解釋之後，朋友說：他想到所謂的腳拇趾應該是指校外的補習班，他們為了自身的利益，當然希望學校不要進行升學輔導。於是放話：學校不應另外收費來讓學生上這種輔導課。

由此可見，最適合解卦的人是占問者自己，因為他明白所有相關的處境，更容易準確聯想並找到答案。

實例 3：解除婚約

我在一家外商公司演講《易經》。講完之後，負責安排這項活動的女主管拜託我為她占卦。我請助理教她用籌策占問。她不肯先說問題，就直接進行占卦程序了。

占完之後，她拜託助理離開，以便單獨請教我的意見。她占得解卦，變爻九四，爻辭是：「解而拇，朋至斯孚。」這與

上一次在國中擔任主任的朋友所占得的完全一樣，但是由於問題不同，在解卦時也就頗有差異了。

我請她說明問題，她說要問離婚之事。我說：「你現在解開了腳拇趾，這表示你先生的成就遠不如你，所以你把他當成一個束縛。既然占到解卦，可知此事將會得到解決。由九四的位置看來，每一爻可以代表一個月，所以大約還需要三個月。其次，『朋至斯孚』一語表示你已經結交了值得信賴的朋友，正在等著你呢！」

她聽我說完，笑而不語，後來由別的朋友轉述，知道她已經離婚另嫁了。依時間推算，占卦是九月，她在年底辦成了這事，期間正好三個月。

《易經》占卦將會展現隱微之事，這時與其訴諸情緒反應，不如多做客觀理解。

實例 4：解決問題

一位朋友的親戚正在為融資煩惱，不知自己的貸款能否順利。這位朋友受他之託，代占一卦，得到解卦，變爻六五，爻辭是：「君子維有解，吉，有孚於小人。」意即：君子來紓解，吉祥。對小人有誠信。

這句爻辭的意思，一方面是說「君子」的難題可以解決，這時你要自問所作所為是否合乎「君子」的要求，是否合法合理。其次，則是提到「有孚於小人」，這表示要解決這個困難，必須注意那些「地位較低，但有操作權力」的人。

換言之，你做的是正當生意，銀行的上層依法會同意你的貸款，但是底下的承辦人員呢？你是否也該向他們表示一點

「誠信」？這未必是指非法的手段，而可能是指某種尊重的態度。謙虛納百福，加上誠意尊重，就會像本爻〈小象傳〉所說的「小人退也」。

當然，扣緊爻辭來說，也可以肯定這件融資案會有「君子」來幫忙解決。快則二月，慢則三月。後來朋友相告，果然是由銀行一位高層出面，使問題順利化解，時間則是在占卦的兩個月之後。

解卦的啟示

《易經》第四十卦是解卦，卦象為「雷水解」（☳☵）。在蹇卦之後，是化解險難的解卦。卦辭說：「利西南。无所往，其來復吉。有攸往，夙吉。」意即：西南方有利，無所前往，那麼返回來就吉祥；有所前往，早些行動吉祥。這句話中假設了兩種情況：在大難緩解時，或者固守陣地，休養生息；或者立即行動，徹底解決問題。此時所謂「利西南」，表示同樣要順「時」而行。

〈彖傳〉說：「天地解而雷雨作，雷雨作而百果草木皆甲坼。解之時大矣哉。」意思是：天地之氣化解開來，雷雨就會興起，雷雨興起則百果草木都破殼而出。解卦的時勢太偉大了。解卦是從小過卦（☶☳）變來，原本是天（六五、上六）與地（初六、六二）之間，隔了兩個陽爻，使得天地二氣無法交流。解卦下坎上震，震為雷，坎為水為雨，雷雨大作使萬物復甦。

〈大象傳〉說：君子由此領悟要赦免過錯，寬貸罪犯。讓

犯罪之人有再生的機會。

初六說：「无咎。」初六有九二可以上承，又有九四正應，所以在剛柔相接時，沒有災難，它陰爻居剛位，但不至於魯莽行事。

九二說：「田獲三狐，得黃矢，貞吉。」意即：打獵抓到三隻狐狸，獲得黃色箭頭，正固吉祥。九二在地的位置，為田獵。它本身在坎卦，往上也看到互坎（六三、九四、六五），坎為狐（可以參考未濟卦的卦辭），其中三個陰爻（初六、六三、六五）是為三狐。九二在坎卦，坎為弓輪；又在互離（九二、六三、九四），離為戈兵；合之則為「矢」。九二在中位，其色為「黃」。所以有「得黃矢」之象。至於六五正應，對九二更是「貞吉」之源。

六三說：「負且乘，致寇至，貞吝。」意即：背著東西坐在車上，招來了強盜，正固有困難。六三原是小過卦的六二與九三換位而來，在小過卦有下卦艮，艮為背為負；變為解卦，則六三在下卦坎，坎為多眚輿，所以說它「負且乘」。坎又為盜，就是「致寇至」。六三陰爻居剛位，又與上六不應，這時還要負且乘，招來強盜能怪別人嗎？

〈繫辭上傳〉引申孔子的話，說寫《易經》的人懂得強盜的心理。理由是：「負也者，小人之事也。乘也者，君子之器也。小人而乘君子之器，盜思奪之矣。上慢下暴，盜思伐之矣。慢藏誨盜，冶容誨淫。」意思是：背負東西，是小人的工作；車子是君子代步的工具。小人卻坐在君子代步的工具上，強盜就會想要搶奪他。居上位的傲慢，在下位的粗暴，強盜就會想要攻擊他。不藏好珍貴之物，是教唆別人來搶奪；打扮得

過於妖豔，是教唆別人來調戲。

由此可知，解卦可能讓人疏忽大意，結果反而陷入更麻煩的處境。

九四說：「解而拇，朋至斯孚。」解開你的腳拇趾，朋友來到才會有誠信。九四到了上卦震，可以採取行動，但是它與初六正應，有如腳拇趾受到束縛，現在可以解開了，然後與上卦的同伴一起前進。

六五說：「君子維有解，吉，有孚於小人。」意即：君子來紓解，吉祥，對小人有誠信。君子指本卦兩個陽爻，九二與六五正應，九四又為六五所乘。這時對六五而言，不妨大家一起向前走。

上六說：「公用射隼於高墉之上，獲之无不利。」意思是：王公去射高牆上的鷙鷹，擒獲牠就無所不利。上六居解卦終位，此時若有未化解者，必是凶猛小人（隼為猛禽），並且盤旋於高位。上六位尊而非君，所以稱「公」。〈繫辭下傳〉談及此爻，強調君子要培養自己的能力，到「動而不括」（行動時無所約束）的程度，然後再「待時而動」，在關鍵時刻出手解決問題。由此看來，解卦本身也須步步為營，隨時化解困難。

41 | 損卦 ䷨

損。有孚，元吉，无咎，可貞。利有攸往。曷之用？二簋可用享。

象曰：山下有澤，損。君子以懲忿窒欲。

①時運：心平氣和，才有發展。

②財運：和氣生財，損己利人。

③家宅：地勢宜平；夫婦得正。

④身體：修身養性。

初九。已事遄往，无咎。酌損之。

象曰：已事遄往，尚合志也。

①時運：加緊努力，或仍有望。

②財運：判斷準確，自有利益。

③家宅：早些遷移；即日迎娶。

④身體：立即運動。

九二。利貞，征凶。弗損，益之。

象曰：九二利貞，中以為志也。

①時運：中庸處世，自有好運。

②財運：貨物合宜，應可獲利。

③家宅：守之則吉；門當戶對。

④身體：平常狀態。

六三。三人行則損一人；一人行則得其友。

象曰：一人行，三則疑也。

①時運：雙月有利，不可貪多。

②財運：一人獨資，不會損失。

③家宅：一家二丁；得偶為吉。

④身體：寡欲修身。

六四。損其疾，使遄有喜，无咎。

象曰：損其疾，亦可喜也。

①時運：小災之後，轉憂為喜。

②財運：減少貨物，信之有利。

③家宅：陰氣過盛，祈禱可安；婚姻可喜。

④身體：立即就醫，否則堪慮。

六五。或益之十朋之龜，弗克違。元吉。

象曰：六五元吉，自上佑也。

①時運：運勢大好，意外之助。

②財運：利潤自來，不必推辭。

③家宅：家業興隆；天作之合。

④身體：病癒得財。

上九。弗損，益之，无咎。貞吉。利有攸往，得臣无家。

象曰：弗損益之，大得志也。

①時運：一帆風順，所圖可成。

②財運：物價平平，獲利不少。

③家宅：不必改造。

④身體：出外求醫。

解卦實例

實例：得臣無家

一位朋友在學校教書，後來因為表現管理方面的長才而被延攬去大學的附設醫院擔任副主管。他有些猶豫，不知道該不該接受。

他以籌策占得損卦（山澤損，䷨，第四十一卦），變爻上九，爻辭說：「弗損，益之，无咎。貞吉。利有攸往，得臣无家。」意即：不是減損，而要增益，沒有災難。正固吉祥。適宜有所前往，得到臣民而沒有自己的家。

損卦之名，聽起來讓人擔心，以為將會蒙受損失，其實不然，因為它所說的是「損己利人」。因此，損卦在卦辭中就有「元吉」一詞，表示最為吉祥。

現在朋友占到上九，所問的是換工作的事。一看「得臣無家」一語，就知道他將會取得官位，成為管理階層，但是如此一來，也將十分忙碌，恐怕與家人相聚的時間很少了。這種情況正是今日許多人所考慮的：家庭與事業如何兼顧？按爻辭所說，上面有「无咎。貞吉。利有攸往」，就表示沒有問題，放心去為大眾服務吧！

人在中年時，成為社會的棟樑，也是實現人生理想的重要階段，如果這時裹足不前，或者事事以家庭為重，恐怕將來也會感到遺憾。這中間取捨確實讓人費心。人各有志，這位朋友決定接受新挑戰，同時因為看到「得臣無家」一語，也加強了自己與家人的互動。

損卦的啟示

　　《易經》第四十一卦是損卦，卦象為「山澤損」（☶☱）。卦辭說：「損。有孚，元吉，无咎，可貞。利有攸往。曷之用？二簋可用享。」意思是：損卦，有誠信，最為吉祥，沒有災難，可以正固。適宜有所前往。要使用什麼？二簋就可以用來獻祭。

　　在卦辭中出現「元吉」的，只有兩卦：損卦與鼎卦。在「山澤損」的架構中，是損下益上的；在人我關係中，則是損己利人的。能做到損己利人，自然「元吉」。此時誠信最重要，不可另存什麼目的，所以要用「二簋」做為簡單的祭品。心中真誠而供品簡單，鬼神也會欣然接受。「簋」是外圓內方的祭器，用以盛放黍稷稻粱。

　　由「損下益上」一語看來，損卦是從泰卦（☰☷）變來的，泰卦的初九成為損卦的上九，向下調整而成。山下有澤，山澤通氣；澤對山的幫助更大。最美的山不是沼澤中的倒影嗎？〈大象傳〉指出，君子由此領悟，要「懲忿窒欲」，戒惕憤怒，杜絕嗜欲。在人身上，忿是易發而難制，欲則是易熾而難絕的。能修養這兩點，不是易於損己利人嗎？《老子》五十九章說：「治人事天莫若嗇。」「嗇」是省約，也即是減損自己的欲望，如此可以行事通達。

　　初九說：「已事遄往，无咎。酌損之。」意即：辦成了事就趕快前往，沒有災難，要酌量減損。在損卦中，每一爻都要考量自己要如何減損。初九所謂的「已事」，是指由泰卦變為損卦。既已成卦，就只須「酌損」。初九與六四正應，心意相

合，可以前去幫助。

九二說：「利貞，征凶。弗損，益之。」本卦有二爻說「弗損」，亦即九二與上九，它們都與六五主爻有關。這時穩住大局最重要，所以說：適宜正固，前進有凶禍，不要減損就有增益。

六三說：「三人行則損一人，一人行則得其友。」在原本的泰卦中，三陽爻與三陰爻分別處於下卦與上卦；現在變為損卦，使上九有六四、六五為友，六三也有初九、九二為友。並且，六爻皆有正應。

〈繫辭下傳〉說：「天地氤氳，萬物化醇。男女構精，萬物化生。《易》曰：『三人行則損一人，一人行則得其友』言致一也。」意思是：天地的陰陽二氣親密流通，萬物得以變化而豐富。雄性與雌性精血交合，萬物得以變化而產生。然後是這句引文，結語則是：說的就是陰陽要合而為一。因此，損卦對上下二卦皆為有利，合乎《易經》陰陽交流的原則。

六四說：「損其疾，使遄有喜，无咎。」減損他的疾病，讓他趕快有喜慶，沒有災難。六四在互震（九二、六三、六四）中，震為決躁，為猶疑不定之疾。在損下益上的格局中，初九可以援助。初九的「遄往」，對六四則是「使遄有喜」。助人要把握時機，一拖延就使美意打了折扣。

六五說：「或益之十朋之龜，弗克違。元吉。」意即：有人增益他價值十朋的龜，不能拒絕，最為吉祥。古人以貝為貨幣，一串五貝，兩串為朋。六五下有九二正應，上有上九可承；從九二到上九形成一個放大的離卦，離為龜。六五又在互坤中，坤為地，其數為十；而坤也形同兩串貝，有如朋。合之

則是「十朋之龜」，元吉。

上九說：「弗損，益之，无咎。貞吉。利有攸往，得臣无家。」意即：不是減損，而要增益，沒有災難。正固吉祥。適宜有所前往，得到臣民而沒有自己的家。上九在艮卦中，艮為止，所以要弗損。它來到上卦，正是為了益之。它下臨互坤，坤為臣民；但它為此離開原來泰卦的下卦乾，等於離開都是陽爻的家。這就是「得臣无家」。

損卦不僅卦辭出現「元吉」，六五也有「元吉」。這是六十四卦中所僅見的。何以如此？祕訣只是「損己利人」而已。這一點又談何容易！

42 | 益卦 ䷩

益。利有攸往，利涉大川。
象曰：風雷，益。君子以見善則遷，有過則改。
①時運：得意之時，改舊換新。
②財運：貿易要快，才有利益。
③家宅：小心風雷；婚姻好合。
④身體：肝火太盛。

初九。利用為大作，元吉，无咎。
象曰：元吉无咎，下不厚事也。
①時運：大事可為，無不如意。
②財運：有人有謀，大利在前。
③家宅：新宅寬大；婚姻大吉。
④身體：健康無虞。

六二。或益之十朋之龜，弗克違。永貞吉，王用享於帝，
吉。
象曰：或益之，自外來也。
①時運：意外得財，又能守住。
②財運：如有神助，必得厚利。
③家宅：安居之家；百年好合。
④身體：祈禱可癒。

六三。益之用凶事，无咎。有孚中行，告公用圭。

象曰：益用凶事，固有之也。

①時運：先苦後甘，講信修睦。

②財運：欲求富貴，必須冒險。

③家宅：逢凶化吉；苦中成婚。

④身體：有驚無險。

六四。中行，告公從，利用為依遷國。

象曰：告公從，以益志也。

①時運：眼前有難，暫避為宜。

②財運：改遷他處，另開店面。

③家宅：最好遷移；另找媒妁。

④身體：外地就醫。

九五。有孚惠心，勿問元吉。有孚惠我德。

象曰：有孚惠心，勿問之矣。惠我德，大得志也。

①時運：存心仁厚，實至名歸。

②財運：兼顧道義，利益長久。

③家宅：善人之居；非親即友。

④身體：保養得宜。

上九。莫益之，或擊之。立心勿恆，凶。

象曰：莫益之，偏辭也；或擊之，自外來也。

①時運：貪求名位，意外之禍。

②財運：專求己利，必生爭端。

③家宅：不可久居；不易偕老。

④身體：無恆之凶。

解卦實例

實例：分享知識

廣州一位朋友，曾參加北京《易經》班，後來希望我也去廣州開《易經》班，他表示會大力支持。他是有實力的企業家，而更重要的是他言而有信。幾位志工鼓起餘勇，特地從北京前往廣州安排開課招生事宜。

一位志工占問：「廣州《易經》班能否如期開課？」得到中孚卦（風澤中孚，☲，第六十一卦），變爻九二，爻辭是：「鳴鶴在陰，其子和之。我有好爵，吾與爾靡之。」意即：大鶴在樹蔭下啼叫，小鶴與牠相呼應。我有美酒一罐，我願與你一起分享。

這段話講的是大鶴與小鶴相互之間的默契，而美酒的比喻更清楚了，表示有好東西要與人分享。

《易經》有六十四卦，三百八十四爻，這一句爻辭大概是最富詩意，也最讓人欣賞的。依此判斷廣州《易經》班能否辦成，答案很明白，沒有問題。

並且，一經變爻之後，所形成的之卦是益卦（風雷益，☲，第四十二卦），卦辭說：「利有攸往，利涉大川。」意思是：適宜有所前往，適宜渡過大河。由此可見，廣州開班之事的後續發展應該不錯。後來驗證我們又陸續開了《論語》班與《老子》班，學員之中有夫妻檔、父子檔、父女檔，共同在經典中分享智慧。

益卦的啟示

　　《易經》第四十二卦是益卦，卦象為「風雷益」（䷩）。卦辭說：「利有攸往，利涉大川。」適宜有所前往，也適宜渡過大河。這顯然是充滿動力的一卦。

　　〈彖傳〉說：「益，損上益下，民說无疆。自上下下，其道大光。利有攸往，中正有慶。利涉大川，木道乃行。益動而巽，日進无疆。天旋地生，其益无方。凡益之道，與時偕行。」益卦之可貴，在於損上益下，所以百姓的喜悅沒有止境。由此可知它是由否卦（䷋）所變，上九來到初位，把各爻往上推而形成的。風是巽卦，巽也是木，所以說木舟之道從此可以通行。至於天體旋轉與大地生養，則是否卦上九來到初位，使坤卦向上走。上九原在乾卦，現在到了初九，不是天旋嗎？坤為地，不是地生嗎？

　　〈大象傳〉指出，君子由此領悟了「見善則遷，有過則改。」本卦由風與雷組成，提醒我們：改過當如雷之勇，遷善當如風之速。如此一來，則有加倍的效果。

　　一卦中，上卦指統治者，下卦指百姓，因此損上益下是件美事。六爻有初九與九五兩個元吉，這也是六十四卦中僅見者。其他各爻也都談到國家大事，顯示了君臣同心為百姓服務的盛況。

　　初九說：「利用為大作，元吉，无咎。」意即：適宜用來推動大事，最為吉祥，沒有災難。在此，初九一上場就有元吉，這種情形另外只在復卦（第二十四卦）見過。初九在震卦中，有能力辦成大事，並且由於這是「損上益下」的格局，初

九不必全力事奉上位者，自然元吉。

六二說：「或益之十朋之龜，弗克違。永貞吉，王用享於帝，吉。」這句爻辭的前半段與損卦六五相同。損卦是損己利人（或損下益上），現在換成損上益下，所以六二有此好運。六二與九五正應，九五為君王，因此這兒會說：君王用以祭獻上帝。爻辭中出現「帝」字的僅此一處，表示這真的是國家大事。

六三說：「益之用凶事，无咎。有孚中行，告公用圭。」意即：用增益之物救濟災荒，沒有災難。有誠信而行中道，用珍圭告知王公。六三在互艮（六三、六四、九五）中，艮為止，猶如生命終結，可轉為凶事。「中行」是指居全卦中間的六三與六四。《周禮・春官・典瑞》說：「珍圭以徵守，以恤凶荒。」古代救災，以珍圭代表王命。六三仍在下卦震中，震為諸侯，可以稱「公」。這等於是天子命令諸侯救災。

六四說：「中行，告公從，利用為依遷國。」意即：行中道，告知王公而跟從，適宜用來做依靠而遷移國都。六四在互坤中，坤為邑，為國；它所依的是九五，又與初九正應。由否卦變益卦時，三陰爻由下往上移，有如遷國。六四與二陽爻的關係，顯示了這一特色。

九五說：「有孚惠心，勿問元吉。有孚惠我德。」意思是：有真誠施惠之心，不必占問也最為吉祥。實實在在感念我的恩德。九五居中守正，又有六二正應，是損上益下的主導角色，從初九一路上來，所做的大事都以「真誠」為原則，如此自然元吉。

上九：「莫益之，或擊之。立心勿恆，凶。」意即：沒有

人來增益他，卻有人來打擊他。所立定的心思無法長期守住，有凶禍。在益卦結束時，出現「凶」字，是怎麼回事？〈繫辭下傳〉談到此爻，說：「君子安其身而後動，易其心而後語，定其交而後求。君子修此三者，故全也。危以動，則民不與也；懼以語，則民不應也；无交而求，則民不與也；莫之與，則傷之者至矣。」

　　簡單說來，君子如果自身危險而行動，百姓不會來參與；心情恐懼而說話，百姓不會有回應；沒有交情而求人，百姓不會來幫助；沒有人來支持，那麼傷害他的人就會來到了。在此，關鍵是「立心勿恆」，若是幫助人時缺乏恆心，做了一半又後悔，就表示缺乏誠意。人與人相處，若是少了真誠，不論做任何事都不會有好的結果。

43 ｜ 夬卦 ䷪

夬。揚於王庭。孚號有厲。告自邑，不利即戎，利有攸往。
象曰：澤上於天，夬。君子以施祿及下，居德則忌。
①時運：氣運過盛，散財為吉。
②財運：利己利人，財散人聚。
③家宅：須防水患；婚姻不成。
④身體：調養氣息。

初九。壯於前趾，往不勝為咎。
象曰：不勝而往，咎也。
①時運：躁進取敗，動輒得咎。
②財運：任意經營，傷財害己。
③家宅：地勢太低；門戶不對。
④身體：小心足疾。

九二。惕號，莫夜有戎，勿恤。
象曰：有戎勿恤，得中道也。
①時運：凡事謹慎，可以無憂。
②財運：貨物保險，才可無慮。
③家宅：宜防火災；婚姻吉祥。
④身體：陰虛火盛，調養可治。

九三。壯於頄，有凶。君子夬夬獨行，遇雨若濡，有慍，
无咎。

　　象曰：君子夬夬，終无咎也。
　①時運：任意獨行，受人疑忌。
　②財運：獨自經營，較費時日。
　③家宅：早些整修；暫時不成。
　④身體：濕氣上升，治之可癒。

　　九四。臀无膚，其行次且。牽羊悔亡，聞言不信。
　　象曰：其行次且，位不當也；聞言不信，聰不明也。
　①時運：心思不定，所謀難成。
　②財運：錯過時機，無利可圖。
　③家宅：四周狹隘；久之可成。
　④身體：皮膚有病，須防失聰。

　　九五。莧陸夬夬，中行无咎。
　　象曰：中行无咎，中未光也。
　①時運：親近君子，萬事皆吉。
　②財運：盡速出手，不然有悔。
　③家宅：整理乾淨；婚姻合宜。
　④身體：調節氣旺。

　　上六。无號，終有凶。
　　象曰：无號之凶，終不可長也。
　①時運：聲名大損，警惕免禍。
　②財運：再立新約，否則無利。
　③家宅：寂靜不安；媒妁未成。
　④身體：無聲叫呼，已至險境。

解卦實例

實例：親近君子

有一位朋友在報社服務，與主管格格不入，總覺得不如歸去，乾脆辭職回家算了。他為此煩惱了好一陣子，最後求助於占卦。

他占得夬卦（澤天夬，☱☰，第四十三卦），變爻九五，爻辭是：「莧陸夬夬，中行无咎。」意思是：山羊果敢決斷的樣子，居中而行沒有災難。夬卦是一陰五陽的局面，並且陰爻位居上位。按易理，爻是由下往上發展，表示陰爻即將退出大局。

朋友其實不必過慮，因為他的主管可能即將離開崗位，不是退休就是升遷，對他而言，只須守住中道，走在正路上就可以了。至於這位主管是否小人，則未免見仁見智。《易經》總是從占問者的角度提供建議，在某事上對你是小人的，在別的事上可能是貴人。並且，受不了小人的折磨，又怎能承擔大任呢？

所謂「中行」，除了自己行得正之外，還需親近君子。至於誰是君子，則有賴平日的觀察了。我們對別人或者別人對我們，其實都在默默觀察，並且會有大致的共識，知道哪些人屬於光明正大、用心善良的君子，而哪些人又是喜歡計較而鉤心鬥角的小人。因此，當務之急是修養自己，使自己走向君子一方。如此最後結果肯定不會壞的。

夬卦的啟示

《易經》第四十三卦是夬卦，「夬」字念「怪」。這是個消息卦，底下五個陽爻，只剩一個陰爻掛在上位（☱）。一陰五陽，則陰爻為主爻。卦辭說：「揚於王庭。孚號有厲。告自邑，不利即戎，利有攸往。」

五個陽爻連袂往上衝，而最上面的陰爻的處境如何？它受到九五（代表王庭）信賴，本身在上卦兌，兌為口，意即，有誠信而呼號有危險，它的危險才會擴散出去。接著，陰爻居上位，有其采邑；從封邑前來告知，不適宜出兵作戰，適宜有所前往。這是因為它往上走沒有去路，但是對五個陽爻來說，則強者成長到最後就會終止。

此卦的象徵意義是：當小人居高位時，底下的君子應該怎麼辦？譬如，漢獻帝時的曹操，宋高宗時的秦檜，皆讓天下君子無可奈何。〈大象傳〉好像在警惕這樣的人物，「君子以施祿及下，居德則忌。」就是：要分配利祿給下屬，並以自居有德為忌諱。

本卦各爻皆有讓人擔心的語詞。初九說：「壯於前趾，往不勝為咎。」意思是：前進的腳趾壯健，前往而不能勝任，就是災難。初九用「前趾」，有如大壯卦（☳）初九說的：「壯於趾」。現在夬卦比大壯卦更進一步，多了一個陽爻，但還是必須接受現狀。就算到了六爻皆陽的乾卦，初九依然是「潛龍勿用」。

九二說：「惕號，莫夜有戎，勿恤。」戒惕而有呼號，夜晚會出現兵寇，不必擔憂。在理解時，可以將九二視為變爻，

則下卦成為離卦，離為火為戈兵，為有戎。二與五有相關性，但皆為陽爻，敵而不應。五在上卦為兌，為惕號。至於暮夜，則來自以兌為澤為谷，谷為陰暗為暮夜。由於九二居中位，又與九五不應，所以最後勿恤。

九三說：「壯於頄，有凶。君子夬夬獨行，遇雨若濡，有慍，无咎。」意即：顴骨壯健，會出現凶禍。君子果敢決斷而獨自前行，遇雨打濕衣服，有怒氣，但沒有災難。九三與上六有如人的頭正應，如果因此而壯於頄，則有凶，這是因為九三是底下五個陽爻中唯一有正應的，也是唯一有機會往上走的。上卦為兌為澤，上六與九三呼應則成雨。下乾為衣，遇雨而濕。「有慍」是因為進退兩難，但終於无咎。

九四說：「臀无膚，其行次且。牽羊悔亡，聞言不信。」意思是：臀部沒有皮膚，行走十分艱難。牽羊而進，懊惱就會消失，但是聽到這話卻不相信。九四不當位，又與初九不應，它的上爻九五與上六相比鄰，它的下爻九三與上六正應，只有它坐立不安，連行動都困難。這種難堪的位置，還讓它聞言不信。上卦為兌為羊，九四必須像羊一般被人牽著走，才不會懊惱。

九五說：「莧陸夬夬，中行无咎。」意即：山羊果敢決斷的樣子，居中而行沒有災難。「夬夬」一詞在九三也用過，九三與上六正應，九五與上六相比，這二爻因為與上六主爻的關係而必須「果敢決斷」，表現本卦「以陽去陰」的大趨勢。莧陸是細角山羊，取自上卦兌為羊。九五既中且正，而只能无咎，這是因為它的上六是主爻，有如君子對於在上位的小人束手無策，只能等待時機。

上六說：「无號，終有凶。」不用呼號，最終會有凶禍。本卦「以剛決柔」，上六的命運早已注定，此時呼號又有何用？被決而去，自然是凶了。兌為口為號，上六眼見自己即將出局，心情可想而知。

關於羊與判決訴訟的關係，據說舜時的士師（法官或典獄官）為皋陶，他在判決訴訟時，如果難以斷案，就會找一隻羊來，看看羊角去碰觸誰，誰就有罪。這是古代「羊能決邪」的觀念。由此可見人間是非之複雜糾結，有時並非常理可以測知。尤其在小人（上六）居尊位時，更易形成混淆。夬卦教導我們在這種情況下，如何小心自處。

44 | 姤卦 ䷫

姤。女壯，勿用取女。

象曰：天下有風，姤。后以施命誥四方。

①時運：正當好運，名揚四海。

②財運：到了遠方，自可獲利。

③家宅：小心狂風；婚姻得正。

④身體：小心中風。

初六。繫於金柅，貞吉。有攸往，見凶。羸豕孚蹢躅。

象曰：繫於金柅，柔道牽也。

①時運：守成尚可，不宜妄動。

②財運：適宜開店，不利行商。

③家宅：維護家聲；男外女內。

④身體：虛弱靜養。

九二。包有魚，无咎，不利賓。

象曰：包有魚，義不及賓也。

①時運：遠避小人，自然有利。

②財運：貨物充足，利在手中。

③家宅：女子主持；婚姻可成。

④身體：池魚之殃。

九三。臀无膚，其行次且。厲，无大咎。

象曰：其行次且，行未牽也。

①時運：因疑生危，稍安毋躁。

②財運：猶豫不決，怎能獲利。

③家宅：修整家宅；遲緩可成。

④身體：坐立不安，求醫診治。

九四。包无魚，起凶。

象曰：无魚之凶，遠民也。

①時運：未得正運，開拓心胸。

②財運：袋中無糧，無利可圖。

③家宅：僻處防災；可能無後。

④身體：虛火難治，極為凶險。

九五。以杞包瓜，含章，有隕自天。

象曰：九五含章，中正也；有隕自天，志不舍命也。

①時運：心胸開闊，功名自顯。

②財運：木類產品，應有大利。

③家宅：中正之居；婚姻有吉。

④身體：熱中帶寒，速求良醫。

上九。姤其角，吝，无咎。

象曰：姤其角，上窮吝也。

①時運：功名大顯，運已近窮。

②財運：仔細計較，獲利甚豐。

③家宅：謹防屋角；老少夫妻。

④身體：頭部有疾，就醫可治。

解卦實例

實例：大陸問道

二〇〇六年九月，由於我的五本解讀（《論語》、《孟子》、《老子》、《莊子》、《易經》）在北京出版，而大陸由於央視「百家講壇」的引領風潮，掀起了一股國學熱，機緣湊巧，我遂有為期三週的大陸之行。

行前我為自己占了一個卦，占得姤卦（天風姤），卦象為☰☴。我一看就心裡有數，因為卦象太明顯了，初六一陰，要面對上方五陽。

不過這個陰爻十分特別，因為它會帶著別的陰爻由下往上走。這是個消息卦，就是同性的爻由下往上發展，而卦中沒有陰陽交錯。

當時占到此卦，有兩個變爻，就是九二與九四。依朱熹的解卦方法，二爻變則取本卦二變爻之上爻爻辭。那麼，姤卦九四說什麼呢？「包无魚，起凶。」意即：包裹中沒有魚，發起行動會有凶禍。

於是，我這次行程所做的演講（包括在浙大、復旦、上海社科院、北大、人大、北師大、清華、中國社科院），完全都不收費。這不是「包无魚」嗎？並且，我與各方朋友接觸，都是低調而柔順，從不主動發起任何行動，這不是避開了「起凶」嗎？

結果呢？整體反映不錯，為我隨後的大陸講學打下了良好的基礎。

姤卦的啟示

姤卦是第四十四卦，卦象為「天風姤」（䷫），這也是個消息卦，一個陰爻由下而起，面對上面五個陽爻而毫無所懼。卦辭說：「女壯，勿用取女。」意即：女子強壯，不要娶這樣的女子。理由是，當初六往上而壯大時，上面的陽爻必須逐一退場。陽與陰無法一起成長，甚至此消彼長，又怎麼結為連理？

〈彖傳〉說：「天地相遇，品物咸章也，剛遇中正，天下大行也。姤之時義大矣哉。」這裡一再提及「遇」字，因為「姤」即是「逅」，一般以「邂逅」表示相遇。若無初六，則全卦為乾，有陽無陰，萬物如何生育繁榮？〈大象傳〉說：「天下有風，姤。」君王由此領悟，要發布命令，誥告四方。以風為命令，周行大地，使百姓依命而行。

在一陰五陽的格局中，初六是主爻。初六說：「繫於金柅，貞吉。有攸往，見凶。羸豕孚蹢躅。」意思是：捆縛在繰車的金屬橫槓上，正固吉祥。有所前往，會見到凶禍。拴縛住的豬確實在跳動掙扎。《易經》雖主陰陽相濟，但是重陽輕陰（重君子輕小人）仍為其基本立場。初六在下卦巽，巽為繩。他面臨上卦乾，乾為金，所以有「繫於金柅」之象，最好正固別動。它若往上走，將危及上面的陽爻，所以說凶。古人以豬喜潮濕，代表陰爻；同時巽卦為風，為進退，有如豬之跳動掙扎。

九二說：「包有魚，无咎，不利賓。」包裹中有魚，沒有災難，不適宜招待賓客。九二對初六，有包之象，初六為陰

爻，可用「魚」象徵，因魚處陰冷之水中。本卦為姤，姤為遇，先遇先得，九二可謂捷足先登。這裡所謂的「不利賓」，賓是指九四。九四原與初六正應，但是碰到姤卦，講究的是遇合，於是九四反而被排除在外，成為賓客了。形勢比人強，又能怎麼辦呢？

九三說：「臀无膚，其行次且。厲，无大咎。」意思是：臀部沒有皮膚，行走十分艱難。有危險，但沒有大災難。這段話的第一句與夬卦九四的第一句一樣。這是有覆卦關係的兩卦，在相對位置可能出現的情況。不過在夬卦九四是「牽羊悔亡」，到了姤卦則無羊可牽，所以說厲。九三與初六的關係，比不上九二的遇與九四的應，加上自己有動向而上無正應，情況不安有危險。「无大咎」則是因為它仍在巽卦，巽為隨順，尚有迴旋餘地。

九四說：「包无魚，起凶。」九四真是冤枉，它與主爻初六正應，但是在講究先遇為上的姤卦，只好看著九二「包有魚」，而自己「包无魚」了。不僅如此，它若發起行動，會有凶禍。〈小象傳〉說：「无魚之凶，遠民也。」意思是：沒有魚的凶禍，是因為遠離了百姓。這是「無民而舉事」，怎麼會不凶呢？

九五說：「以杞包瓜，含章，有隕自天。」意即用杞樹葉子包起瓜果，其內含藏文采，從天上掉落下來。在十二個月中，姤卦代表五月，瓜在五月長成，杞在五月最盛。杞為樹高葉大的植物，取象自下卦巽，巽為木為高；瓜為圓形，而乾為圓。九五居中守正，是為含章，它注意到初六的主爻位置，以它為百姓，所以願意「有隕自天」。〈小象傳〉說它「志不舍

命」，心意在於不放棄使命。它要穩住大局，讓初六安於其分，以免過早向上推進，危及上九。

上九說：「姤其角，吝，无咎。」遇到頭上的角，有困難，沒有災難。上九在上卦乾的最高位，乾為首，上九為乾卦的角，下一步就是畢業出局，沒有去路而出現困難。不過這並非上九之過，所以說它无咎。

本卦九二與九五兩個中位都是陽爻，還可以穩得下來。像本卦初六這樣的陰爻，大概是《易經》三百八十四爻中，一百九十二個陰爻裡面最強勢的一支了。面對這樣的初六，能不小心謹慎嗎？所謂「察知幾微」，亦莫過於此了。

45 | 萃卦 ䷬

　　萃。亨，王假有廟。利見大人，亨，利貞。用大牲吉，利有攸往。

　　象曰：澤上於地，萃。君子以除戎器，戒不虞。

　　①時運：安不忘危，自可無憂。

　　②財運：財聚之象，有聚有散。

　　③家宅：防水入屋；潔身自愛。

　　④身體：胸腹水脹，早些調理。

　　初六。有孚不終，乃亂乃萃。若號，一握為笑。勿恤，往无咎。

　　象曰：乃亂乃萃，其志亂也。

　　①時運：一順一逆，得人援手。

　　②財運：聚散不定，可以免咎。

　　③家宅：不可久居；始亂終棄。

　　④身體：心神混亂，求醫可治。

　　六二。引吉，无咎。孚乃利用禴。

　　象曰：引吉无咎，中未變也。

　　①時運：中正之運，得人援引。

　　②財運：合作有利，虔心酬神。

　　③家宅：祖上積德；婚姻可訂。

　　④身體：勤練氣功。

六三。萃如,嗟如,无攸利。往无咎,小吝。

象曰:往无咎,上巽也。

①時運:運途平凡,須防小人。

②財運:轉運他處,可以无咎。

③家宅:遷居為宜;怨偶之歎。

④身體:胸部不適,注意排泄。

九四。大吉,无咎。

象曰:大吉无咎,位不當也。

①時運:雖然大順,德不稱位。

②財運:大利當前,收斂為善。

③家宅:興旺平安;門第有差。

④身體:外強中乾。

九五。萃有位,无咎。匪孚,元永貞,悔亡。

象曰:萃有位,志未光也。

①時運:有位有權,更應修德。

②財運:雖有利潤,須守其正。

③家宅:聚族而居;可稱貴婿。

④身體:心神不寧,最好靜養。

上六。齎咨涕洟,无咎。

象曰:齎咨涕洟,未安上也。

①時運:年老運退,待人援手。

②財運:無利可圖,幸有救援。

③家宅:家室不安;生離死別。

④身體:悲慟致病,放寬心思。

解卦實例

實例：祭拜祖先

朋友計劃與人合作投資，希望預知合作的結果，於是求助於占卦。

他占得萃卦（澤地萃，☱☷，第四十五卦），變爻六二，爻辭說：「引吉，无咎。孚乃利用禴。」意即：牽引到吉祥，沒有災難，有誠信，所以適宜舉行禴祭。

一看到萃卦，就不必擔心，因為它六爻皆有「无咎」一詞，有些還加上吉的，如六二與九四。「萃」是群聚之意，合作投資自然在內。朋友這項投資應該是別人介紹的，所以說是「引吉」。要合作，不可以沒有誠信，也就是「孚」。那麼，「禴」又是什麼？

古人在春季以應時蔬菜做為祭祀供品，表示雖然簡單但有誠意。《易經》多次提到祭祀，這固然與古人的具體生活有關，但也提醒我們不可仗恃己力，以為光靠人的力量就足以成就許多事業。

祭祀使人收斂心思，報本反始，對神明表示衷心感謝。尤其不可忘了要祭拜祖先，這原是中國文化的特色，也合乎人性的根本要求。

在光宗耀祖方面，《易經》的教誨是以修德為主，要以德行來繼承祖先的恩惠，在自己有成就時設法回饋社會。如此一來，對於投資成敗也不會斤斤計較了。祖先期待我們的，除了成就之外，還有善行。只有善行才會帶來真正的快樂。

萃卦的啟示

　　萃卦是第四十五卦，卦象是澤地萃（☱☷）。萃是聚集，古人聚集時要注意什麼呢？卦辭說：「亨，王假有廟。利見大人，亨，利貞。用大牲吉。利有攸往。」意即：要祭獻，君王來到宗廟。適宜見到大人，通達，適宜正固。用大牲去祭祀，吉祥。適宜有所前往。

　　古代「亨」字可以用為「亨」（通達），「享」（祭獻），「烹」（烹煮）。「王假有廟」，「假」之音為「格」，來到。在人群聚集時，為何先要考慮祭獻或祭祀？因為如此可以引導民心歸向祖先或神明，而不會只知爭權奪利，甚至為了達成目的不擇手段。宗教對人心有約束及提升的作用，古人所見如此，今人又怎能無睹於此？

　　卦辭中出現「王假有廟」的有二：一是萃卦，一是渙卦（☴☵，第五十九卦，風水渙）。意在提醒：在人群聚與散時，君王要以宗教祭典（或某種盛大的文化禮儀）來穩住人心。

　　〈彖傳〉中最值得留意的是「用大牲吉，利有攸往，順天命也」一語。「順天命」一詞提醒我們：孔子說自己「五十而知天命」，接著是「六十而耳順」。「耳順」一詞可能有誤，就是多了「耳」字。這是學術界未有定論的問題。如果孔子所說的是「六十而順」，則他的意思是「順天命」。亦即他在六十歲前後周遊列國，正是順天命的表現。儀封人說孔子是「天將以夫子為木鐸」，正是印證之一。

　　初六說：「有孚不終，乃亂乃萃。若號，一握為笑。勿恤，往无咎。」意思是：有誠信而不能堅持到底，於是散亂於

是聚集。如果號哭，一握手就笑了。不必擔憂，前往沒有災難。在本卦中，九五居中守正，代表主爻。現在卦象為萃為聚，各爻都要與主爻相聚。初六與九四正應，是因為有孚，但九五才是相聚的對象。初六心意混亂，意圖離九四找九五，是為「乃亂乃萃」。它若追隨九四，則以九四為中位形成互巽，巽為風為號哭；它若靠攏九五，則上卦為兌為悅為笑。而初六與九五之間有一個互艮，艮為手，可以握，所以說「若號，一握為笑。」

六二說：「引吉，无咎。孚乃利用禴。」意即：牽引則吉祥，沒有災難，有誠信，所以適宜舉行禴祭。六二與九五正應，它本身居中守正。禴祭是古代君王春天舉行的宗廟之祭，用蔬果做祭品，表示誠意。

六三說：「萃如，嗟如，无攸利。往无咎，小吝。」意即：聚集的樣子，嘆息的樣子，沒有任何適宜的事。前往沒有災難，但有小的困難。六三在下卦坤中，形成三陰並列的萃如，眼見初六與六二皆有正應，自己無應而嘆息。六三往上是互巽，為風為隨順。所以只是小吝。

九四說：「大吉，无咎。」九四下臨坤卦，為得民擁戴之象，但是位置不中不正，所以只能无咎。

九五說：「萃有位，无咎。匪孚，元永貞，悔亡。」意即：聚集而擁有君位，沒有災難。缺少誠信，開始恆守正固，懊惱就會消失。九五既中且正，是為「萃有位」。不過它與下卦坤之間，隔著一個互艮，難免心意受阻，對百姓而言，缺少誠信，所以要「元永貞」，才可以做到「悔亡」。

上六說：「齎咨涕洟，无咎。」悲傷嘆息而淚流滿面，沒

有災難。上六與六三不應，又下乘主爻九五，眼見大家聚合而自己落單，自然難過哭泣了。上六在上卦兌中，兌為澤為口。有聲淚俱下之貌。不過，能有哭泣也算自覺處境不順，如此可以无咎。

本卦講究的是萃聚，要讓大家聚合好好相處，因此六爻皆有「无咎」，這是六十四卦中所僅見的。卦辭中所強調的是「王假有廟」與「用大牲吉」，意即只要在這個時機進行祭拜祖先的活動，讓大家體認原本是同一個部落或國家的人，然後在面對具體的利害關係時，就不會完全不顧道義與人情了。善始方可以善終，人群相處的第一步是至關緊要的。

46 | 升卦 ䷭

升。元亨，用見大人，勿恤，南征吉。
象曰：地中生木，升。君子以順德，積小以高大。
①時運：大地春回，日益高升。
②財運：儲蓄積財，可成富人。
③家宅：改造大廈；以妾作嫡。
④身體：肝火漸旺，早些調養。

初六。允升，大吉。
象曰：允升大吉，上合志也。
①時運：名利雙收，所求皆遂。
②財運：貨價漲升，大可獲利。
③家宅：喬遷之喜；兩性好合。
④身體：有病即治，不可拖延。

九二。孚乃利用禴，无咎。
象曰：九二之孚，有喜也。
①時運：正當好運，喜事臨門。
②財運：誠信經營，可保獲利。
③家宅：必有喜事；陰陽合德。
④身體：最好祈神。

九三。升虛邑。

象曰：升虛邑，无所疑也。

①時運：越來越好，不必擔心。

②財運：貨物集散，財利可期。

③家宅：先虛後實；空房獨守。

④身體：虛弱之症。

六四。王用亨於岐山，吉，无咎。

象曰：王用亨於岐山，順事也。

①時運：升遷在即，感謝神明。

②財運：貨物充裕，財神相助。

③家宅：祭告宅神。

④身體：虔誠禱告。

六五。貞吉，升階。

象曰：貞吉升階，大得志也。

①時運：大願可成，功名皆吉。

②財運：經營得中，利益不斷。

③家宅：步步高升；攀結高親。

④身體：病情升高。

上六。冥升，利於不息之貞。

象曰：冥升在上，消不富也。

①時運：好運已過，預備退路。

②財運：經營困難，人財兩失。

③家宅：難免中落；難以偕老。

④身體：可能歸天。

解卦實例

實例：果然靈驗

廣州地區有許多在中山大學上過進修課程的同學。我應邀在聯席會議上講《易經》，一千三百多人參加聽講。

談到占卦時，一開始大家半信半疑，只有五、六個同學寫下三組三位數，交給了司儀。司儀唸出其中一位的問題，說是與婚姻有關。我一運算，占得升卦（地風升，䷭，第四十六卦），九三變爻，爻辭是「升虛邑。」意即：升進則荒廢的村落。我不願公開說明實情，就說：「這個卦象不太好，提問者下課後再來找我吧。」這時司儀接著說：「很抱歉，老師，他的問題我沒有唸完整。他是要占問離婚之事。」

這下全場騷動起來。因為「升虛邑」表示將會住在空虛之處，即使結婚也是有名無實，所以我聽說是問婚姻時，不願公開解說。現在，問題是要離婚，可謂完全切合爻辭所談。

現場立即有一百多位學員寫下他們的問題與數字，希望能得到解惑的機會。我為此多待了一個小時，讓人人都得到滿意的答覆才停止。會後一對夫妻堅持要購買我手邊的《解卦手冊》，我說別急，不久將會出版。學習《易經》不能只看這樣的手冊，還應該下一點真正的工夫。

升卦的啟示

升卦是第四十六卦，卦象為「地風升」（䷭）。卦辭說：「元亨，用見大人，勿恤，南征吉。」意思是：最為通達，可

以用來見大人，不必擔憂，往南前進吉祥。

〈彖傳〉是解釋卦辭的，內容為：「柔以時升，巽而順，剛中而應，是以大亨。用見大人，勿恤，有慶也。南征吉，志行也。」意思是：柔順者（指六四）依循時勢而升進，既順利又和順，剛強者居中（指九二）而有應合，因此非常通達。可以用來見大人，不必擔憂，是因為會有喜慶（九二有六五正應）。往南前進吉祥，是因為心意可以實現。

為了明白這一段話，必須由「卦變」入手。卦變是指卦的變化，亦即，升卦是怎麼來的？它來自小過卦（☳）的六二與九四換位。六二升到六四，而九四降為九二，如此一來，「柔升、用見、有慶」都有了著落。它形成下巽上坤，這是既順利又和順的卦象，自然元亨了。後天八卦中，巽在東南而坤在西南，所以說「南征吉」。

程頤說：「凡升之道，必由大人，升於位，則由王公；升於道，則由聖賢。用巽順剛中之道以見大人，必遂其升。」在歷史上，文王見呂尚（姜太公）於渭南，劉備見孔明於南陽，這二地皆有「南」字。這與古代文化由北向南拓展有關，今天不宜過度執著。

〈大象傳〉說：「地中生木，升。君子以順德，積小以高大。」意即地中長出樹木，君子要順勢修養德行，從微小累積成為高大。巽為木為高，所以在地中往上升。

初六說：「允升，大吉。」初六秉承九二得其信賴，它在巽卦底部，將隨順九二前進。

九二說：「孚乃利用禴，无咎。」有誠信，所以適合舉行禴祭，沒有災難。九二有六五正應，是孚，「禴」為春季或春

夏之交的薄祭，巽在東南，為春夏之交。禴祭最重誠意，感謝神明的福佑。九二往上形成互兌，兌為喜悅，所以〈小象傳〉說：「有喜也。」

九三說：「升虛邑。」九三升進到荒廢的村落。它往上形成互震，震為行，可以升進。上卦為坤，為邑，九三沒有任何阻礙。周朝祖先古公亶父為逃避狄人侵擾，遷移到岐山，許多人追隨而來，結果「一年成邑，二年成都，三年五倍於初」。周朝建國大業也奠基於此。

六四說：「王用亨於岐山，吉，无咎。」君王在岐山祭獻，吉祥，沒有災難，六四在互震中間，震為諸侯，為祭器，亦即「王用亨」（亨為享，為祭）。他又在互兌上爻，而兌為西，所謂岐山，即是西山。這一段資料所說的可以配合周初歷史來理解。

值得留意的是：九二說「禴」，六四說「亨」，皆為宗教活動。這表示信仰對古人的特殊意義。到了春秋時代，還普遍有「國之大事，在祀與戎」的觀念，把祭祀與武力當成國家最重要的事，而祭祀排在首位。《論語・述而》有一章說：「子之所慎：齊（齋）、戰、疾。」孔子最慎重看待的三件事中，齋戒也是排第一的，而齋戒的目的是祭祀。

六五說：「貞吉，升階。」六五有九二正應。九二在下卦巽中，巽為高；六五在上卦坤中，坤為地；如此可使六五升上高地。六五「貞吉」，表示本身可以正固，意即：「垂拱而天下治，是吾志也；拯民於水火之中，是吾志也；貴為天子，富有天下，豈吾志哉！」這段話是所有政治領袖都應該列為座右銘的。周文王與周武王的心意皆是如此。

上六說：「冥升，利於不息之貞。」上六在坤卦，坤為夜為冥，有如在昏昧中升進，這時適宜「不成長的正固」。上六與九三正應，九三在下卦巽中，巽為近利市三倍，所以上六必須正固。但是處於升卦，不可避免又要連續前進，所以說它是「冥升」。

　　爻辭為周文王所作（也可能加上周公或其他周朝卜官的協助），本卦含意十分特別，有如描述其立國過程，充滿了深切的期許。

47 | 困卦 ䷮

困。亨，貞，大人吉，无咎。有言不信。
象曰：澤无水，困。君子以致命遂志。
①時運：身名皆困，不如安命。
②財運：財乏勢危，不如歸去。
③家宅：安全第一；女寡之象。
④身體：腎水已虧，險在眼前。

初六。臀困於株木，入於幽谷，三歲不覿。
象曰：入於幽谷，幽不明也。
①時運：漸入逆境，三年才轉。
②財運：材木生意，運送不易。
③家宅：來往人少；男家卑微。
④身體：大凶之兆。

九二。困於酒食，朱紱方來，利用享祀。征凶，无咎。
象曰：困於酒食，中有慶也。
①時運：有名有利，反為利用。
②財運：由商起家，往前則凶。
③家宅：富貴祭拜；婚姻即成。
④身體：飲食無度，收心禱告。

六三。困於石，據於蒺藜。入於其宮，不見其妻，凶。

象曰：據於蒺藜，乘剛也；入於其宮，不見其妻，不祥也。

①時運：進退不得，身將不保。

②財運：財去命弱，下場堪慮。

③家宅：悼亡之屋。

④身體：無可救藥。

九四。來徐徐，困於金車，吝，有終。

象曰：來徐徐，志在下也。雖不當位，有與也。

①時運：地位不當，受人所鄙。

②財運：貨物失去，急救可保。

③家宅：慢些入住；事緩可成。

④身體：長期勞累，恐得歸天。

九五。劓刖，困於赤紱。乃徐，有說，利用祭祀。

象曰：劓刖，志未得也。乃徐有說，以中直也。利用祭

祀，受福也。

①時運：過剛必折，小心免禍。

②財運：貨物清理，慢慢售出。

③家宅：鼻足之患；先疑後成。

④身體：頭腳之病，調養禱告。

上六。困於葛藟，於臲卼，曰動悔。有悔，征吉。

象曰：困於葛藟，未當也。動悔有悔，吉行也。

①時運：厄運將終，收心努力。

②財運：久貨可出，方可獲利。

③家宅：修整舊宅；釐清瓜葛。

④身體：心神不安，遷地靜養。

解卦實例

實例：注意身體

　　《易經》占卦是要助人了解自己的抉擇所可能帶來的後果。這些後果往往吉凶互見，而一般人總希望趨吉避凶，於是占卦之後更希望能找到某種改變命運的祕方。

　　我必須誠懇地說，改變命運是不可能也不必要的。對待自己的上策，是保持客觀心態，在看到占卦結果時才有可能冷靜思考因應之道。

　　譬如，一位朋友占問身體狀況，得到困卦（澤水困，☵，第四十七卦），變爻九四，爻辭說：「來徐徐，困於金車，吝，有終。」意思是：要慢慢下來，困處於金車中，有困難但會有結果。

　　困卦是四大難卦之一，另外還有習坎卦、蹇卦與屯卦。朋友問的如果是事業，則「有終」二字表示有好的結果，雖然還會遭遇不少困難，並且「困於金車」也表示仍有可觀的地位與資源可以使用。但不巧的是，他問的是身體狀況，這表示他已有些擔心，或者已經為某種病症所困擾，而這時的「有終」就不好了。

　　《易經》卦爻辭在解釋時要靠幾分靈感，人生到了最後關頭不是要「善終」嗎？因此，凡是占問健康而看到類似「終」或「天」（歸天）的字眼的，其結果已很明顯，就好好珍惜眼前的時光吧。

　　「樂天知命」在此深具啟發性。

困卦的啟示

困卦是第四十七卦，卦象為「澤水困」（☱☵）。卦辭是：「亨，貞，大人吉，无咎。有言不信。」意即：通達，正固，大人吉祥，沒有災難，說了話沒有人相信。

困卦是因為剛強者受到掩蔽，九二受制於六三，九四與九五則受制於上六。困卦為何能亨？因為「身困而心亨」，在險難坎卦中還能喜悅（兌卦），大概只有君子才能做得到。大人是指九五，它是剛強者居於中位。至於「有言不信」，則是因為在困境中說話，別人如何相信？由卦象看，從六三到上六形成正反兌，兌為口，為說話，有正有反，表示有言不信。

王弼說：「窮必通也，處窮而不能自通者，小人也。」這種要求不易做到。〈大象傳〉說：「澤无水，困。君子以致命遂志。」沼澤中沒有水，君子由此領悟，要犧牲生命來完成志向。這種觀點是標準的儒家思想。在《論語・衛靈公》，孔子主張「殺身成仁」；在《孟子・告子上》，孟子肯定「舍生取義」；在《荀子・不苟》，荀子也說：「君子畏患而不避義死。」為了人生目的而不惜犧牲，這種觀念的前提是「人性向善」，「善」字即指「仁、義」等道德理想而言。為了行善而犧牲，其實不是損失，卻是完成與實現人生意義。

初六說：「臀困於株木，入於幽谷，三歲不覿。」意即：臀部困陷在枯木中，進入幽暗的山谷，三年不能相見。初六與九四正應，九四在互巽中，巽為股為臀；九四也在互離中，離為科上槁木，即是株木。正是臀困於株木。初六自身在下卦坎中，坎為陷為井為谷。為何說三年不能相見呢？九二至九四形

成互離，離為見為明，初六在離之下，於是谷為幽谷，見亦不得。三年是指初六到九四須經三步，代表漫漫長期。

九二說：「困於酒食，朱紱方來，利用享祀。征凶，无咎。」意即：困處於酒食中，大紅官服剛剛送來，適宜用來祭獻。前進會有凶禍，沒有災難。困卦由否卦（☷）變來，是否卦上九與六二換位而成。否卦上卦為乾，乾為大赤，為朱；下卦為坤，坤為下裳，為紱。上九來到九二位置，則是朱紱方來。九二現在處於下卦坎中，坎為水，引申為酒食。而朱紱為官服，用於祭祀場合。這時九二為富貴所困，可以誠心獻祭，但不宜向前推進。

六三說：「困於石，據於蒺藜。入於其宮，不見其妻。」意即：困處於石塊中，倚靠在蒺藜上，進入宮室，沒有見到妻子，有凶禍。在困卦中，陰爻壓制了陽爻，但是六三也因此困處於上下陽爻之間，加以不當位，又與上六不應，實在困窘至極。在〈繫辭下〉孔子說：「非所困而困焉，名必辱。非所據而據焉，身必危。既辱且危，死期將至，妻其可得見耶？」

九四說：「來徐徐，困於金車，吝，有終。」意即：要慢慢下來，困處於金車中，有困難，但會有結果。九四有初六正應，所以〈小象傳〉說它「志在下也」。但它處於互巽中，巽為進退為不果，所以說「來徐徐」。用於金車，也是來自卦變。因為在否卦中，乾為金，坤為車，卦變時九四不變，是困於金車。至於有終，則因它是三個陽爻中唯一有正應者。

九五說：「劓刖，困於赤紱。乃徐，有說，利用祭祀。」意即：鼻被割去，足被砍去，困處於紅色官服中，於是慢慢行動，可以脫離困境，適宜舉行祭祀。這裡的描述也來自卦變。

九五在上卦兌中，兌為附決為脫落，使它可以慢慢脫困，但是別忘了「利用祭祀」。在本卦九二與九五都提及祭祀，表示人在困境中應該向祖先神明禱告，同時守中行正，以求免禍。

上六說：「困於葛藟，於臲卼。曰動悔，征吉。」意即：困處於藤蔓之間，於高危之地，這稱為因行動而懊惱。有了這種悔悟，往前進就吉祥。上六處於困卦最高位置，一方面是困到極點，同時也快要終結困境了。再怎麼困難的情況，也都有結束的時候，所以說「征吉」。

48 | 井卦 ䷯

井。改邑不改井，无喪无得。往來井井。汔至亦未繘井，羸其瓶，凶。

象曰：木上有水，井。君子以勞民勸相。

①時運：木水相生，功名有望。

②財運：利大於本，自然可喜。

③家宅：修屋防水；陰陽得正。

④身體：腎水過脹，立即調治。

初六。井泥不食，舊井无禽。

象曰：井泥不食，下也。舊井无禽，時舍也。

①時運：時過運衰，年老無用。

②財運：貨物陳舊，難以售出。

③家宅：荒蕪難居；婚姻不成。

④身體：舊症不治。

九二。井谷射鮒，甕敝漏。

象曰：井谷射鮒，无與也。

①時運：得小失大，徒有虛名。

②財運：貪財失利，得不償失。

③家宅：水不可飲；婚姻不佳。

④身體：下漏之症，求醫難治。

九三。井渫不食，為我心惻。可用汲，王明，並受其福。
象曰：井渫不食，行惻也。求王明，受福也。
①時運：有才無命，須待兩年。
②財運：販運不當，無利可圖。
③家宅：洗井可飲；二年可成。
④身體：心神不安，井泉可癒。

六四。井甃，无咎。
象曰：井甃无咎，修井也。
①時運：修身立名，可望上達。
②財運：整理舊業，應有利潤。
③家宅：修整為宜；尚須待時。
④身體：運動健身。

九五。井冽寒泉，食。
象曰：寒泉之食，中正也。
①時運：品行中正，可望進用。
②財運：財源長遠，可以獲利。
③家宅：謙讓有禮；同甘共苦。
④身體：外寒內熱，寒劑可解。

上六。井收勿幕，有孚元吉。
象曰：元吉在上，大成也。
①時運：功德在世，大受推崇。
②財運：利益會集，可大可久。
③家宅：積善旺家；兩性好合。
④身體：即日可癒。

解卦實例

實例 1：守正則吉

　　一個朋友在報社工作，由於下筆正直敢言而受到長官的壓制，總覺得有志難伸。他占問自己的前途，得到井卦（水風井，䷯，第四十八卦），變爻九三，爻辭是「井渫不食，為我心惻。可用汲，王明，並受其福。」意即：井淘乾淨而不去食用，使我內心感到悲傷。可以用來汲水，君王英明，大家一起受到福佑。

　　我為他解卦，說：「別急，還需要一點時間，快則三個月，因為井卦九五說『井冽寒泉，食』，意即：井中有甘潔清涼的泉水，可以食用。其次，九三爻辭有『王明』一語，可見長官會明白你的苦心。」他說：「眼前這位長官根本不可能改變對我的印象。」我說：「那也可能是你的長官換人啊！」

　　兩個月後，長官果然換了人。第三個月，他報導一件食品安管的消息，自己還拒絕了廠商的賄賂。報社領導明白整個情況之後，特地公開表揚，稱讚他是媒體正義的最後一道防線。這一切的發展與我根據爻辭所做的解釋可謂「絲絲入扣」，像是依此為劇本在表演一般。重要的是，自己行得正，終將得到他人的肯定。善惡報應有時依然是會得到印證的。

實例 2：穩住陣腳

　　有一家公司換了經理。新上任的經理很希望大顯身手，就占問公司今後的業務。得到井卦，變爻有初六與九二。九二爻辭說：「井谷射鮒，甕敝漏。」意即：井中積水向下流注，水

罐又破又漏。這是怎麼回事呢？

　　原來是離職的經理有可能自行創業，因而也有可能帶走一些老客戶。我說卦象所變的二爻都在下卦，這表示是內部有問題。外卦不變，則表示外在的環境沒有兩樣。井卦所說是把水井修好，讓井水乾淨而可以讓人食用。現在底部出了問題，又怎麼可能發揮水井的功效呢？

　　這時最好與客戶修補關係，稍待一月之後，到了九三就有「王明，並受其福」。君王英明，大家一起受到福佑，問題自可迎刃而解。之卦是既濟卦（水火既濟，䷾，第六十三卦），表示將會順利完成任務。

　　企業經營必須腳踏實地，在競爭激烈的商場上沒人可以穩操勝券。即使你占有優勢，也不保證會持續下去。因此，不如隨時檢討反省自己的條件是否與時俱進，如此才有可能做好每一個決策。先求立於不敗之地，是致勝的不二法門。

井卦的啟示

　　井卦是第四十八卦，卦象為「水風井」（䷯）。卦辭說：「改邑不改井，无喪无得。往來井井。汔至亦未繘井，羸其瓶，凶。」意思是：可以遷移村落，但不能移動水井。沒有喪失也沒有獲得。往來井然有序。汲水時，快到而尚未拉出井口，就碰壞了瓶罐，有凶禍。

　　古代有井田制度，把一平方里土地分為井字的九份。八家各分一份，再共耕中間的公田，公田收穫歸公家，有如稅收。井卦由泰卦（䷊）變來，泰卦初九與六五交換，使上卦

坤（為土為邑）變為坎（為水為井），這就是改邑不改井，邑去而水現。下卦乾失一陽爻，但得一九五尊位，是无得无失。「往來井井」描述人民取水須守秩序。

汲水時，用繩子繫住瓶子（或木桶）拉出井口才可食用。下卦巽為繩為木；中有互兌，兌為缺口，表示瓶破而凶。巽亦為入，於是一個巽卦就象徵了以繩繫木桶進入水下。木桶改為瓶罐，則是由於中間有個互離，離為大腹，有如瓶罐，而瓶罐使互兌的缺口較為清楚呈現。

〈大象傳〉說：「木上有水，井。君子以勞民勸相。」意即：木上出現水，君子由井卦領悟，要慰勞百姓，鼓勵助人。巽為木為桔槔，可用以盛水。水井使百姓生活資源穩定，同時要有分享互助的心態。

初六說：「井泥不食，舊井无禽。」井中的淤泥不能食用，舊的水井沒有禽獸來。初六在井底部，它由泰卦六五（原在坤中，坤為土）下來，土入井下成泥。

九二、九三、六四為互兌，兌為口，而初六在互兌之下，為不食之象。兌又為毀折，兌之下為毀折之後，則為舊井。无禽則因無水可用。

九二說：「井谷射鮒，甕敝漏。」井中積水向下流注，水罐又破又漏。「鮒」借為「柎」，為底部或足部。「射」為流注。九二與九五不應，只能向初六靠攏。它上臨一個互離，本身又在互兌中；離為大腹，有甕象；兌為毀折，所以敝漏。

九三說：「井渫不食，為我心惻。可用汲，王明，並受其福。」井淘乾淨而不去食用，使我內心感到悲傷。可以用來汲水，君王英明，大家一起受到福佑。本卦上卦坎為水，下卦巽

為股，九三以股入水下，引申為「渫井」，但水未至上卦，怎能食用？它面臨上坎，坎為心憂。它與上六正應，「可用汲」。它與九五（王）形成互離，離為明，所以說「王明」，將使大家受福，因九三在互兌，兌為口為食。

六四說：「井甃，无咎。」井的內壁砌好了，沒有災難。本爻象徵極為生動。上卦由泰卦的上坤（土）變為井卦的上坎（水），土加水為泥；中間有互離（火），火燒泥成磚。下卦為巽為工，引申為工人，有如工人燒泥成磚，再砌磚而上，修好水井。

九五說：「井冽寒泉，食。」井中有甘潔清涼的泉水，可以食用。九五既中且正，是大有為之君。他為民謀福，有如甘泉供人取用。有明君，賢臣才願效勞。傅說遇武丁才願食君之祿，為民謀福；伯夷則寧可餓死也不願輕易降低自己對明君的要求。國君以「井冽寒泉」自期，賢臣自然樂於共襄盛舉。

上六說：「井收勿幕，有孚元吉。」井口收攏而不要加蓋，有誠信而最為吉祥。上六有九三正應，又有九五相承。井口收攏是考慮安全，不要加蓋則是歡迎人來取水食用，福利眾生。以六十四卦看來，上六元吉的只有井卦，可見古代社會的生活實況，同時又肯定了無私共享的慈悲心態。我們若有資源，願意與人共用，到哪兒會不受歡迎呢？

另外，上九元吉也只有一卦，就是履卦（天澤履），因為一路走來遵守禮儀，能由此到底，再回頭考察吉凶禍福，然後同樣依禮而行的，又怎麼會不好呢？上六或上九屬於吉的只有將近四分之一，所以值得我們留意。能善始的人較多，能善終的人就很少了。

49 | 革卦 ䷰

革。己日乃孚。元亨利貞。悔亡。
象曰:澤中有火,革。君子以治曆明時。
①時運:改變之時,順時而動。
②財運:消耗過多,遷地貿易。
③家宅:小心防火;改娶之象。
④身體:腎水乾枯,肝火上升。

初九。鞏用黃牛之革。
象曰:鞏用黃牛,不可以有為也。
①時運:最好固守,再等幾年。
②財運:先立基礎,勿圖更張。
③家宅:新造之屋;待婚三年。
④身體:中腹脹硬,消積健脾。

六二。己日乃革之。征吉,无咎。
象曰:己日革之,行有嘉也。
①時運:配合吉日,建立功名。
②財運:擇吉開張,生意暢旺。
③家宅:擇日修宅;可稱佳偶。
④身體:即將痊癒。

九三。征凶貞厲。革言三就，有孚。
象曰：革言三就，又何之矣？
①時運：再三考慮，可免後患。
②財運：信用良好，才可獲利。
③家宅：三遷為宜；三人為媒。
④身體：三日可癒。

九四。悔亡，有孚，改命，吉。
象曰：改命之吉，信志也。
①時運：轉換跑道，好運自來。
②財運：重興舊業，可以得利。
③家宅：整建有利；重婚有利。
④身體：改求良醫。

九五。大人虎變，未占有孚。
象曰：大人虎變，其文炳也。
①時運：大運來到，得意非凡。
②財運：訂好價錢，自可獲利。
③家宅：不利遷動；須防不貞。
④身體：肝火浮動，不藥可癒。

上六。君子豹變，小人革面。征凶，居貞吉。
象曰：君子豹變，其文蔚也。小人革面，順以從君也。
①時運：守成為宜，功成身退。
②財運：名利兼收，知足常樂。
③家宅：居之得安；多求必應。
④身體：靜養修心。

解卦實例

實例：改變為宜

朋友經營出版社，生意每況愈下，並且由於電子書的流行而看不到什麼前景。他認真思考要不要轉業做別的生意。

他為此占了一卦，得到革卦（澤火革，䷰，第四十九卦），變爻九四，爻辭是：「悔亡，有孚，改命，吉。」意即：懊惱消失，有誠信，改變天命，吉祥。

這真是巧合。革卦自然是指變革而言，並且他占得九四，已到上卦，時機成熟，最快三個月內即可如願，這是因為由九四往上第三步之後，即可完成並脫離革卦。九四一變，之卦是既濟卦（水火既濟，䷾，第六十三卦），表示事情將可順利完成。

占卦之妙即在於此。六十四卦中，有與飲食有關的，有與訴訟牢獄有關的，也有與競爭有關的，這些都是反映了古人的具體生活。現代人的具體生活在形式上有飛躍的進步，不過實質上仍然脫離不了「人與人」之間的互動，只是個人的責任意識明顯提升了。從前由上層領導所決定的事情，現在必須自行取捨。

《易經》占卦從前是政治領袖的決策參考，現在已經成為個人可以使用的良師益友了。借助於《易經》的神奇智慧，讓自己多個參考，不是很有益的事嗎？希望現代人不要忽略此一珍寶。

革卦的啟示

革卦是第四十九卦，卦象為「澤火革」（☲）。卦辭說：「己日乃孚。元亨利貞。悔亡。」意思是：到了己日才有誠信。開始、通達、適宜、正固。懊惱消失。卦辭中有「元亨利貞」的共有七卦，就是乾、坤、屯、隨、臨、无妄與革，皆大有為之時。

「己日」是依「納甲說」，以基本八卦配合十天干，就是乾卦納甲、壬，坤卦納乙、癸，艮卦納丙，兌卦納丁，坎卦納戊，離卦納己，震卦納庚，巽卦納辛。在革卦中，下為離，為己日，六二與九五正應，為有孚。每十天有一己日，亦即在時機成熟並得到百姓信賴時，才可從事革命大業。「元亨利貞」猶如春夏秋冬，季節變化出於「天地革」，至於湯武革命，則是〈彖傳〉所說「順乎天而應乎人」的例證。

為何非革不可？「二女同居」是指本卦由下離上兌構成，離為中女，兌為少女。「其志不相得」，二女心意無法投合。在另一種組合「火澤睽」中，〈彖傳〉有「二女同居，其志不同行」，所言為類似狀況。

〈大象傳〉說：君子由此領悟，要制定曆法，明辨時序。古人以農業為生，不能忽略天時的演變，以定期安排作息。

初九說：「鞏用黃牛之革。」革的首要考慮是時機，未到己日不可妄動。初九位在最低，時機未到，必須牢牢穩住。「黃牛」為離卦所象徵，在離卦（第三十卦）有「畜牝牛吉」可見離為牛。而「黃」為坤之土色，表示離的中爻來自於坤。「鞏」為用繩捆綁，因初九往上看到互巽，巽為繩，初九在繩

之下，受到捆縛。這時「不可以有為」，它與九四不應，走投無路。

六二說：「己日乃革之。征吉，无咎。」到了己日才來變革。前進吉祥，沒有災難。六二既中且正，代表離卦，是為己日。離為火為明，可以進行變革。六二與九五正應，前進吉祥，它又在互巽中，巽為近利市三倍，可見改革有利。

九三說：「征凶貞厲。革言三就，有孚。」意即：前進有凶禍，正固有危險。變革之言三度符合，才有誠信。九三處在上下卦之間（由於爻是由下往上發展，所以常以九三為居其間），是水（兌）火（離）衝突之際，進退皆難。事實上，六二才進行了改革，必須先求安定，以取得百姓信賴。

《左傳》談到政治，強調三點：「一，擇人；二，因民；三，從時」。做到這三點，萬事皆吉。本卦九三、九四、九五皆有「有孚」，可見改革首重誠信與信賴。孔子也說：「自古皆有死，民無信不立。」百姓不信賴政府，國家怎能存在？

九四說：「悔亡，有孚，改命，吉。」意思是：懊惱消失，有誠信，改變天命，吉祥。九四位處互巽與上兌，是下隨順而上喜悅，心意獲得上下信賴。九四又處在互乾與互巽中，乾為天而巽為風為命令，意指天命。在革卦中，不是可以改命嗎？

九五說：「大人虎變，未占有孚。」大人改變而形貌如虎，尚未占問就有了誠信。九五居兌卦中爻，位中而正，是為大人，古代天象有「左青龍，右白虎，南朱雀，北玄武」之說，兌在西為虎，故稱虎變。九五與六二正應，六二在離卦，離為龜，可供占卜；合之則是「未占有孚。」〈小象傳〉說：

「其文炳也。」他的文采燦爛耀眼，有如虎皮。

上六提到：「君子豹變，小人革面。征凶，居貞吉。」意思是：君子改變而形貌如豹，小人變換他的面目。前進有凶禍，守住正固就吉祥。兌卦為虎，虎豹同科。九五得尊位稱大人，上六未得尊位則稱君子。虎變與豹變，都是要將內在的光明（下卦離為明為文采）展現出來。至於小人，則是無志而未能自覺，只能說革面，而談不上洗心。豹變則稱「文蔚」，文采盛美可觀。

因此，革卦首重時機，以誠信取得信賴，再由內而外改變自己，不然至少要有外在的不同表現，先求革面再求洗心。

50 | 鼎卦 ䷱

鼎。元吉，亨。
象曰：木上有火，鼎。君子以正位凝命。
①時運：功名日進，貴不可言。
②財運：自然得利，不勞而獲。
③家宅：小心火災；正配內助。
④身體：肝火上沖，順氣以治。

初六。鼎顛趾，利出否。得妾以其子，无咎。
象曰：鼎顛趾，未悖也。利出否，以從貴也。
①時運：因禍得福，榮封之喜。
②財運：小損大利，以商為家。
③家宅：修整有吉；妾生貴子。
④身體：使腹下瀉，即可痊癒。

九二。鼎有實，我仇有疾，不我能即。吉。
象曰：鼎有實，慎所之也。我仇有疾，終无尤也。
①時運：功名正盛，小心中傷。
②財運：袋中有財，須防盜竊。
③家宅：富家防竊；不宜娶女。
④身體：實熱之症。

九三。鼎耳革，其行塞，雉膏不食。方雨，虧悔，終吉。

象曰：鼎耳革，失其義也。

①時運：妄意改變，難免有悔。

②財運：目前滯銷，須待三年。

③家宅：須防突變；可能悔婚。

④身體：小心失聰。

九四。鼎折足，覆公餗，其形渥，凶。

象曰：覆公餗，信如何也？

①時運：小損大刑，千萬小心。

②財運：有去無回，小心性命。

③家宅：棟折之患；男女足疾。

④身體：足上生瘡，難保完整。

六五。鼎黃耳金鉉。利貞。

象曰：鼎黃耳，中以為實也。

①時運：守住大貴，自然吉祥。

②財運：資訊通達，可獲大利。

③家宅：富貴之家；聯姻貴族。

④身體：保護胸耳。

上九。鼎玉鉉，大吉，无不利。

象曰：玉鉉在上，剛柔節也。

①時運：和善待人，無往不利。

②財運：美玉待沽，自然有利。

③家宅：地位甚高；金玉之盟。

④身體：耳痛之症。

解卦實例

實例：實力不足

有些卦看起來不錯，但是還須配合位置才可論斷。譬如，鼎卦是個好卦，表示烹調食物，也象徵事業有成。但若是位置不佳，照樣讓人受累。

一位朋友計劃請我開班上課，占得鼎卦（火風鼎，☲☴，第五十卦），變爻九四，爻辭說：「鼎折足，覆公餗，其形渥，凶。」意即：鼎足折斷，打翻了王公的粥，自己身上也沾汙了，有凶禍。

開班之事不成就算了，怎麼會造成這麼複雜的結果呢？原因是在烹調食物時，若是尚未完成則無法讓人享用。九四與初六正應，以致有翻倒之虞。

就在此時，這位朋友不知何故手上長了水泡，有如濕疹，好像被熱水燙到一般。這不就像是打翻一鍋粥之後被燙傷的處境嗎？

至於「凶」字則未必太嚴重，因為既然知其不可就停止算了。這件事後來沒辦成。不過，時隔一季之後再重新計畫，最後還是成功了。

原因是，鼎卦往上到了六五，爻辭是：「鼎黃耳金鉉。利貞。」意即：鼎有黃色的耳與金製的鉉，適宜正固。鼎到了這個階段才完全發揮其作用，並且鼎是靠耳朵來讓人抬著走路的。既然可以行動，就表示大功告成，古人有「革故鼎新」之說，以此描寫新局面的開始。

鼎卦的啟示

　　鼎卦是第五十卦，卦象為「火風鼎」（䷱）。鼎是古人用以烹煮的鍋子。由於前一卦為革，〈序卦傳〉說：「革物者莫若鼎。」把生食煮成美味食物，沒有比這更徹底的變革了。卦辭說：「元吉，亨。」但是〈彖傳〉最後只說「是以元亨」，而未提元吉，因此有些學者認為卦辭應該是「元亨」二字。如此一來，卦辭有「元吉」的就只有損卦了。

　　所謂「火風鼎」，是指下巽上離。離為火，巽為入，為風，為木。〈彖傳〉說：「鼎，象也。以木巽火，亨飪也。」在此，「象」是取象，意即鼎卦取象於古人所用的大鍋。下為木，上為火，有烹煮之象。並且，初六有如鼎足，九二、九三、九四有如實實在在的鼎腹，六五為鼎耳，上九為鼎鉉。

　　〈彖傳〉接著說：「聖人亨以享上帝，而大亨以養聖賢。巽而耳目聰明，柔進而上行。得中而應乎剛，是以元亨。」由此可知古人發明熟食之後，向上帝祭獻，也養育聖賢，再由聖賢去教化百姓。所謂「柔進而上行」一語，是就卦變而言，亦即鼎卦是由遯卦（䷠）變來，由其六二與九五換位而成。六二（柔）得九五之位，再與新的九二相應。

　　〈大象傳〉說：君子由此領悟，要「正位凝命」，端正職位，完成使命。古代禹分天下為九州，鑄九鼎以為國寶，後代以鼎代表尊位。

　　初六說：「鼎顛趾，利出否。得妾以其子，无咎。」意即：鼎足顛倒，適宜走出閉塞。因為兒子而娶得妾，沒有災難。初六在鼎的底部，為足趾；它與九四正應，以陰從陽，所

以翻覆，但正好清潔鼎的內部，有如走出閉塞。在原有的遯卦中，初六在下艮，為少男；現在變成鼎卦而與九四正應，九四在互兌中，兌為妾，這不是「得妾以其子」嗎？

九二說：「鼎有實，我仇有疾，不我能即。吉。」意即：鼎中有實在物料，我的對頭患了病，沒有辦法接近我。吉祥。九二在互乾，乾為實。「我仇」是指六五，與他相匹敵。但六五有疾，疾在乘剛（九四與九三）。那麼為何最後還是吉？因為二者皆在中位，陰陽正應，最後總會相遇。

九三說：「鼎耳革，其行塞，雉膏不食。方雨，虧悔，終吉。」鼎耳被革除，行動受到困阻，吃不到山雞的美肉。正在下雨，既吃虧又懊惱，最後吉祥。

為何說鼎耳？因為從初六到六五形成一個大坎，坎為耳，九三在大坎中間，故有耳象。但在本卦，真正的鼎耳是六五，鼎耳是要讓鼎鉉穿過去，用來搬遷整個鼎的。所以九三鼎耳革，無法負責行動，它又與上九不應，無路可走。上卦為離，離為雉，九三在離卦之下，吃不到雉膏。它在互兌，兌為澤為雨為毀折，虧悔由此而來。終吉，則是因為本卦四個陽爻，只有九三位正。

九四說：「鼎折足，覆公餗，其形渥，凶。」鼎足折斷，打翻了王公的粥，自己身上也沾汙了，有凶禍。九四以初六為足，本身又在互兌中，兌為毀折，是為鼎折足。九四為公卿，餗為八珍之粥，粥象來自互兌。〈繫辭下〉孔子說：「德薄而位尊，知小而謀大，力小而任重，鮮不及矣。」這樣的人很少有不拖累自己的。

六五說：「鼎黃耳金鉉。利貞。」六五在上卦中位，它由

六二上來，形成本卦有個大坎，為耳。它進入上卦乾，乾為金；現在形成離，離居坤之中位為黃。鉉可穿過鼎耳而抬之。六五與九二正應，利貞。

上九說：「鼎玉鉉，大吉，无不利。」上九在遯卦上乾，乾為金為玉。上九無位，故玉鉉，不似九五有位以金鉉。剛柔調節，則是指它有九五相承，為功成身退之老臣。

本卦各爻除九四外，皆有吉或利。九四是唯一得凶的，因為它與初九正應，在初九是「顛趾」，在它是「折足」，因為忘了自己的身分與地位。鼎卦代表國家重器，接著上場的是描寫諸侯接位的震卦了。

51 | 震卦 ䷲

震。亨。震來虩虩，笑言啞啞。震驚百里，不喪匕鬯。
象曰：洊雷，震。君子以恐懼修省。
①時運：運勢正強，謹慎免咎。
②財運：所積財物，皆得售出。
③家宅：保護宅基，祭禱為宜；佳偶。
④身體：肝火太盛，不宜勞累。

初九。震來虩虩，後笑言啞啞，吉。
象曰：震來虩虩，恐致福也。笑言啞啞，後有則也。
①時運：好運新來，先苦後樂。
②財運：用心經營，得利可樂。
③家宅：謹慎為宜；先憂後喜。
④身體：先危後安。

六二。震來厲，億喪貝。躋於九陵，勿逐，七日得。
象曰：震來厲，乘剛也。
①時運：患得患失，不必過慮。
②財運：有得有失，危機意識。
③家宅：注意防盜；夫妻不睦。
④身體：病勢可憂，七日可癒。

六三。震蘇蘇，震行无眚。

象曰：震蘇蘇，位不當也。

①時運：加倍謹慎，可以免咎。

②財運：銷路不佳，另行設法。

③家宅：小心地震；門戶不當。

④身體：由危而安。

九四。震遂泥。

象曰：震遂泥，未光也。

①時運：欲振乏力，退而自保。

②財運：揮金如土，難有積蓄。

③家宅：陽氣阻塞；辛苦成家。

④身體：腹部積滯，宜泄除之。

六五。震往來厲，億无喪，有事。

象曰：震往來厲，危行也。其事在中，大无喪也。

①時運：患難已過，可成大事。

②財運：小損大利，不必多憂。

③家宅：祭禱防祟。

④身體：修身養性。

上六。震索索，視矍矍，征凶。震不於其躬，於其鄰，无
咎。婚媾有言。

象曰：震索索，中未得也。雖凶无咎，畏鄰戒也。

①時運：位高必危，靜守為宜。

②財運：須防過貪，謹守小成。

③家宅：鄰居有事；近時媒來。

④身體：安心養日。

解卦實例

實例：情況複雜

朋友介紹一位企業家，說有要事相商。他不肯先說明何事，只希望先占個卦。

占得震卦（上雷下雷，䷲，第五十一卦），變爻上六，爻辭說：「震索索，視矍矍，征凶。震不於其躬，於其鄰，无咎。婚媾有言。」意即：震動得渾身發抖，驚恐得四處張望，前進有凶禍。震動不在自己身上，而在鄰居那兒，沒有災難，婚配會出現怨言。

這段爻辭的內容相當複雜，那麼這位企業家到底在想什麼呢？他目前可能正在經歷巨大的變動，以致六神無主。「征凶」一詞表示暫時不可往前走。「視矍矍」一詞表示如果占問健康，則問題出在眼睛。「於其鄰」一詞表示他看到鄰居或親人的狀況而心生警惕。然後「婚媾有言」一詞表示若非有人說媒，就是夫妻失和。

經過這麼解釋之後，他似乎有些感觸，沉思良久，然後稱謝而去。

最適合的解卦者是占問者自己，因為他知道有關自己的一切細節，只是有時忘記了某些部分。經過爻辭的提醒，讓他注意到或聯想起平常所疏忽的地方。

我們即使不談占卦，平日自我反省時也會有類似的心得。所謂「无有師保，如臨父母」，也有勸人真誠反省的意思。面對父母時，不妨坦誠相告，再尋思妥當的抉擇。

震卦的啟示

震卦是第五十一卦，卦象是上下皆震（䷲），為八純卦之一。卦辭說：「亨。震來虩虩，笑言啞啞。震驚百里，不喪匕鬯。」意即：通達。震動起來驚慌不安，談話笑聲穩定合宜。震動驚傳百里之遠，祭器祭酒卻不失手。

震為長男，古代諸侯由長子繼位，這是國家大事。這時有如遇到地震雷鳴，使人震撼，但是長子在敬畏時不忘談笑，依然笑言啞啞。震為善鳴馬，引申為言說；二震並行，言說有序。更重要的是在震驚百里（諸侯受地百里）時，長子主祭時依然安穩。「匕」為匙形器具，來自互坎，坎為堅多心之木；「鬯」為黑黍所釀的酒，也來自互坎。

〈彖傳〉指出「恐致福」（恐懼可以招致福佑）與「後有則」（隨後有了言行法則）。這樣的長子在國君外出時，可以守護宗廟社稷，並擔任祭祀的主持人。古人重視宗教儀式，總是提醒世人勿忘祖先神靈或至上神。天子或諸侯雖然富貴，但責任在於代行天工，要代替上天去照顧百姓。

〈大象傳〉說：上下皆震是指接二連三打雷，君子由此領悟，要有所恐懼，修正省察自己。孟子說：「仰不愧於天，俯不怍於人。」人能俯仰無愧，自然坦蕩快樂。

初九說：「震來虩虩，後笑言啞啞，吉。」此與卦辭所說相同，所以初九為主爻。在單卦的震中，初九是主爻；在重卦的震中，雷自地起，初九也是主爻。關於笑言啞啞，還可以從卦變來看。本卦由臨卦（䷒）變來，由其九二與六四換位。在臨卦中，初九在下卦兌中，兌為口，為言笑。現在變為震

卦，使陰陽爻搭配有序，所以說笑言穩定合宜。

六二說：「震來厲，億喪貝。躋於九陵，勿逐，七日得。」意即：震動起來有危險，大量喪失了錢幣。登上九重山陵，不要去追趕，七天可以失而復得。由臨卦變為震卦時，六二原在上坤，坤為兩串貝，代表錢幣甚多，現在坤象消失，出現互坎，坎為盜，所以說「億喪貝」。古人以「億」為十萬，大量之意。六二在互艮中，艮為山，所以說躋於九陵。六二居中行正，而震為小型復卦（☷），復為七日來復，所以說「七日得」。

六三說：「震蘇蘇，震行无眚。」震動得微微發抖，因為震驚而行動，就沒有災害。六三以陰爻居剛位，又在下震上爻，「震蘇蘇」可想而知。它在互坎中，坎為災難，現在震為行，所以因震而行就可以免於災難。

九四說：「震遂泥。」九四困限於上下四陰爻之間，本身又形成互坎，有如水入土成泥，是為震動得落入泥中。

六五說：「震往來厲，億无喪，有事。」意思是：震動時，往來都有危險，沒有大量喪失，但發生事故。六五由臨卦變為震卦的過程中，守住坤卦中位，所以現在雖有互坎（為盜），也不至於有任何損失。但事故還是難免，就是失去原有的正應，變為不應。它往上是終位無比，往下是六二而無應，表示往來都有危險。

《易經》特別重視中位（二與五），因為不論發生任何事故，前有緩衝而後有支撐，省去許多困擾與挑戰。「中勝於正」，居中為先而不必刻意要求當位（六二與九五）。

上六說：「震索索，視矍矍，征凶。震不於其躬，於其

鄰，无咎。婚媾有言。」意思是：震動得渾身顫抖，驚恐得四處張望，前進有凶禍。震動不在自己身上，而在鄰居那兒，就沒有災難，婚配會出現怨言。

上六的處境更甚於六三（震蘇蘇），是震索索。「視矍矍」則取六二至上六為小型小過卦（☷）的飛鳥之象。「視」來自上六爻變所形成的離卦。能參考其鄰六五（往來皆屬）就知道「征凶」，然後可以无咎。至於「婚媾有言」，則因本卦有震（長男）、互坎（中男）、互艮（少男），三男無女如何婚媾？臨卦原有下兌，現在震卦無兌，兌為言，有言而改，是為怨言。

52 | 艮卦 ䷳

艮。艮其背,不獲其身。行其庭,不見其人。无咎。

象曰:兼山,艮。君子以思不出其位。

①時運:運勢平平,不宜妄進。

②財運:守好本業,不可貪財。

③家宅:不宜改造;命由前定。

④身體:帶病延年。

初六。艮其趾,无咎。利永貞。

象曰:艮其趾,未失正也。

①時運:初交好運,退守无咎。

②財運:知足常樂,多行善事。

③家宅:可以長住;百年好合。

④身體:足疾就醫。

六二。艮其腓,不拯其隨。其心不快。

象曰:不拯其隨,未退聽也。

①時運:運途受阻,缺少援手。

②財運:止而不售,難免心憂。

③家宅:不宜遷居;避開此婚。

④身體:藥石難治。

九三。艮其限，列其夤，厲薰心。

象曰：艮其限，危薰心也。

①時運：順時可成，不可勉強。

②財運：閉關自守，難免窮困。

③家宅：往來為宜；不拘門戶。

④身體：血脈不通。

六四。艮其身，无咎。

象曰：艮其身，止諸躬也。

①時運：無得無失，保身无咎。

②財運：可以保本，另得良機。

③家宅：平安無事；婚姻平平。

④身體：帶病延年。

六五。艮其輔，言有序，悔亡。

象曰：艮其輔，以中正也。

①時運：言談中正，自然可取。

②財運：保密為要，商機可成。

③家宅：位得中正；慎防巧言。

④身體：口能發聲，病即可治。

上九。敦艮，吉。

象曰：敦艮之吉，以厚終也。

①時運：好上加好，自然吉祥。

②財運：上手生意，獲利自多。

③家宅：世代忠厚；婚姻吉祥。

④身體：體質厚實。

解卦實例

實例 1：敦厚為宜

　　一位朋友想讓小孩轉學到全美語的學校。小孩五年級，活潑聰明，在原來的學校中是個受歡迎的班長。現在父母擔心的是轉學之後能否適應良好。

　　她占了一卦，得到艮卦（上下皆山，☶，第五十二卦），變爻上九，爻辭說：「敦艮，吉。」意即：篤實地止住，吉祥。簡單三個字，一方面，看到「吉」就放心了，另一方面，怎樣才算篤實地止住呢？

　　艮為山，兩山重疊而位居最高，不是穩如泰山嗎？我說：「你的孩子轉學之後，第一年務必低調穩重，先熟悉環境，趕上功課，與同學好好相處，第二年以後就沒有問題了。」這句話不靠占卦也說得出來，因為它符合常識原則。你再怎麼有本事，去到一個新環境，也必須先調適心態，與人為善。這第一步沒有站穩，以後相處怎麼可能順利？

　　朋友依言而行，諄諄告誡孩子。半年之後我問她孩子情況如何，她說非常理想，交了許多新朋友，大家相處愉快。艮卦上九為變爻，則之卦為謙卦（地山謙，☷，第十五卦），六爻非吉則利，所以我說第二年之後就沒問題了。學習《易經》占卦，可以得到不少啟發，對於個人修德尤其具有參考價值。

實例 2：待機而動

　　一位朋友升職了，從地區經理升到總部經理·。他想有些作為，提出不少革新的計畫，希望一戰成名。

他以籌策占卦，得出艮卦，沒有變爻。卦辭是：「艮其背，不獲其身。行其庭，不見其人。无咎。」意即：止住背部，沒有獲得身體。走在庭院中，沒有見到人，沒有災難。〈大象傳〉說：「君子以思不出其位。」意即君子思考問題不超出自己的職位範圍。

遇到六爻不變的情況，通常指占問之事近期內沒有什麼變化。何況艮卦說得很明白，要你知道停止，所思慮的不可超出自己的職務範圍。公司整體經營由老董或老總負責，你受命於人，當行則行，當止則止。現在艮卦是兩座山重疊出現，提醒你不可好高騖遠。只要依循此卦的指示，最後將是「无咎」。至於何時可以大顯身手，最好三個月（一季）過後再占。

《易經》講究變化。現在不宜做的事，也許隔一兩個月情況改變了，又適合去做了。君子應該察知幾微，注意細節的差異，有如見一落葉而知秋天已近，可以早做準備。當你準備好時所出現的機會，就可能成為製造奇蹟的契機。

艮卦的啟示

艮卦是第五十二卦，卦象是上下皆艮（☶），為八純卦之一。卦辭說：「艮其背，不獲其身。行其庭，不見其人。无咎。」意思是：止住背部，沒有獲得身體。走在庭院中，沒有見到人。沒有災難。

艮為山為止，為堅多節之木，引申為人的背脊。本卦有如二人皆面向內而背向外。它由觀卦（☶）變來，九五與六三換位而成。這一換位就使原在下卦的坤消失了，坤為母，可

懷孕稱「有身」，故為身。這是「艮其背不見其身」。艮卦有一互震，震為行，引申為行人；又有一互坎，坎為隱伏；艮又為門闕，二艮相疊，二門之間為庭；所以說「行其庭不見其人」。能夠「止」（自我約束）到這種程度，自然无咎。

〈彖傳〉指出：「時止則止，時行則行，動靜不失其時，其道光明。」因卦象有艮有震，有止有行，而互震的陽爻在九三，位正故可行，亦即不失時。「其道光明」是因為震艮皆為道途，而陽爻在上也。

〈大象傳〉說：「兼山，艮。君子以思不出其位。」兩座山重疊在一起，君子由此領悟，思考問題不超出自己的職位範圍。《論語‧憲問》有「子曰：不在其位，不謀其政。」一語，接著加上曾子說：「君子思不出其位。」由此可知孔子與弟子們討論過《易經》，並且〈大象傳〉多談「君子」，可以代表儒家立場。

初六說：「艮其趾，无咎。利永貞。」初六位於最底部，有如足趾；陰爻居剛位，又與六四不應，所以沒有動力。它在艮卦，講求的是止，所以无咎，還適宜永貞。

六二說：「艮其腓，不拯其隨。其心不快。」止住小腿，不抬起來又須隨著動。內心不痛快。六二在人的身體部位，有如小腿，它即使想止，也須隨著股（大腿）而進退。它在互坎中，坎為水為險為加憂，所以會希望九三退一步聽它。「聽」字亦來自坎為耳。但是九三本身也有難處。六二既中且正，處於如此不利情況並不多見。

九三說：「艮其限，列其夤，厲薰心。」止住腰部，撕裂脊肉，有危險而憂心如焚。「限」指腰部，有如人身上下之分

界。九三位處腰部，居上下艮之間，非止不可。但九三陽爻居剛位，又在互震之中，是非動不可。它又在互坎，坎為美脊馬，在人則是背脊，如此則有背脊撕裂之苦。坎還是心病，加憂，同時由九三至上九為一大型的離卦，離為火。這一來，不是「厲薰心」嗎？程頤說：「行止不能以時，而定於一，其堅強如此，則處事乖戾與物睽絕，其危甚矣。」其義理也值得借鏡深思。

六四說：「艮其身，无咎。」止住身體，沒有災難。順著人的身體部位，六四在腰部以上，有心臟可代表人的自身。同時九三至上九形成放大的離卦，離為大腹為有身，也可以說得通。這是以身止心，在行為上自我約束，不可從心所欲。孔子說：「以約失之者，鮮矣。」人若約束自己，就少有過失了。

六五說：「艮其輔，言有序，悔亡。」止住上牙床，說話有條理，懊惱消失。古人以輔為上牙床，說話有條理，「車」為下牙床。艮其輔，則是說話謹慎。六五在艮卦又在互震，可止可行。至於「言」，則是因為它在互震，震為善鳴馬，引申為言說。所謂「高宗三年不言，一言而四海咸仰。威王三年不鳴，一鳴而齊國震驚。」能做到「言有序」，大概可以避免孔子所謂的「侍於君子有三愆：言未及之而言謂之躁，言及之而不言謂之隱，未見顏色而言謂之瞽。」（《論語・季氏》）

上九說：「敦艮，吉。」上九居兩山之上，可以篤實地止住。前面的震卦是初九吉，現在的艮卦是上九吉。這二爻各自代表一卦之主爻。以艮卦來說，到了最後能夠止住，正如〈小象傳〉所云：「敦艮之吉，以厚終也。」上九處於二山之上，可以厚重地止住，完成艮卦所期許的，所以說吉。

53 | 漸卦 ䷴

漸。女歸吉，利貞。
象曰：山上有木，漸。君子以居賢德善俗。
①時運：時來運轉，可以得意。
②財運：逐漸得利，多行善事。
③家宅：君子居之；賢女可妻。
④身體：安居調養。

初六。鴻漸於干，小子厲。有言，无咎。
象曰：小子之厲，義无咎也。
①時運：初行好運，要有耐心。
②財運：有約在先，宜防小人。
③家宅：尚無大礙；女長男少。
④身體：大人沒事，小孩就醫。

六二。鴻漸於磐，飲食衎衎，吉。
象曰：飲食衎衎，不素飽也。
①時運：嘉賓安樂，名利皆有。
②財運：日益增加，穩若磐石。
③家宅：和樂相處；百年偕老。
④身體：飲食過度之症。

九三。鴻漸於陸，夫征不復，婦孕不育，凶。利禦寇。

象曰：夫征不復，離群醜也。婦孕不育，失其道也。利用
禦寇，順相保也。

①時運：運勢不正，須防有禍。

②財運：不易得利，防有盜賊。

③家宅：不利生產，須防離散。

④身體：生產時恐難兩全。

六四。鴻漸於木，或得其桷，无咎。

象曰：或得其桷，順以巽也。

①時運：隨遇而安，可以免咎。

②財運：利潤甚微，保本即可。

③家宅：可能寡居。

④身體：肝火過盛。

九五。鴻漸於陵，婦三歲不孕，終莫之勝，吉。

象曰：終莫之勝，吉，得所願也。

①時運：運勢中正，三年必成。

②財運：眼前平平，三年大發。

③家宅：可以安居；得子稍遲。

④身體：三年可癒。

上九。鴻漸於陸，其羽可用為儀，吉。

象曰：其羽可用為儀吉，不可亂也。

①時運：大運來到，可以用世。

②財運：貨美價高，自然獲利。

③家宅：輝煌可觀；婚姻吉祥。

①身體：健康活潑。

解卦實例

實例：循序漸進

我在杭州一家旅館用餐時，遇一和尚能為人看相。他主動告訴我，說我還有多少年大運。我屈指一算，這幾年之後正是我的退休之年。

相術花樣很多，一般人不輕易說出自己的祕訣。不過，學習《易經》卻不必搞神祕。

我於二〇〇六年為大眾介紹國學時，曾為自己占得姤卦（天風姤，䷫，第四十四卦），變爻九二與九四。當時以九四為斷，爻辭是：「包无魚，起凶。」但是我也知道，三年之後會轉到之卦，亦即漸卦（風山漸，䷴，第五十三卦），而漸卦有循序漸進之意，所以不必著急。

我在二〇〇九年遇到這位和尚，他所說的六年即代表漸卦的六爻。

漸卦六爻中，有三個「吉」（六二、九五、上九），兩個「无咎」（初六、六四），以及一個「凶」（九三），但是這個「凶」還有「利禦寇」（適宜抵抗強盜）一詞來搭配，所以並非無路可走。

知命之後可以樂天，對於自己的遭遇以樂觀態度來面對。其實「漸」字也是人生發展的常軌，誰能不依序而行？尤其到上九時，爻辭說：「鴻漸於陸，其羽可用為儀，吉。」意即：大雁漸進到臺地上，羽毛可以用在禮儀中，吉祥。以此而進，不亦宜乎？

漸卦的啟示

　　《易經》第五十三卦是漸卦，卦象為「風山漸」（䷴）。卦辭說：「女歸吉，利貞。」意思是：女子出嫁吉祥，適宜正固。「漸」為循序漸進之意，程頤說：「天下之事，進必以漸者，莫如女歸。」本卦六爻皆以此為焦點。

　　漸卦由否卦（䷋）變來，是六三與九四換位而成。這一換位，就符合〈彖傳〉所云：「進得位，往有功也。進以正，可以正邦也。」這裡兩個「進」字的主角都是指漸卦六四而言。如此一來，二、三、四、五皆得正位，由正家而正邦。

　　〈大象傳〉說：「山上有木，漸。君子以居賢德善俗。」在此巽卦為風為木，所以這是木在山上，因山而高，它的成長是漸進的，也是人所共睹的。

　　初六說：「鴻漸於干，小子厲。有言，无咎。」意即：大雁漸進到水岸邊，年輕人有危險。有些責言，沒有災難。本卦六爻皆以鴻雁為喻，是因為在古人看來，鴻雁依季節遷徙而從不失信，在飛行時井然有序，並且對配偶堅貞不渝。同時，本卦有上巽及互離，為雞為雉皆可聯想到雁。

　　「干」為水岸，因為初六之上有個互坎。「小子」則因下卦為艮為少男，面臨上坎有危險。至於「有言」則可以理解為「艮為反震」，震為言，有言而反，必是責言。這種由反象而作的解釋也有一定的道理。初六陰柔，上無正應不會躁進，所以无咎。

　　六二說：「鴻漸於磐，飲食衎衎，吉。」大雁漸進到磐石上，艮為山為石，而六二在艮卦中位。它也在互坎，坎為水為

酒食；又與九五正應，所以有飲食和樂之象。在〈小象傳〉說：「飲食衎衎，不素飽也。」素為白，它不是白白吃飽的，而是既中且正，又有正應。說到「素飽」，有些像「不耕而食」。孟子曾受弟子質疑為「素餐」，孟子的回答是：「君子居是國也，其君用之，則安富尊榮；其子弟從之，則孝悌忠信。『不素餐兮』，孰大於是？」讀書人以教化為己任，「十年樹木，百年樹人」，對國家的貢獻豈為不大？他們難道是白白吃飯的嗎？

九三說：「鴻漸於陸，夫征不復，婦孕不育，凶。利禦寇。」大雁漸進到臺地上。丈夫出征不回來，婦女懷孕不生育，有凶禍。適宜抵抗強盜。九三在艮卦又在互坎，艮為山，坎為水為平，合之為臺地。在卦變時，由否卦變為漸卦，九三離開否卦上乾，形成漸卦下艮，艮為止，是夫征不復。六四形成上巽，為婦為不果，它又在互離，為大腹，這就變成婦孕不育。為何可以禦寇？因為九三有互坎與互離，水火為弓輪戈兵，而互坎又是強盜，所以如此。

六四說：「鴻漸於木，或得其桷，无咎。」六四已到了上卦巽，巽為木；同時它又跨越在下艮之上，艮為門闕，門闕之上為屋椽（桷）。在漸進時，隨順為佳，所以本卦上三爻皆為可喜。

九五說：「鴻漸於陵，婦三歲不孕，終莫之勝，吉。」九五位置更高，到了山陵上，上卦巽為婦（長女之引申），但它又是不果（如風之吹拂不定）。三歲不孕，是因九五與六二正應，但中間互坎阻止。要等待三年，走三步，而最後因為九五與六二都是既中且正，沒有人可以勝過這種組合，所以吉祥。

本卦九三說「婦孕」，因為九三剛剛進入互離（為大腹）；九五說「婦不孕」，則因九五即將走出互離，並且與六二正應。

上九說：「鴻漸於陸，其羽可用為儀，吉。」大雁漸進到臺地上，羽毛可以用在禮儀中，吉祥。上九在上卦巽，可進可退，回到較平的臺地，最覺安穩。上九在互離（為雉）上方，有如羽毛，並且巽卦也有「白」意，至於說「儀」，則指進退有序，有如男女交往歷經考驗，最後歸於平淡而堅貞的正果。一個人位居高位而對百姓產生示範作用，由正家可以正邦，由修身而治國，皆由此道。

54 | 歸妹卦 ䷵

歸妹。征凶，无攸利。
象曰：澤上有雷，歸妹。君子以永終知敝。
①時運：進不以道，難以持久。
②財運：貨價尚可，結局未必。
③家宅：已婚不宜居母家；勿耽情欲。
④身體：大限將至。

初九。歸妹以娣，跛能履，征吉。
象曰：歸妹以娣，以恆也。跛能履，吉相承也。
①時運：因人成事，乏善可陳。
②財運：奉命而行，幸可獲利。
③家宅：偏屋亦吉。
④身體：不良於行。

九二。眇能視，利幽人之貞。
象曰：利幽人之貞，未變常也。
①時運：不必幻想，安心修養。
②財運：獨到之見，暗中得利。
③家宅：適合隱居；偏房為宜。
④身體：保養眼睛。

六三。歸妹以須，反歸以娣。

象曰：歸妹以須，未當也。

①時運：受人抑制，忍耐一時。

②財運：眼前無利，可圖未來。

③家宅：不是正宅；不是正娶。

④身體：待時可癒。

九四。歸妹愆期，遲歸有時。

象曰：愆期之志，有待而行也。

①時運：行運有時，不宜躁進。

②財運：待時而動，自可獲利。

③家宅：暫勿遷居；須待時日。

④身體：安心靜養。

六五。帝乙歸妹，其君之袂不如其娣之袂良。月幾望，吉。

象曰：帝乙歸妹，不如其娣之袂良也。其位在中，以貴行也。

①時運：謙虛得福，連袂上進。

②財運：後貨較優，早售有利。

③家宅：喜事臨門；二女同歸。

④身體：半月可癒。

上六。女承筐无實，士刲羊无血，无攸利。

象曰：上六无實，承虛筐也。

①時運：諸事不順，小心為宜。

②財運：本虛貨缺，如何得利。

③家宅：須防紛爭；婚娶不正。

④身體：虛勞失血，不治之象。

解卦實例

實例 1：不可兒戲

我在一家電視臺錄節目時，為我化妝的女士正與男友論及婚嫁。她知道我懂一點《易經》，就拜託我為她占卦。我請助理教她以籌策占卦，而我其實不太願意為這麼重大的事給別人出主意，就說這純屬學術研究，我只是提供參考而已。

她占得歸妹卦（雷澤歸妹，☳，第五十四卦），變爻九二，爻辭是：「眇能視，利幽人之貞。」意即：眼有疾還能看，適宜幽隱的人保持正固。我的建議很簡單：婚前要看清楚，婚後就不必太計較了。她自己一看爻辭，又是「眼有疾」又是「幽隱的人」，就覺得不太理想，隨口就說：「這個婚乾脆不結了。」我趕緊補充說：「這個爻不是不好，因為〈小象傳〉說『未變常也』，是指沒有改變常道，這表示你們交往都合乎常道，所以請不要急於決定。」

我不知道這位女士後來的決定如何。我擔心的是：九二變爻所造成的之卦是震卦（上下皆雷，☳，第五十一卦），而震卦是變動劇烈的一卦，平常人未必挺得住。正如許多人結婚之後，考驗才開始，變動之下能否長期堅持，還要靠雙方的努力。占卦遇到這種情況，在解卦時也不可兒戲，以免別人產生偏差的念頭，那就助人不成反而害人了。

實例 2：推算時間

占卦之後，如何推算應驗的時間呢？簡單說來，如果問的是傷風感冒這種小毛病，那麼一個爻位可能代表一天，要看變

爻的位置何在，然後在第幾步脫離本卦。如果問的是慢性疾病，需要較長的復原期，那麼一個爻位可能代表一個月或甚至一年。

有一次在蘇州演講後，主辦方的一位小姐用數字占卦，得到歸妹卦，變爻九四，爻辭是「歸妹愆期，遲歸有時。」意即：嫁妹妹延誤了婚期，晚些出嫁也會有一定的時候。

她所占問的是「何時可以交到知心男友？」我說：「變爻在九四，要走完這個卦共需三步，亦即由九四往上，經過六五、上六。並且，之卦是臨卦（地澤臨，☷☱，第十九卦），有來臨之意。所以，你大約三年之後才會出現合適的男友。」

她聽了連聲說「不可思議」，因為她最近才花錢找人算命，得到的答案正是：三年之後可以找到好對象。

以此為例可知，在推算時間時，像交到好友這件事，短則三個月，長則三年。既然她心裡想的是將來婚嫁的對象，所以我為求慎重，說是三年。解卦要配合人情世故，此為一例。

歸妹卦的啟示

歸妹卦是第五十四卦，卦象為「雷澤歸妹」（☳☱）。卦辭說：「征凶，无攸利。」乍看之下，好像難以理解。「歸妹」是指嫁出女子，是終身大事，為何反而不好？理由是這是人生大事，全力以赴都不見得妥善，此時又怎能「征」（往前進）或「利」（去做什麼事）？

本卦是下兌上震。震為諸侯，諸侯娶女，關係重大。這其中的細節多屬封建社會所要考慮的。今日讀來不必拘泥。〈象

傳〉說：「歸妹，天地之大義也。天地不交而萬物不興，歸妹，人之終始也。」所謂「人之終始」，是說人類生命要求終而復始，那麼就必須結婚生育，代有子孫。這是引申為適用所有人的情況。

〈大象傳〉指出君子由本卦所領悟的是「永終知敝」，亦即要長久直到結束，知道弊端而防範。個人生命有結束，人類卻要長久持續。既然如此，怎能不了解弊端而用心改善？

初九說：「歸妹以娣，跛能履，征吉。」嫁妹妹（指稱未嫁女）時，以娣陪嫁。腳跛了還能走，前進吉祥。這是專就諸侯娶女為例。古代諸侯娶妻時，「一聘九女」，亦即：正室一人，陪嫁的娣姪二人，稱為勝。「娣」為正室之妹，「姪」為正室的姪女。這三人又各娣姪二人，使總數為九人。有娣陪嫁，將來正室過世可以繼位，如此則兩國（或兩大家族）的姻親關係可以長期維持。這種情況無疑是描寫封建社會的統治階級。由此可知《易經》是供政治領袖學習及遵循的資料。

以本爻而言，下卦為兌為少女，亦為娣。初九居下位為足，兌為毀折，在此為跛。初九以陽爻居剛位，不但能履，並且征吉，因為向前一步可為正室。

九二說：「眇能視，利幽人之貞。」意即：眼有疾還能看，適宜幽隱的人保持正固。九二有互離，離為目為明，但下卦兌為毀折。幽人為澤中之人，此因兌為澤之故。九二與六五正應，居中守常，可以自保。程頤是義理派大師，他說：「男女之際，當以正禮，五雖不正，二自守其幽靜貞正，乃所利也。」但是，六五雖不正，九二又何嘗正呢？〈小象傳〉說：「利幽人之貞，未變常也。」理由是它沒有改變常道。所謂常

道，是指謹守下位之貞，以待歸妹之期或其他適當時機。

六三說：「歸妹以須，反歸以娣。」意即：嫁妹妹時，以妾陪嫁；要回去再以娣陪嫁。「須女」為星座名。《史記‧天官書》正義有云：「須女，賤妾之稱，婦職之卑者，主布帛裁製嫁娶。」六三之位不中不正，又在下兌，故為妾。它往前是互坎，有危險，所以只好依循正途，以娣陪嫁。

九四說：「歸妹愆期，遲歸有時。」意即：嫁妹妹延誤了婚期，晚些出嫁也會有一定的時候。九四有互離與互坎，離為日，坎為月。有日有月，表示時間漫長而未定，所以說「愆期」。九四已到上震，震為春季，為行動，表示到了春季適宜嫁娶時才會有所行動。只要結局好，遲歸又有何妨？

六五說：「帝乙歸妹，其君之袂不如其娣之袂良。月幾望，吉。」意即：帝乙嫁妹妹，這位女君的服飾還沒有娣的服飾那麼華美。月亮快到滿盈的時候，吉祥。商王帝乙要嫁妹妹給諸侯。諸侯之正室稱女君。有關服飾問題，是因為泰卦變為歸妹卦時，是九三與六四換位。泰卦原本是下乾上坤。六五在上位未動，坤為布；九二在下乾為金為玉。兩者正應，可見女君尚禮不尚飾。六五互坎為月，其正應九二在下兌，兌為農曆初八，接近滿月，表示女君嫁至諸侯之國，須以謙自處。

上六說：「女承筐无實，士刲羊无血，无攸利。」亦即：女子捧著竹筐，裡面是空的；士人宰殺活羊，無法取得血，沒有什麼適宜的事。上六與六三不應，上卦由坤變震，是女承虛筐（震）；下卦由乾變兌，乾為士，兌為羊，坎為血，互坎在兌之上。歸妹卦本身並非目的，生育子孫，終而復始才是正途，故有此象。

55 | 豐卦 ䷶

豐。亨。王假之,勿憂,宜日中。

象曰:雷電皆至,豐。君子以折獄致刑。

①時運:氣勢正旺,謹慎小心。

②財運:獲利甚豐,須防訴訟。

③家宅:宜向東南;天作之合。

④身體:肝火上升,靜養為宜。

初九。遇其配主,雖旬无咎;往有尚。

象曰:雖旬无咎,過旬災也。

①時運:貴人相助,十年好運。

②財運:貨物正巧,十日有利。

③家宅:可以安居;婚姻宜速。

④身體:良醫十日可癒,久則不治。

六二。豐其蔀,日中見斗。往得疑疾。有孚發若,吉。

象曰:有孚發若,信以發志也。

①時運:堅守正道,逢凶化吉。

②財運:以誠待人,撥雲見月。

③家宅:明亮為宜;始疑終諧。

④身體:狹心之症,需要開導。

九三。豐其沛，日中見沫。折其右肱，无咎。

象曰：豐其沛，不可大事也。折其右肱，終不可用也。

①時運：氣運顛倒，須防災難。

②財運：漲跌難測，頗有損耗。

③家宅：只可暫居。

④身體：右臂受傷。

九四。豐其蔀，日中見斗，遇其夷主，吉。

象曰：豐其蔀，位不當也。日中見斗，幽不明也。遇其夷主，吉行也。

①時運：際遇不佳，由暗向明。

②財運：走出暗昧，找到買主。

③家宅：成敗在人；巧遇良緣。

④身體：眼疾待良醫。

六五。來章，有慶譽，吉。

象曰：六五之吉，有慶也。

①時運：實至名歸，自然吉祥。

②財運：經商有成，利名並至。

③家宅：名門正戶；天作之合。

④身體：名醫治之。

上六。豐其屋，蔀其家，闚其戶，闃其无人，三歲不覿，凶。

象曰：豐其屋，天際翔也。闚其戶，闃其无人，自藏也。

①時運：有命無人，不堪設想。

②財運：無人經營，一籌莫展。

③家宅：沒落之家；婚姻不祥。

④身體：大限將至。

解卦實例

實例 1：明知故問

二〇〇七年初，北大企業家國學班邀請我在他們的年會論壇中講課九小時。此後我多了幾位一直保持聯繫的企業家學生。

有一位來自河南的學員，本身是做房地產的。他學會占卦之後，在解卦時缺乏信心，所以只要打聽到我在北京稍做停留，一定想辦法請我吃飯，飯後也一定要我幫他解幾個卦。

這一次，他說占到豐卦（雷火豐，䷶，第五十五卦），九三變爻。爻辭是：「豐其沛，日中見沫。折其右肱，无咎。」意即：很大的遮蔽範圍，中午見到了小星星。折斷了右手，沒有災難。

要我解卦，必須先告訴我問題是什麼。他說是問健康。我說：「你的右手怎麼了？」他有些尷尬，說：「不知怎麼回事，我的身體向來很好，但是從兩個星期前，右手突然沒力氣，連公事包都提不起來了。」

事實上，他自己看到「折其右肱」，為什麼還要問我呢？他希望明白得更詳細些。豐卦表示他的經濟條件夠豐盛了，但是卻疏於照顧身體。所幸後面還有「无咎」二字，表示只要早些就醫，就不會有什麼災難。占問事情要有焦點，如此集中心思一看就懂。解卦時的靈感也只是出於心思真誠而已。

實例 2：了解時運

我在年初為自己的時運占卦。有一年占得豐卦，共有三個變爻：初九、九三、九四。依朱熹的解法，三爻變則看本卦與

之卦的卦辭，但以本卦為主。豐卦卦辭說：「亨。王假之，勿憂，宜日中。」意即：通達，君王帶來了豐盛，不用憂慮，適宜太陽在中午的時候。

以上說法代表我這一年的運勢，看來將有豐盛的收穫。所謂「王假之」，這個「王」在今日未必是指政治領袖，它也可以指民意，亦即我會受到民意的肯定。事後反省，發現我在這一年果然得到不少鼓勵，主要是在推廣國學方面。所謂「宜日中」，就表示在光天化日之下，所談的必須是光明正大的事，那麼談國學不是恰到好處嗎？

之卦是坤卦（上下皆坤，䷁，第二卦），坤卦卦辭說：「元亨，利牝馬之貞。君子有攸往，先迷後得主。利西南得朋，東北喪朋。安貞吉。」意即：開始，通達，適宜像母馬那樣的正固。君子有所前往時，領先而走會迷路，隨後而走會找到主人。有利於在西南方得到朋友，並在東北方喪失朋友，安於正固就會吉祥。這意思是要我順從大勢所趨，不要逞強或自以為是。了解自己的時運之後，如何待人處事就很清楚了。

豐卦的啟示

豐卦是第五十五卦，卦象為「雷火豐」（䷶）。卦辭說：「亨。王假之，勿憂，宜日中。」意思是：通達。君王帶來了豐盛，不用憂慮，適宜太陽在中午的時候。所謂「王假之」，是指君王須以無私之心，在日中之時沒有偏斜的陰影，一切都攤在陽光下，如此才可以造成物阜民豐的美景。

〈彖傳〉說明為何「勿憂」，亦即「日中則昃，月盈則

食。天地盈虛，與時消息，而況於人乎？況於鬼神乎？」自謙卦〈彖傳〉以來，又一次出現「鬼神」一詞，可見此卦值得留意。其大意為：太陽到中午就會開始西斜，月亮圓滿就會開始虧蝕。天地的滿盈與虛空，是隨順時勢而消退及成長，更何況是人呢？何況是鬼神呢？人有智慧與德行，總要想辦法「持盈保泰」，那麼仔細思索豐卦的內含吧。

〈大象傳〉純粹由本卦的組合來看，它說：「雷電皆至，豐。君子以折獄致刑。」原象為雷火，現在火為光明為閃電。在打雷閃電時，誰能隱瞞過錯，君子因此要判決訴訟，執行刑罰。《易經》在〈小象傳〉談到審判案件的，都有離卦。如噬嗑卦「明罰敕法」，賁卦「无敢折獄」，旅卦「明慎用刑而不留獄」，甚至中孚卦（☲）有如放大的離卦，也說「議獄緩死」。由此可見光明對於判案的重要。

初九說：「遇其配主，雖旬无咎；往有尚。」遇到與自己搭配的主人，雖然彼此均等，但是沒有災難；前往會有好事。本卦為「上動下明」的象，上下卦必須配合才可生效，所以初九與九四不應卻又要互為賓主，並且二爻皆為陰爻所乘。皆為陽爻，而處境亦同。「往有尚」表示雙方攜手合作。

六二說：「豐其蔀，日中見斗。往得疑疾。有孚發若，吉。」意即：很大的遮蔽範圍，中午見到了星斗。前往會受到懷疑猜忌。有誠信而表現的樣子，吉祥。六二在離卦中間，是為日中，它與六五不應，但往上看到的是一個震卦，震形為仰盂如斗，斗再轉為星斗。於是，離為見，六二日中見斗。

為何豐卦會有這種遮蔽的情況呢？本卦有四爻皆有類似處境，這是因為在物質享受越豐富時，人越可能看不清前景。莊

子說：「虛室生白。」一個房間只有在空虛時才會顯得光亮。人心有如府庫，若是執著於物質，則擁有的越多，它所造成的陰影也越大。

九三說：「豐其沛，日中見沫。折其右肱，无咎。」意即：很大的陰暗範圍，中午見到小星星。折斷了右臂，沒有災難。「沛」為幡幔，「沫」為不知名的小星斗。九三直接面臨上震，情況比六二嚴重。九三在互巽中，巽為股，在手為肱，正如我們常說的「股肱之臣」。它又在互兌中，兌為毀折，在西方居右，所以說折其右肱。至於无咎，則因有上六正應。

九四說：「豐其蔀，日中見斗，遇其夷主，吉。」九四位置不當，又在離卦上方，無明可見，所以情況不佳。它的夷主要是初九，可以上下搭配而行，顯示「內明外動」的吉象。

六五說：「來章，有慶譽，吉。」意思是：來到的是光明，有喜慶與名聲，吉祥。六五與六二也須相應而行，六二在離，為光明。六五本身在互兌，兌為悅為口，所以有慶譽。

上六說：「豐其屋，蔀其家，闚其戶，闃其无人，三歲不覿，凶。」意思是：房屋很高大，居室被遮蔽。從門口窺視，寂靜不見人。三年不能見面，有凶禍。上六到了豐卦頂部，所住之屋高大，但是距下卦離太遠，什麼都看不清。

〈小象傳〉說：「豐其屋，天際翔也。闚其戶，闃其无人，自藏也。」當你房屋高大或走到盛極之時，要到天空飛翔，亦即超然物外，追求精神上的逍遙。而另一種做法則是「自藏」，就是自己隱藏起來，善自隱晦以求平靜度日。

人生在世無不追求豐盛，希望功成名就，但是到了最上位時，應該如何自處？本卦的啟示，可謂十分深遠。

56 | 旅卦 ䷷

旅。小亨。旅貞吉。
象曰：山上有火，旅。君子以明慎用刑而不留獄。
①時運：謹慎防災，升用在即。
②財運：出外經營，不可積貨，
③家宅：小心火災；即日成親；
④身體：肝火過旺，性命交關。

初六。旅瑣瑣，斯其所取災。
象曰：旅瑣瑣，志窮災也。
①時運：所得有限，修行為宜。
②財運：本小利微，小心災禍。
③家宅：謹慎免災；小戶聯姻。
④身體：病初即治。

六二。旅即次，懷其資，得童僕，貞。
象曰：得童僕貞，終无尤也。
①時運：運勢中正，名利皆得。
②財運：生財有道，作客無憂。
③家宅：寄居亦福；富室贅婿。
④身體：旅途有恙，受人照料。

九三。旅焚其次，喪其童僕，貞厲。

象曰：旅焚其次，亦以傷矣。以旅與下，其義喪也。

①時運：運勢顛倒，危難不少。

②財運：不必求利，早些防禍。

③家宅：小心防火；難以偕老。

④身體：孩子或童僕難保。

九四。旅於處，得其資斧，我心不快。

象曰：旅於處，未得位也。得其資斧，心未快也。

①時運：一時有困，來年再說。

②財運：獲利有限，心中不平。

③家宅：地位不適；不是正室。

④身體：憂鬱不歡。

六五。射雉，一矢亡，終以譽命。

象曰：終以譽命，上逮也。

①時運：晚運甚佳，值得恭喜。

②財運：小失大得，有利有名。

③家宅：可稱美善；佳偶天成。

④身體：殉難受獎。

上九。鳥焚其巢，旅人先笑後號咷。喪牛於易，凶。

象曰：以旅在上，其義焚也。喪牛於易，終莫之聞也。

①時運：有失無得，樂極而悲。

②財運：小利大損，十分凶險。

③家宅：覆巢之險；先喜後悲。

④身體：屬牛者凶。

解卦實例

實例：孔子占卦

學習《易經》，須兼顧義理與象數。

義理是做人處事的道理，儒家已經說了不少；象數是用來占卦的，占問一事之吉凶。

據說孔子也占過卦。第一次是四十歲時，他考慮要不要從政，結果占到賁卦。

賁卦是「山火賁」（☲☶），第二十二卦，山下有火，這表示下卦是他自己，已具備光明之德；奈何外面是山，阻止他前往，因而只能做個裝飾品。賁就是飾，沒有實權，無法發揮抱負。於是他退而修詩書，研究傳統文化去了。

他在五十一歲時，眼見魯國仍有希望，決定從政，五年之間，從中都宰（縣長），升到小司空（建設部門副長官），再升到司寇（治安部門長官），位列大夫，甚至行攝相事（代理宰相）。但是五十五歲時，魯定公與季桓子（手握大權的正卿）對孔子不再全力支持。

孔子再度占卦，占得旅卦，這次的卦象是「火山旅」（☶☲），第五十六卦，火在山上，山不動而火不止，有旅行之象。於是孔子辭職不幹，開始長達十三年多的周遊列國。

如果孔子不願放棄官位而沒有周遊列國，那麼他的學問將無法廣傳，他的理想也無法檢驗，同時他也收不到眾多傑出弟子。由此觀之，孔子是否真的占過這兩卦，倒不是這麼重要了。

旅卦的啟示

旅卦是第五十六卦，卦象為「火山旅」（☲☶）。卦辭是：「小亨。旅貞吉。」意思是稍有通達，旅行守正就吉祥。按〈序卦傳〉所云，「窮大者必失其居，故受之以旅。」前面的豐卦到了最後，就物極必反了，會喪失居所，到外地旅行。在火與山的合象上，山在下不動有如館舍，火在上動而不止有如行人。旅行時要明白自身處境，守正為吉。

據說孔子在五十五歲時，身居魯國司寇之職，見魯定公與季桓子無心朝政，乃考慮新的生涯規畫。他占到旅卦，於是下定決心周遊列國。在前後將近十四年的旅途生涯中，他收了許多年輕學生，經歷許多次生死考驗，也再三證明自己是在順天命而為。如果孔子不曾周遊列國，則他一生事蹟微不足道，經過這個旅程，則天下有識之士皆知他為「天之木鐸」，而他的學說也在實踐中得到驗證的機會。〈彖傳〉說：「旅之時義大矣哉。」判斷時機，並且順時勢而行，實在是人生大事。

〈大象傳〉說：君子因而要「明慎用刑而不留獄」，亦即要明智而謹慎地施用刑罰，並且不滯留訴訟案件。火在山上不會停留，所謂「野火燒山，過而不留」。這句話與旅卦似乎無關，但也戒人勿耽溺於旅途風光。

初六說：「旅瑣瑣，斯其所取災。」意即：旅行時猥猥瑣瑣，這是他自取的災害。初六在下卦艮，艮為少男為童僕。所謂「在家千日好，出門一時難」，初六位卑力弱，表現「瑣瑣」，他與九四正應，但本身在艮為止，無法前進，這是自取之災。

六二說：「旅即次，懷其資，得童僕，貞。」意即：旅行到了館舍住下，身上帶著旅費，得到童僕，可以正固。六二在艮，艮為止，它又居中位，旅得其所。「次」是在客舍住下。六二在互巽中，巽為近利市三倍，所以「懷其資」。至於「得童僕」，則因下卦艮為童僕，可以為六二所用。如此正固又有誰會責怪它呢？

九三說：「旅焚其次，喪其童僕，貞厲。」旅行時大火燒了館舍，失去了童僕，正固有危險。九三在互巽，巽為木；上臨離卦，離為火，這等於木上有火，燒掉了館舍。它又在互兌，兌為毀折，以致失去了在下的童僕。在外旅行時，對侍者或服務人員要尊重及感謝，否則吃虧的必定是自己。在此「貞厲」，意思是「堅持如此下去，會有危險」。「貞」字為正固，也指按照某種方式繼續下去。九三陽爻在剛位，過於強勢，又與上九不應，所以吃了苦頭。

九四說：「旅於處，得其資斧，我心不快。」旅行到了某個地方，獲得旅費與用具，我心裡不愉快。九四不當位，所以只能居於某個處所，無法住得安穩。它在互巽，有「資」；又在上離，離為戈兵，為「斧」。它與初六正應，但初六在下卦艮，艮為止，使它無可奈何。旅行在外，無人可以談心，又怎麼會愉快？

六五：「射雉，一矢亡，終以譽命。」意思是：射野雞，丟失一支箭，最後會有名聲與祿位。六五在離卦中，離為雉，為戈兵，為矢。它又在互兌中，兌為毀折，所以一矢亡。但是六五有上九可以依靠，它本身又在互巽之上，巽為命令，這表示「終以譽命」。

上九說：「鳥焚其巢，旅人先笑後號咷。喪牛於易，凶。」意即：鳥的巢被火燒掉，旅行的人先是大笑後來大哭。在邊界丟失了牛，有凶禍。上九在上離中，離為雉為鳥類，又為火，有鳥焚其巢之象。旅行時還要居於高位，又怎能如意？本卦有互兌與互巽，兌為悅為笑，巽為風為哭。這不是先笑後號咷嗎？「喪牛於易」，因為離為牛；又有互兌，兌為毀折；「易」為「場」為邊界，下卦艮為止為界。

　　人生如旅，與其「先笑後號咷」，不如「先號咷後笑」。其中道理值得省思。

57 | 巽卦 ䷸

巽。小亨。利有攸往,利見大人。
象曰:隨風,巽。君子以申命行事。
①時運:運勢順利,諸事皆宜。
②財運:隨機應變,獲利可期。
③家宅:可以安居;夫唱婦隨。
④身體:可能中風,須人扶行。

初六。進退,利武人之貞。
象曰:進退,志疑也。利武人之貞,志治也。
①時運:謀事不成,考慮從軍。
②財運:猶豫不決,無利可圖。
③家宅:朝西有利;聯姻軍人。
④身體:積極強身。

九二。巽在床下,用史巫紛若,吉,无咎。
象曰:紛若之吉,得中也。
①時運:神明保佑,運途順利。
②財運:買賣難決,最好占筮。
③家宅:虔誠禱告;卜之則吉。
④身體:祭拜免咎。

九三。頻巽，吝。

象曰：頻巽之吝，志窮也。

①時運：位卑志低，受人輕視。

②財運：過於卑順，如何爭利。

③家宅：貧窮之家；門戶低微。

④身體：太過疲弱。

六四。悔亡，田獲三品。

象曰：田獲三品，有功也。

①時運：走上正運，出而有功。

②財運：皮革羽毛，皆可致富。

③家宅：裝潢美觀；婚禮華麗。

④身體：可以痊癒。

九五。貞吉，悔亡，无不利。无初有終，先庚三日，後庚
三日，吉。

象曰：九五之吉，位正中也。

①時運：中正之位，無往不利。

②財運：初有小悔，後得大利。

③家宅：坐北朝南；相配得宜。

④身體：三日可癒。

上九。巽在床下，喪其資斧，貞凶。

象曰：巽在床下，上窮也。喪其資斧，正乎凶也。

①時運：越高越危，有失無得。

②財運：因循失利，損耗不小。

③家宅：有喪；懼內。

④身體：或許告終。

解卦實例

實例：見好就收

一位朋友屆齡退休，但又心存僥倖，希望退休之後可以在原有的公司當個顧問。

他在猶豫不決時，用《易經》占卦，得到巽卦（上下皆風，☴，第五十七卦），變爻上九，爻辭是：「巽在床下，喪其資斧，貞凶。」意即：隨順進入床底下，失去錢財與用具，正固有凶禍。

這是怎麼回事呢？巽為風，原有順利或一帆風順之意，但是到了上九，表示好運到頭要改變了。

所謂「巽在床下」一詞，在九二爻辭也出現過，但九二是「吉，无咎」，因為它在下卦，原本就要隨順時勢。這就好像年輕人的低調所代表的是上進之心。但是到了上九，則低調只有一個辦法，就是瀟灑退休，不可眷戀，要把位置空出來，留給別人接棒。

現在這位朋友也「巽在床下」，似乎少了一份自知與自重。所謂「喪其資斧」，表示即使低調也無法保住原有的優渥條件。「貞凶」則提醒他：像這樣一直下去，會有凶禍。將來如果有人翻舊帳而你還在當顧問，恐怕難逃干係。

事情原本並無不可，但是既然占了卦，最好依計而行，否則何必多此一舉？我們凡人只能反省過去與把握現在，對於將來之事只能靠想像，現在占卦預示了未來，讓我們知所進退，長保平安。

巽卦的啟示

　　巽卦是第五十七卦，上下皆為巽（☴），這是八純卦之一。卦辭說：「小亨。利有攸往，利見大人。」意思是：稍有通達。適宜有所前往，適宜見到大人。

　　巽為風為令，所以〈象傳〉說：「重巽以申命。」要反覆宣布命令。九二、九五皆為陽爻居中守正，初六與六四皆順承剛強者，所以說：「小亨」。本卦有互離，離為見，九五為大人，所以說「利見大人」。

　　初六說：「進退，利武人之貞。」意即：進退不定，適宜武人的正固。初六居下巽底部，巽為風為不定為未果，有進退之象。這時只有武人可以堅定心志。「武人」由何而來？一說是以巽卦相反覆（三爻皆變）的震卦取象，震為武人。另一說是以巽卦九二至六四為互兌，而初六往上看是到互兌，兌為虎，有如武人。初六本身難免優柔寡斷，若能往上學習武人的正固，才可穩住局面。

　　九二說：「巽在床下，用史巫紛若，吉，无咎。」意即：隨順進入床底下，讓祝史與巫覡紛紛發言，吉祥，沒有災難。巽為床，有如在剝卦（☶☷）三度強調「剝床」，因為剝卦像個放大的巽。本卦由遯卦（☰☶）變來，九四與六二換位成九二，形成下巽，所以說它巽在床下。

　　同時，初六到六四形成一個正反兌卦，兌為口，表示眾說紛紜。《周禮‧內史》說：「凡命諸侯及孤卿大夫，則策命之。凡四方之事書，內史讀之。」《周禮‧司巫》說：「凡邦之大災，歌哭而請。」由此可知古代史巫都須靠口舌執行其任

務。口說而不果，則因其在巽卦。它的吉來自位居中爻，能夠秉持中道。

九三說：「頻巽，吝。」頻繁地重複命令，會有困難。九三在上下二巽之間，本來應該隨順，但是它陽爻居剛位，深富動力，所以有是否隨順的掙扎狀況。它的心意困窮，是因為上無正應，又被六四乘剛，無計可施。

六四說：「悔亡，田獲三品。」意即：懊惱消失，打獵獲得三種動物。六四在原先的遯卦中是六二，初與二為三才中之地，六二由地來到，有如田獵之後造成了變化。「三品」是說現在巽卦出現了上巽（為雞），互兌（為羊），互離（為雉）。這三種動物稱為三品。六四有功，它所在的上巽是「近利市三倍」，它所在的互兌則成了有收穫的喜悅。

九五說：「貞吉，悔亡，无不利。无初有終，先庚三日，後庚三日，吉。」意思是：正固吉祥，懊惱消失，沒有不適宜的事。沒有開始但有結果。庚日的前三天，庚日的後三天，吉祥。九五居中守正，雖與九二不應，但可貞吉悔亡。古人以十天干計日，依序為：甲、乙、丙、丁、戊、己、庚、辛、壬、癸。先庚三日為丁，有如在更改（庚）之前要「叮嚀告誡」；後庚三日到癸時，要「揆度周詳」並且正好結束十天干的週期，所以說「无初有終」。

程頤說：「先庚三日，後庚三日，吉。出命更改之道，當如是也。甲者，事之端也；庚者，變更之始也。十干，戊己為中，過中則變，故謂之庚，事之改更，當原始要終，如先甲後甲之義，如是則吉也。」有關「先甲後甲」一語，可參考蠱卦（☶）卦辭。

上九說：「巽在床下，喪其資斧，貞凶。」意即：隨順進入床底下，失去錢財與用具，正固有凶禍。上九到了巽卦頂部已經無利可圖；它又在互離之上，離為戈兵為斧。「喪其資斧」可以理解。但是為何說它「巽在床下」？〈小象傳〉說它是「上窮也」，上面走投無路，只好回頭學九二。為何學九二？因為九二是造成巽卦的主爻，在卦變時由九四下來。上九想學主爻，於是也巽在床下了。但是它忘了九二也在互兌中，兌為毀折，使它喪失資斧。「貞凶」是說：照這樣走下去而不知變通，則將難免於凶禍。

58 | 兌卦 ䷹

兌。亨，利，貞。

象曰：麗澤兌。君子以朋友講習。

①時運：朋友支持，好好珍惜。

②財運：有人扶助，獲利不難。

③家宅：友朋同住；因友成親。

④身體：熟醫可治。

初九。和兌，吉。

象曰：和兌之吉，行未疑也。

①時運：以和為貴，諸事皆吉。

②財運：秋實可收，自然有利。

③家宅：和樂融融；室家得宜。

④身體：寬心無憂。

九二。孚兌，吉。悔亡。

象曰：孚兌之吉，信志也。

①時運：上下同心，自然吉祥。

②財運：以信為本，可長可遠。

③家宅：與鄰共富；陰陽相合。

④身體：疑病得解。

六三。來兌，凶。

象曰：來兌之凶，位不當也。

①時運：奔走營求，雖成亦辱。

②財運：無信之商，未來堪慮。

③家宅：去偽存誠；先合後離。

④身體：小心外禍。

九四。商兌未寧，介疾有喜。

象曰：九四之喜，有慶也。

①時運：奮鬥將成，斟酌行止。

②財運：憂心之事，商量解決。

③家宅：多疾不安；再三媒說而成。

④身體：心神不安，喜事舒懷。

九五。孚於剝，有厲。

象曰：孚於剝，位正當也。

①時運：居安思危，常得其昌。

②財運：雖有小損，信心仍在。

③家宅：誠信為上。

④身體：皮膚有疾，速治可癒。

上六。引兌。

象曰：上六引兌，未光也。

①時運：靠人扶持，平平之運。

②財運：有人指引，稍有小利。

③家宅：內憂外患；似非正聘。

④身體：化解內邪，才可保全。

解卦實例

實例 1：朋友講習

　　一家出版社多次向我約稿，表現十足的誠意。我認真考慮之後，還是求助於占卦。

　　得到兌卦（上下皆澤，☱，第五十八卦），初九與九二變爻。九二爻辭說：「孚兌，吉。悔亡。」意即：誠信而喜悅，吉祥，懊惱消失。〈小象傳〉特別提及「信志也」，是因為心意真實。

　　我在出書方面頗有經驗。雙方合作在開始時總是禮尚往來，甚至相談甚歡，但長期下來未必盡如人意。因為出版社要出的書很多，怎麼可能特別照顧某一人呢？現在新的合作機會來了，兌卦的〈大象傳〉說：「君子以朋友講習。」亦即君子由此領悟，要與朋友一起討論及實踐。出版事業正好符合這個卦象，這真是巧妙無比。

　　我決定支持這項合作計畫，因為爻辭也提到「吉」，並且說了「孚兌」，正是合作的必要條件。至於「悔亡」一詞，則表示將來「懊惱消失」，那麼合作之初不妨多加溝通，讓所謂的懊惱沒有發生的機會。這二爻變了之後，之卦是萃卦（澤地萃，☷，第四十五卦），表示人群聚集，大家相處應該更沒有問題。而萃卦卦辭也出現「利有攸往」一語，表示可以往前推進。

　　總之，在這麼多卦爻辭中，就此事而論，「朋友講習」一語最得我心。

實例 2：孩子念書

有一個朋友，掛心孩子上大學的事。她的孩子既聰明又用功，從小在澳洲長大，中英文都不錯，現在想去北京念大學，不知該選什麼系做為專業。

她為此占了一卦，得到兌卦（上下皆為兌，☱，第五十八卦）。沒有變爻，要看卦辭，而卦辭很簡單：「兌。亨，利，貞。」意思是：通達，適宜，正固。這表示孩子念書沒有問題。

這時可以參考兌卦〈大象傳〉所說：「君子以朋友講習。」要與朋友一起討論及實踐。對於即將上大學的年輕人而言，可謂十分切合。兌卦象徵沼澤，現在兩個沼澤連在一起，可以互相滋潤，互通有無，同心協力念書。所以我建議她鼓勵孩子上大學之後多結交好友，一起切磋功課。

那麼，念什麼系較好呢？由於兌卦為口，兩個兌卦表示上下皆為口，有如在討論或辯論一般，所以不妨選擇法律系。她一聽眉開眼笑，因為他兒子特別喜歡的是法律與歷史。現在卦象顯示法律系比較合適，就這麼決定了。

看到別人下定決心，換成我有些擔心了。我提醒朋友：「這是你自己占的卦，我只是純粹由學術角度提供參考意見。未來如何發展還是要靠孩子自己啊！」

實例 3：占禽流感

我在大學時代，只念過一小部分《易經》。其實還不算真正的《易經》，而只是易傳中的文言傳。文言傳只講「乾、坤」二卦，這樣勉強算是入了門。

五十歲開始，認真研究《易經》，且學且教，收穫較大。在占卦方面，依程石泉教授的著作，依樣畫葫蘆，多次實驗之後，也算找到了竅門。

　　我第一次公開占卦，是當時立緒出版社在金石堂信義店五樓，為我開了《易經》班。社會上面臨禽流感的嚴重威脅，學員想知道這個問題該怎麼辦。

　　一占之下，出現兌卦（上下皆為兌）。其中九四說：「商兌未寧，介疾有喜。」意思是：商量而喜悅，還不能安定；隔開了疾病，就會有好事。原來要對付禽流感，上策果然是「隔開疾病」。後來我特地翻查了六十四卦三百八十四爻的爻辭，發現也只有這一條所說的完全符合當前的難題所需。

　　繫辭傳說：在卜筮時，使用《易經》來占卦，「問焉而以言，其受命也如響。」意即：用言語去詢問，它就會接受提問並且像回音一樣地答覆。那麼，它對任何問題都會答覆嗎？提問時難道沒有任何限制嗎？這是我們進一步要探討的。

兌卦的啟示

　　兌卦是第五十八卦，上下皆為兌（☱），是最後出現的純卦。卦辭是：「亨，利，貞。」意即：通達、適宜與正固。以四時對應來說，兌為秋，在夏與冬之間，所以只說「亨，利，貞」而不及「元」（代表春季）。

　　〈彖傳〉說：「兌，說也。剛中而柔外，說以利貞。是以順乎天而應乎人。說以先民，民忘其勞。說以犯難，民忘其死。說之大，民勸矣哉。」意即：兌卦，是喜悅的意思。剛強

者居中（九二、九五），而柔順者（六三、上六）居外，是因為喜悅才可適宜正固。因此，要順從天道，並且應合人心。有了喜悅再來領導百姓，百姓就會忘記勞苦。有了喜悅再去冒險犯難，百姓就會忘記死傷。喜悅的偉大作用，是要振作百姓的心志啊。孟子說：「以佚道使民，雖勞不怨；以生道殺民，雖死不怨殺者。」所謂「佚道」與「生道」，皆是為民著想而得民之心者。

這裡又出現「順乎天而應乎人」一語，值得留意。〈大象傳〉說：「麗澤兌。君子以朋友講習。」兩個沼澤並列，有如二口相對，並且陰陽相遇為朋友，所以說「朋友講習」。「兩澤相麗，則水泉相益而不涸；二友相講，則義理相益而不窮」。相對於此，則是「獨學而無友，則孤陋而寡聞。」

初九說：「和兌，吉。」意即：應和而喜悅，吉祥。初九在下兌，兌為口；向上看也是個兌卦，可以互相應和。在卦變時，是由大壯卦（☳）的六五與九三換位而成。本來只有初九與九四不應，現在各爻皆不應，所以初九的任何行動都沒有猜忌。

九二說：「孚兌，吉。悔亡。」在大壯卦中九二原與六五正應，現在六五成了六三，與它相比為鄰，既得中又有比，所以是因誠信而喜悅。

六三說：「來兌，凶。」六三是由大壯卦六五下來的，所以說「來兌」，是來到而喜悅，有刻意求悅奉承之嫌。六三位不當，又在兩個陽爻之間，乘承皆剛。若是不談卦變（卦的變成），則「來」字沒有著落。六三在互巽中，巽為入為順，看來奉承之意已明。

九四說：「商兌未寧，介疾有喜。」意思是：商量而喜悅，還不能安定；隔開了疾病，就會有好事。九四在上下兌之間，有如二口相對，它又在互巽，巽為進退為不果，有協商未定之象。

九四的疾與初九的疑，現在因為卦變使各爻皆無正應而可以化解。有些疾病看似難治，其實只要隔開（如隔離病患）就會自然痊癒。有些朋友相處不易，但隔開一段時間，各自在生活中增加一些體驗，然後誤會自然冰釋。九四的有慶，是因為它是四個陽爻中，唯一得到陰爻奉承的，陰陽相比鄰即是有慶。這時他所處的互巽，產生了近利市三倍的功效。

九五說：「孚於剝，有厲。」意即：受到衰退的人信賴，是因為位置正確而恰當。所謂「剝」，是指上六，上六即將出局，是衰退之人。九五在大壯卦原是九三，與上六正應，現在來到九五之位，自然受到上六信賴。此時的危險，是指兌卦成為毀折，而毫無喜悅可言。我們欣賞某些人，但就近認識及觀察之後，有時會有「見面不如聞名」的遺憾感覺。

上六說：「引兌。」由牽引而喜悅。這也須由卦變來理解。上六現在信賴的九五，原本在大壯卦是九三，與它正應。它牽引九三而造成兌卦，其情況雖然不像現在六三的「來兌」之凶，但也有刻意求兌的問題。〈小象傳〉說它「未光也」，是因它的路不夠寬廣。它在兌卦最後一爻，以陰居柔，實力有限，喜悅也接近尾聲，還有什麼路可走？

曾子說：「君子以文會友，以友輔仁。」這句話是交友的最高原則。「文」指文藝、文學、文化，包括一切人文活動，總之就是超過功利享受之上的活動。無文如何成友？但是這個

「文」並非某種學識或學歷，而是心有所好在文。至於「輔仁」，則是交友的目的，要互相幫助以求走上人生正途。

59 | 渙卦 ䷺

渙。亨。王假有廟。利涉大川，利貞。

象曰：風行水上，渙。先王以享於帝，立廟。

①時運：時來運轉，水到渠成。

②財運：神明保佑，財源流通。

③家宅：祈神得福；自成佳偶。

④身體：病情嚴重，恐難回天。

初六。用拯馬壯，吉。

象曰：初六之吉，順也。

①時運：險中得救，必有後福。

②財運：同事相助，可以得利。

③家宅：新廈可居。

④身體：急治為宜。

九二。渙奔其机，悔亡。

象曰：渙奔其机，得願也。

①時運：運勢順利，心想事成。

②財運：貨物貿易，如願以償。

③家宅：先散後聚；女長於男。

④身體：愁眉不展，良醫可治。

六三。渙其躬，无悔。

象曰：渙其躬，志在外也。

①時運：勇於赴難，值得尊敬。

②財運：重財輕命，自討苦吃。

③家宅：出外免禍；守節之志。

④身體：轉危為安。

六四。渙其群，元吉。渙有丘，匪夷所思。

象曰：渙其群，元吉，光大也。

①時運：大運亨通，脫困成業。

②財運：散財濟危，自成天地。

③家宅：自有可觀。

④身體：凝聚元氣，病體自癒。

九五。渙汗，其大號渙，王居，无咎。

象曰：王居无咎，正位也。

①時運：中正之位，諸事皆吉。

②財運：言行中庸，利潤自來。

③家宅：富貴之家；必得貴婿。

④身體：大汗可癒。

上九。渙其血，去逖出，无咎。

象曰：渙其血，遠害也。

①時運：運勢通達，無須憂心。

②財運：貿易順利，財源自來。

③家宅：避免衝突；遠嫁之象。

④身體：氣血鬱積，疏通即治。

解卦實例

實例：兩難之間

有一位朋友，家裡環境不錯，在澳洲、香港與北京都有房子。我在北京時，她曾開著賓士越野車跟同學一起到電視臺聽我演講。有錢人也有煩惱。在一次同學聚餐會中，她皺著眉頭敘述自己婆婆的我行我素。她在想，要不要離婚呢？

她占得渙卦（風水渙，☴☵，第五十九卦），變爻為九五與上九，上九爻辭說：「渙其血，去逖出，无咎。」意即：渙散了血災，離開而遠走，沒有災難。由此看來，她的處境實在很辛苦。不過，換個角度看來，上九變爻，表示這件事已到了轉變關鍵，也許撐過一年到明年就化解了煩惱。

於是她想知道下一步的演變。由於有九五與上九兩個變爻，一變之下成為師卦（地水師，☷☵，第七卦），代表將有家庭戰爭。將來在財產與孩子教育方面都會造成嚴重的爭議。她說，這也是可以想像的事。她與先生的感情還好，只是先生對母親習慣了忍讓，以致很少顧到她的感受。

她看到後續的師卦就猶豫了。最後決定等明年兒子上大學再說，希望這段時間可以有些改善。她的婆婆住在香港，而她可以在北京、澳洲與香港三處跑來跑去，合不來但躲得過，這也是「離開而遠走」的引申意思。

渙卦的啟示

渙卦是第五十九卦，卦象為「風水渙」（☴☵）。卦辭是：

「亨。王假有廟。利涉大川，利貞。」通達。意即：君王來到宗廟。適宜渡過大河，適宜正固。

萃卦（第四十五卦）是描述人群聚集，出現「王假有廟」一語；現在的渙卦是人群分散，也出現同樣的卦辭，提醒我們在離散之時，勿忘宗教祭拜活動。

說到「利涉大川」，共有七卦如此，就是需卦、同人卦、蠱卦、大畜卦、益卦、渙卦與中孚卦。這七卦的組合之中，必有乾卦或巽卦。乾為剛健有力，巽為順風而行，如此方可渡過大河。

〈彖傳〉談到「利涉大川」時，特別強調「乘木有功」，這是因為在「風水渙」的組合中，巽為風為木，木在水上，又有風的助陣，自然可以成行。由卦變來看，本卦由否卦（䷋）變成，亦即否卦九四與六二換位，成為渙卦的九二與六四。這是〈彖傳〉所說的「剛（九二）來而不窮」，「柔（六四）得位乎外而上同」。六四在上卦得其正位，並且上承九五之君。

〈大象傳〉說：「風行水上，渙。先王以享於帝，立廟。」先王由此領悟，要向上帝祭獻，並且建立宗廟。九二到九五形成正反震卦，可理解為宗廟祭祀之事，這一點可參考需卦〈象傳〉。

初六說：「用拯馬壯，吉。」用來拯救的馬強壯，吉祥。初六居下坎，有危險所以需要拯救。坎也是美脊馬。只要初六順從九二就沒有問題。九二在互震中，震為善鳴馬，本身陽爻有動力，對初六的幫助很明顯。

九二說：「渙奔其机，悔亡。」意即：離散而奔向几案，懊惱消失。在由否卦變為渙卦時，九四下來成為九二。九四原

與初六正應，現在來到九二位置，與初六比鄰而居。初六位低有如几案（矮桌），可以讓九二憑靠休息，如此使它雖與九五不應，但依然可以「悔亡」。古人坐臥時，有靠几案的習慣，像《莊子》書中多次提及某某人「隱几而坐」。

接著，六三說：「渙其躬，无悔。」意思是：渙散了自己，沒有懊惱。六三在原本否卦中的下坤，坤為母，母可懷孕稱「有身」，再轉為自身。六三雖然渙其躬，在互震與互艮之間，好像進退兩難，但是現在底下三爻只剩六三與上九正應，所以無悔。「無悔」是根本不必懊惱，「悔亡」則是先懊惱再消解。

六四說：「渙其群，元吉。渙有丘，匪夷所思。」意即：渙散了同類，最為吉祥。渙散之後聚為山丘，不是平常所能想到的。六四在否卦原是六二，現在換位使底下三個陰爻分散，為「渙其群」。如此一來，全卦陰陽交流感通。它本身位正，上有九五相承。並且進入上巽，巽為近利市三倍，所以元吉。不僅如此，它在渙散同類之後，形成互艮，艮為山丘。這是先散後聚，其勢更大。至於「匪夷所思」一語，與今日用法不同。今日以此描述難以想像的怪事，而它原本的意思比較單純，是指出乎意料之外的好事。

九五說：「渙汗，其大號渙，王居，无咎。」意即：散發廣布，大的政令散發出去，君王安居，沒有災難。在人群離散時，必須發布大的政令。譬如，「商民所大病者，其政貪；散財發粟之令一出而四海服。秦民所大病者，其政酷；約法三章之令一下而萬民悅。」九五居君位，巽為風為令，下有水可流布各地。如此，下無正應也可以无咎。

上九說：「渙其血，去逖出，无咎。」意即：渙散了血災，離開而遠走，沒有災難。上九與六三正應，使六三想要前來依靠，但六三在下卦坎中，坎為災難為血卦。幸好處於渙卦，可以渙其血。並且，上九已至最外邊的位置，在渙離時正好順勢遠走，如此可以免去災害。

我們說過，在萃卦與渙卦都出現「王假有廟」一語。萃卦六爻皆有「无咎」，渙卦六爻亦無一「凶」或「咎」。由此可知，人群聚散為事理之常，只須存心虔誠訴諸宗廟，即可化險為夷。

60 | 節卦 ䷳

節。亨。苦節不可貞。

象曰：澤上有水，節。君子以制數度，議德行。

①時運：品行端正，名利自成。

②財運：正派經營，富裕可求。

③家宅：富有之家；婚姻吉祥。

④身體：節制飲食。

初九。不出戶庭，无咎。

象曰：不出戶庭，知通塞也。

①時運：閉門修行，平安是福。

②財運：不利行商，可以開店。

③家宅：可以安居；夫婦得當。

④身體：安居靜養。

九二。不出門庭，凶。

象曰：不出門庭凶，失時極也。

①時運：因循自誤，坐失良機。

②財運：錯過時機，不賺反賠。

③家宅：屋內無人；曠怨難免。

④身體：行走艱難。

六三。不節若，則嗟若。无咎。
象曰：不節之嗟，又誰咎也？
①時運：得而後失，歎息無奈。
②財運：不知守財，咎由自取。
③家宅：先富後貧；先喜後悲。
④身體：飲食不節致病。

六四。安節，亨。
象曰：安節之亨，承上道也。
①時運：平安是福，聽命行事。
②財運：安居外地，一切節儉。
③家宅：平安無事；夫妻平順。
④身體：病由口入。

九五。甘節，吉。往有尚。
象曰：甘節之吉，居位中也。
①時運：苦盡甘來，功名必顯。
②財運：販米外地，獲利必豐。
③家宅：正直節儉；百年好合。
④身體：節食可治。

上六。苦節，貞凶。悔亡。
象曰：苦節貞凶，其道窮也。
①時運：不知變通，貧困一生。
②財運：失去良機，怨歎無用。
③家宅：開明為宜；頑固難處。
④身體：病勢垂危。

解卦實例

實例：名正言順

朋友決定買房子，但夫妻二人對於買哪一間房子以及用誰的名義買，卻有不同的意見。

妻子為此事占得節卦（水澤節，䷻，第六十卦），變爻有九二與九五。

因為是妻子在占卦，所以九二在下卦，代表占卦者，九五則是先生。這也符合相關位置。那應該怎麼辦呢？九二爻辭說：「不出門庭，凶。」意思是：不走出門戶與庭院，有凶禍。依此看來，妻子的選擇大有問題。九五爻辭說：「甘節，吉，往有尚。」意即：甘美的節制，吉祥，前往受到推崇。依朱熹的解卦方法，在二爻變時，應該以本卦上爻為準，意即此處的九五。

既然夫妻二人各有主見，而占卦結果正好是二爻變。那麼，卦象顯示似乎應該依先生的選擇，並且用先生的名義購屋為宜。二爻變的之卦是復卦（地雷復，䷗，第二十四卦），代表一陽復起，買屋搬家之後一切將會從頭開始。

後來朋友相告，說他們夫妻長期以來有些心結，為購屋之事更是爭持不下。現在決定依先生之意來做，使二人感情有如回到開始，互相信賴與扶持，一家人又和樂如故了。

《易經》占卦的奇妙就是抉發幽隱，讓人內心的念頭都得到釋放與化解的機會。

節卦的啟示

　　節卦是第六十卦，卦象為「水澤節」（☱☵）。卦辭是：「亨。苦節不可貞。」意即：通達，苦澀的節制不能正固。若是有節制，像水在澤上，過滿則溢出，不足則積累，就可以通達恆久。〈彖傳〉說：「天地節而四時成。節以制度，不傷財，不害民。」天地有節制，四季才會形成。用制度來節制，就不會浪費錢財，不會禍害百姓。

　　至於「苦節不可貞」，是說勉強節制而不知變通，將會走投無路。〈彖傳〉又說：「當位以節，中正以通。」這是指九五而言，能夠居中守正，自然可以亨通。

　　〈大象傳〉認為，君子要由本卦想到「制數度，議德行。」就是：制定數量上的限度，評議道德上的行為表現。本卦下坎上兌，坎為水為平；兌為口為議。為了照顧百姓生活，要制數度；為了改善社會風氣，要議德行。「德行」一詞依程頤所云：「存諸中為德，發於外為行，人之德行，當義則中節。」

　　《中庸》推崇中和之道，說：「喜怒哀樂之未發，謂之中；發而皆中節，謂之和。」中和是情緒智商的極致表現，其前提是在理性認知上清楚知道「節」之所指，否則也可能陷入「苦節」的困境。

　　初九說：「不出戶庭，无咎。」不離開門戶與庭院，沒有災難。節卦有互艮（六三、六四、九五），艮為門闕，為止。初九離互艮還有兩步，是「不出戶庭」。〈繫辭上傳〉引孔子說：「亂之所生也，則言語以為階。君不密則失臣，臣不密則

失身，幾事不密則害成，是以君子鎮密而不出也。」言語上守住祕密是非常困難的事，應該自行警惕。

九二說：「不出門庭，凶。」不走出門戶與庭院，有凶禍。九二未至互艮，原本可以節制不出，但它又在互震中，震為動為行，這時是當行而未行。〈小象傳〉說它：「失時極也」，意即過度錯過了時機。九二直接說凶的恐怕只此一處，可見「當行則行，當止則止」是儒家的處世原則。孔子對顏淵說：「用之則行，舍之則藏，惟我與爾有是夫！」這只有孔子與顏回二人做得到，可見其不易。

六三說：「不節若，則嗟若。无咎。」意即：沒有節制的樣子，就會出現悲嘆的樣子。沒有責難。這要由卦變去理解。由泰卦（䷊）變為節卦時，是九三與六五換位，成為節卦的六三與九五。這個六三原來是泰卦六五，居上卦中位又有九二正應，現在成為六三，一變兩失，於是發出不節之嗟。六三在下卦兌，兌為口，它上臨坎卦，坎為加憂，合為嗟嘆。這時不能怪別人，只能自省。

六四說：「安節，亨。」安定的節制，通達。六四以陰爻居柔位，下有初九正應，上有九五可以相承，它又在互艮中，艮為止。這些合而觀之，可以安節並且通達。像六四所具備的各項條件，在各卦都沒有不順的理由。

九五說：「甘節，吉。往有尚。」在卦變中，九五是由泰卦九三變來的，它來到上卦坤，坤為土。依《尚書‧洪範》所說：「土爰稼穡」，並且「稼穡作甘」。土中長出的五穀是甘甜的，所以九五取得甘節的機會，亦即「當位以節，中正以通」，往上走是合宜的。

上六說：「苦節，貞凶。悔亡。」意即：苦澀的節制，正固（這麼堅持下去）會有凶禍。懊惱消失。上六與六三不應，又下乘九五，它在卦變中堅持不動，有如「苦節」。「貞」字一般當正固來說，在此則另有一層意思，就是「照著前面的做法而不改變」，如此會有凶禍。它在上卦坎中，坎為險為苦難，合之則為苦節。苦節雖有凶禍，但其立意是「奢不如儉」，若以此修身，亦可「悔亡」。

以伯夷為例，他以清高自處，絲毫不肯妥協，即有「苦節」之嫌。孟子說他的表現為「隘」，幾乎無路可走，而下場亦讓人感嘆。司馬遷甚至為此質疑「天道何在」！孔子是「聖之時者」，他就可以節制得恰到好處。

61 | 中孚卦 ䷼

中孚。豚魚，吉，利涉大川，利貞。
象曰：澤上有風，中孚。君子以議獄緩死。
①時運：風波難免，小心訴訟。
②財運：謹慎行事，可免災禍。
③家宅：訴訟之災；婚姻致訟。
④身體：有驚無險。

初九。虞吉，有它不燕。
象曰：初九虞吉，志未變也。
①時運：用心專一，有志竟成。
②財運：安於本業，久之必得。
③家宅：不必遷居；從一而終。
④身體：謹防病變，變則危險。

九二。鳴鶴在陰，其子和之。我有好爵，吾與爾靡之。
象曰：其子和之，中心願也。
①時運：此唱彼和，正合我意。
②財運：主客同心，交相獲利。
③家宅：家貴子孝；夫唱婦隨。
④身體：傳染之疾。

六三。得敵，或鼓或罷，或泣或歌。

象曰：或鼓或罷，位不當也。

①時運：運勢顛倒，榮辱隨之。

②財運：忽成忽敗，缺乏主見。

③家宅：謹防離奇；反復未成。

④身體：時好時壞，求神保佑。

六四。月既望，馬匹亡，无咎。

象曰：馬匹亡，絕類上也。

①時運：持盈保泰，先公後私。

②財運：謀事順利，財源亦豐。

③家宅：陰氣過盛；可能喪偶。

④身體：可漸復原。

九五。有孚攣如，无咎。

象曰：有孚攣如，位正當也。

①時運：運勢中正，有求必應。

②財運：同心協力，經營有成。

③家宅：和樂之家；百年好合。

④身體：手足不便，帶病延年。

上九。翰音登於天，貞凶。

象曰：翰音登於天，何可長也？

①時運：虛而不實，令人擔心。

②財運：外強中乾，未來可憂。

③家宅：家業難保；恐難偕老。

④身體：病狀甚苦。

解卦實例

實例：好高騖遠

有一位年輕朋友，陸續在臺大旁聽我的課，長達十年左右。他上《易經》課時，正好準備參加公務員高考。

他為此占了一卦，得到中孚卦（風澤中孚，䷼，第六十一卦）。變爻是上九，爻辭是：「翰音登於天，貞凶。」意即：雞啼的聲音傳升到天上，正固會有凶禍。

這一看，傻了眼，我也不知該如何安慰他。依爻辭所說，結果為凶。這其實不難了解。這位朋友在別的大學拿到宗教學的碩士學位，但是他準備參加的考試是為政府公務人員所設計的，應考科目完全與宗教或哲學無關。為了準備這項考試，他甚至參加了補習班。

但是有用嗎？我問他這項考試的錄取率，他說大概是百分之五。錄取率這麼低，競爭自然十分激烈。他的本科不是培養公務人員的，考起試來又怎能得心應手呢？

我看到他失望的表情，真希望占卜不準。但這是無可奈何的。這時，應該怎麼想呢？

《易經》的「易」，指的是「變化」，一時的吉與凶並不代表人生的得與失。如果能在逆境中重新思考未來的方向，調整處世的策略，選擇不同的目標，說不定在凶之後，將會出現吉呢！所謂「失敗為成功之母」並不是口號，而是認真生活者的根本信念。

祝福這位朋友成功通過人生的考驗。

中孚卦的啟示

中孚卦是第六十一卦，卦象為「風澤中孚」（䷼）。卦辭為：「中孚。豚魚，吉，利涉大川，利貞。」豬與魚出現，吉祥，適宜渡過大河，適合正固。

中孚卦的卦象很特別。一方面，九二與九五為中為實，表示心中有誠意；另一方面，由全卦看來，六三與六四在中為陰為虛，表示虛心無我，可以尊重別人。心實而能虛，才可做到最大的誠信。所謂「豚魚」依來知德所云：「豚魚，生於大澤之中，將生風則先出拜，乃信之自然，無所勉強者也。信如豚魚則吉。」在此，他把豚魚當成河豚。他又說：「本卦上風下澤，豚魚生於澤，知風。」意思是說豚魚的表現可得驗證，不會失信。

程頤講究義理，看法大不相同，他說：「豚躁魚冥，物之難感者也。孚信能感於豚魚，則无不至矣，所以吉也。」他在此把豚魚說成豬與魚。此外，利涉大川，在〈彖傳〉說是「乘木舟虛也」，風在上，亦為木，下有互震，震為行，並且狀如仰盂，如虛舟。有誠信則動靜皆宜，所以也可以利貞。

〈大象傳〉說君子由此領悟要「議獄緩死」，就是要認真討論訟案，緩慢判決死刑。下卦兌為口為商議；上卦巽為風為不果，有緩之象。為何談到訴訟？因為本卦有如放大的離卦（☲），離為光明，照見幽微；但在講求誠信的本卦，總是給人生機。

初九說：「虞吉，有它不燕。」可預料就吉祥，意即要安於自身處境；若是出現其他狀況，就會不安。初九往上一看，

是個互震，震與下卦兌有二爻相重，有雷入於澤之象，最好安靜自處。

九二說：「鳴鶴在陰，其子和之。我有好爵，吾與爾靡之。」意思是：大鶴在樹蔭下啼叫，牠的小鶴啼叫應和。我有美酒一罐，我要與你共享。本卦為放大的離卦，離為雉為鶴，鶴八月霜降則鳴。兌為正秋，所以說鶴鳴。九二以陽爻居柔位，所以說在陰。九二在互震中，震為鳴；它又在互艮中，艮為少男，所以說其子和之。

爻辭所說的「子」與「爾」，皆可以指九五。因為九二到九五為正反震之象，有如鳴聲相和。至於好爵，可以說互震為爵位，引申為爵為美酒，而正反震亦有共飲之象。

六三：「得敵，或鼓或罷，或泣或歌。」遇到對手。或擊鼓或休兵，或哭泣或唱歌。六三完成了下卦兌，往上一看是個巽卦；中間又形成互震與互艮。震為鳴為擊鼓作戰，艮為止為休兵罷戰；巽為風為號為哭泣；兌為口為悅為唱歌。並且上下二卦有如剖成一半互相對應，為得敵。

六四說：「月既望，馬匹亡，无咎。」月亮已經滿盈，馬匹丟失。沒有災難。六四已到上卦巽，巽為農曆十六以後的月亮，所以說月既望。它在互震中，震為善鳴馬，但是它向上依從九五，所以〈小象傳〉說：「絕類上也。」意即離開同類往上走。如此可以无咎。

九五說：「有孚攣如，无咎。」意即：有誠信而繫念著，沒有災難。這是因為九五既中且正，位置正確而恰當。它在上卦巽中，巽為繩，又在互艮中，艮為手，合之則為以手繫繩以連絡各爻。九五與九二雖然不應，但是九五「攣如」而九二

「共靡」，依然默契十足，所以无咎。

上九說：「翰音登於天，貞凶。」意思是：雞啼的聲音傳升到天上，正固會有凶禍。古代祭祀對於供品有特別的稱呼，如「牛曰一元大武，肥羊曰柔毛，雞曰翰音。」（《禮記·曲禮下》）雞啼時音質高純而嘹亮，故稱翰音。上九在巽卦，巽為雞，它與六三正應，六三在下卦兌，兌為口，中間還有互震，所以說翰音。上九又在天位，如此則翰音登於天。但是〈小象傳〉說：「何可長也？」怎麼可能長久呢？才德不足以登上高位，勉強為之何可長也？中孚卦勸人以謙虛態度實實在在做人處事，最後誠信自然會感動大家。

62 | 小過卦 ䷽

小過。亨，利貞。可小事，不可大事。飛鳥遺之音。不宜
上，宜下，大吉。
象曰：山上有雷，小過。君子以行過乎恭，喪過乎哀，用
過乎儉。
①時運：清高自處，反遭人忌。
②財運：價格不合，無利可圖。
③家宅：高處之家；老夫少妻。
④身體：過寒或過熱。

初六。飛鳥以凶。
象曰：飛鳥以凶，不可如何也。
①時運：不安本分，結果堪虞。
②財運：不自量力，難免失敗。
③家宅：屋宜低小；門當戶對。
④身體：神魂難保。

六二。過其祖，遇其妣。不及其君，遇其臣。无咎。
象曰：不及其君，臣不可過也。
①時運：平順之運，得半已足。
②財運：雖未滿載，得半亦可。
③家宅：不安之象；恐非正配。
④身體：藥力未至，繼續診治。

九三。弗過防之，從或戕之，凶。

象曰：從或戕之，凶如何也？

①時運：切勿躁進，自保免禍。

②財運：外出經營，盜賊可怕；

③家宅：謹防凶禍；小心冤家。

④身體：刀傷凶險。

九四。无咎，弗過遇之，往厲必戒。勿用，永貞。

象曰：弗過遇之，位不當也。往厲必戒，終不可長也。

①時運：觀察情勢，不可妄動。

②財運：適可而止，切勿過貪。

③家宅：安居為宜；勿急媒聘。

④身體：靜養心神。

六五。密雲不雨，自我西郊。公弋取彼在穴。

象曰：密雲不雨，已上也。

①時運：平淡之時，難成大事。

②財運：小利可得，不必多想。

③家宅：小康之家；恐非正娶。

④身體：針灸可治。

上六。弗遇過之，飛鳥離之，凶。是謂災眚。

象曰：弗遇過之，已亢也。

①時運：不知退守，自取其禍。

②財運：時機不對，無得有失。

③家宅：離散之象；小心奸計。

④身體：凶險之病，速求良醫。

解卦實例

實例 1：謹慎投資

一個親戚生意做得不錯，最近又要增資擴廠，就問我有無投資興趣。他分析自己的公司，利潤尚佳，前景更好。我在投資方面從來沒有成功過，聽了他的建議難免心動。「君子愛財，取之有道」，只要是憑正當手段賺來的錢，誰曰不可？

第二天，我特地一早起來，以籌策占卦，得到小過卦（雷山小過，☳☶，第六十二卦），變爻九四，爻辭是：「无咎，弗過遇之，往厲必戒。勿用，永貞。」意即：沒有災難，不要越過也會遇到；前往有危險，一定要警戒，不可以有所作為，長久保持正固。

我多次為人占得小過卦，知道它的卦辭有「不宜上，宜下」一語，意思很清楚，就是保持低調，不可躁進。現在九四的爻辭說得更清楚了，叫我「勿用」。有時考慮卦辭與爻辭時，要就自己的問題去著手思考。譬如，我現在想問投資的事，看到「勿用」二字，不是再明白不過了嗎？這時如果我還繼續投資，那不是跟自己過不去嗎？

我只好婉拒了這個計畫。即使這個計畫將來賺錢，我也不必懊惱。所謂「得之我幸，不得我命」，一時的成敗得失，原本就不應成為我所憂心的事。

實例 2：望梅止渴

《易經》占卦可以問的事情很多，為了避免瑣碎，我們特地由大家一般較為關心的四方面來介紹，就是「時運，財運，

家宅，身體」。不過值得一再強調的是：最重要的還是卦象本身，因為所有的解釋都必須以卦象為準。

一位朋友占問未來一年的財運，得到「小過卦」，九三、九四、六五為變爻。依朱熹的解法，若有三爻變，則依本卦卦辭來定，並且參考之卦卦辭。

本卦卦辭是：「亨，利貞。可小事，不可大事。飛鳥遺之音。不宜上，宜下，大吉。」意即：通達，適宜正固，可以做小事，不可以做大事。有鳥飛過留下的聲音。不應該往上走，而應該往下走，非常吉祥。由此可知：在財運方面不可期望過高，只有小利可圖。

之卦是比卦（水地比，𝌆，第八卦），卦辭為：「吉。原筮，元永貞，无咎。不寧方來，後夫凶。」意即：吉祥，考察占筮，開始而長久正固，沒有災難。從不安定中剛剛轉變過來，後到的會有凶禍。比卦是朋友相聚之象，所以財運要靠朋友幫忙，大家合作才有利可言。對於財運，不必強求，得之我幸，不得我命。

實例3：交友建議

我在馬來西亞上完《易經》課程之後，主辦單位幾位負責人請我共進晚餐。席間一位女經理說，她年近四十而沒有知心男友，因此想占問交友及婚姻之事。

她占得小過卦，但六爻皆不變。這時要參考卦辭說些什麼。原文是：「小過。亨，利貞。可小事，不可大事。飛鳥遺之音。不宜上，宜下，大吉。」意思是：小過卦，通達，適宜正固，可以做小事，不可以做大事。有鳥飛過留下的聲音。不

應該往上走，而應該往下走，非常吉祥。

我依此提供建議：「你年紀尚輕，就當到經理，可見能力不凡。但是在交友方面或許應該調整心態，所謂的『宜下不宜上』，就是眼光不要太高。也許你身邊有些人的能力比不上你，但不妨從情感角度以平等心態交往，說不定真的可以『大吉』。」

解卦要根據卦辭或爻辭，但是由於事先設定了問題，所以閱讀這些語句時就須抓住焦點，而不必要求每一個字都有明確的旨意。譬如這位女士的疑問，不正是「不宜上，宜下」這五個字在答覆嗎？小過卦有飛鳥之象，鳥飛得再高，終究還是要回到地面。交朋友同樣不可好高騖遠。

實例 4：購屋不宜

上海電視臺一位節目主持人，聽我介紹《易經》好像頭頭是道，就在休息空檔學習用籌策占卦。他正想買房子，看準了一間公寓。

他占得小過卦，變爻為九三，爻辭說：「弗過防之，從或戕之，凶。」意即：不要越過而要防範，跟著去可能受到傷害，有凶禍。

他覺得難以置信，因為當時是二〇〇六年九月，上海房價一路飆升，先買先賺，怎麼會凶呢？我對他說：「既然占了，最好相信。不要著急，先緩一緩再說。」

就在他占卦之後的隔天，上海市長被撤換，上海房價也開始凍結，長達一年之久。

第二年我又去他主持的文化節目當來賓，我問他有關買房

子之事，他說：「上次還好，沒有買那間公寓，因為後來才知道那塊建地原來是個墳墓地，住進那棟大廈的朋友都覺得很不自在。」

像這麼複雜的情況，實在不是一般人憑正常的理性所能預知或判斷的。因此，學習《易經》占卦，無異於多了一位明智長者，以其卦辭爻辭提醒我們如何進行抉擇。我們在某些事情上請教專家，專家未必會說清楚各項細節，但我們依然深信不疑，那麼對《易經》占卦不是至少也應該如此嗎？

小過卦的啟示

《易經》第六十二卦是小過卦，卦象是「雷山小過」（䷽）。卦辭說：「亨，利貞。可小事，不可大事。飛鳥遺之音。不宜上，宜下，大吉。」意思是：通達，適宜正固。可以做小事，不可以做大事。有鳥飛過留下的聲音。不應該往上走，而應該往下走，非常吉祥。

本卦橫著看，中間二陽爻有如鳥身，外邊各二陰爻有如鳥翅，所以說有飛鳥之象。四陰二陽，小者（陰）過多，並且占住六二與六五兩個中位，所以「可小事不可大事」。艮為黔喙之屬為鳥；震為雷為鳴為音，所以說飛鳥遺之音，因向下傳入人耳，向上則散開消解，所以宜下不宜上。明白這些道理並且依此而行，就會大吉。

本卦有「亨」與「大吉」，但是六爻竟有三爻為凶。三爻為凶的卦有五個，就是：師卦、剝卦、頤卦、恆卦與小過卦。小過卦有如放大的坎卦（䷜），坎為險為陷阱為心憂，也值得

世人警惕。

〈大象傳〉說：君子由此所領悟的是「行過乎恭，喪過乎哀，用過乎儉。」意即：行為要超過一般的恭敬，喪事要超過一般的哀傷，用費要超過一般的節儉。「小過」意即稍有超過，那麼這三方面「過恭，過哀，過儉」無疑是合宜的。無論如何，像孔子所說「躬自厚而薄責於人，則遠怨矣」，總是大家認同的做法。

初六說：「飛鳥以凶。」意思是：飛鳥會帶來凶禍。初六在下卦艮中，艮為鳥；它的位置在鳥的翅膀外面的部分，本身位置不中不正，一上場就想「飛」，怎能如願？下卦艮為止，初六與九四正應，九四在上卦震，震為行，這兩者相應反而陷於矛盾中。

六二說：「過其祖，遇其妣。不及其君，遇其臣。无咎。」意思是：越過了祖父，遇到了母親。沒有趕上君王，遇到了臣子。沒有災難。王弼說：「祖，始也，謂初也；妣者居內履中而正者也。過初而履二位，故曰過其祖而遇其妣。」六二越過初六，來到中位，所以有此說法。並且六二與六五不應，是為「不及其君」。遇其臣則是它安於臣位。六二在下卦艮中，必須止住，所以无咎。

九三說：「弗過防之，從或戕之，凶。」意即：不要越過而要防範，跟著去可能受到傷害，有凶禍。九三在下卦艮，艮為止，所以說「弗過」。它以陽爻居剛位，有能力自保，可以「防之」。但是它與上六正應，想要跟著去（從）。一從就會進入上卦震，震為行。結果又陷入行與止之間的衝突。並且九三往上形成互兌，兌為毀折，使它受到傷害。

九四說：「无咎，弗過遇之，往屬必戒。勿用，永貞。」意即：沒有災難。不要越過也會遇到；前往有危險，一定要警戒。不可以有所作為，長久保持正固。「无咎」一詞很少先說，這兒是因九四位置不當，但正好陽與陰相調和，使它不至於像九三那麼莽撞。

本卦二個陽爻都有「弗過」，意在提醒世人「宜下不宜上」。九四遇六五，但仍不可貿然前往；否則進入互兌，兌為毀折，怎能不戒？即使進入上卦震，也要收斂。

六五說：「密雲不雨，自我西郊。公弋取彼在穴。」意即：濃雲密布而不下雨，從我西邊的郊野飄聚過去。王公射箭獵取穴中之物。六五在互兌中，兌為澤，在上為雲；兌又為西方，而震在東方，有如雲自西向東飄過去。六五為王公，底下有互巽，巽為繩，有弋象（弋為箭後附有生絲）所要取的是六二。這要跨過兩個陽爻，並且用箭射取穴中之物也不合常理，最後將一無所獲。

上六說：「弗遇過之，飛鳥離之，凶。是謂災眚。」意即：沒有相遇，越過去了。飛鳥陷入羅網，有凶禍。這叫做天災人禍。上六與初六一樣，位在鳥翅外部。上六居最高位置，有違「宜下不宜上」的原則。「離」為羅網，此象取自上六爻變，形成離卦。鳥飛得太高，不但難以持久，並且難逃弓矢羅網之災。災自外來，眚由內生，兩害並至，徒呼奈何。

63 | 既濟卦 ䷾

既濟。亨小，利貞。初吉，終亂。

象曰：水在火上，既濟。君子以思患而豫防之。

①時運：盛極必衰，謹防後患。

②財運：及時出手，可得利潤。

③家宅：大廈可居；百年好合。

④身體：大病初癒，仍需自理。

初九。曳其輪，濡其尾，无咎。

象曰：曳其輪，義无咎也。

①時運：奮勉有加，可以无咎。

②財運：暫時穩住，將可脫困。

③家宅：可以安居；初聘為吉。

④身體：初病可治。

六二。婦喪其茀，勿逐，七日得。

象曰：七日得，以中道也。

①時運：不計小利，得成大功。

②財運：失而復得，不必擔心。

③家宅：七年可還；將可團聚。

④身體：七日可癒。

九三。高宗伐鬼方，三年克之。小人勿用。

象曰：三年克之，憊也。

①時運：努力工作，所謀必成。

②財運：數年經營，才可獲利。

③家宅：三年後居；三年可婚。

④身體：一時無恙，只保三年。

六四。繻有衣袽，終日戒。

象曰：終日戒，有所疑也。

①時運：處順思困，謹慎為宜。

②財運：經營漏洞，早些修補。

③家宅：修正屋宇；珍惜情誼。

④身體：年老體弱。

九五。東鄰殺牛，不如西鄰之禴祭，實受其福。

象曰：東鄰殺牛，不如西鄰之時也。實受其福，吉大來也。

①時運：持盈保泰，吉凶自取。

②財運：奢不如儉，實獲其利。

③家宅：向西吉宅；兩鄰訂親。

④身體：最好禱告。

上六。濡其首，厲。

象曰：濡其首厲，何可久也？

①時運：好運已過，小心危險。

②財運：首次買賣，必難獲利。

③家宅：不利長房；元配有災。

④身體：頭部有疾，危險可知。

解卦實例

實例 1：好謀而成

　　一位朋友看準了節能減炭的趨勢，計劃投資汽車鋰電池的生產。他分析此一產業的每個環節，說得頭頭是道，光是聽他這一番話，就會對他的投資充滿信心。

　　不論信心如何堅定，人還是希望從占卦獲得一些啟發。他以籌策占得既濟卦（水火既濟，☵☲，第六十三卦），變爻有初九與九三。九三爻辭說：「高宗伐鬼方，三年克之。小人勿用。」意即：殷高宗討伐鬼方，三年才打敗，不可任用小人。

　　我依此論斷說：「你的工作深具挑戰性，所謂討伐鬼方，表示與外國企業將有激烈競爭。不過，別擔心，三年之後可以成功。在此一過程中，小心用人，以免被小人拖累。」

　　他聽完我的解說，面露得意之色，開始敘述他是如何結合國內各方面人才，與外國又展開何種鬥智過程。現在人才與資金皆已到位，不久就要投入生產行列。據他初步推算，大概三年後即可獲利。

　　再看之卦，初九與九三變了之後，成為比卦（水地比，☵☷，第八卦），表示合作團隊配合得不錯。一個成功的企業家，不能忽略孔子所說的「臨事而懼，好謀而成」。做到這一步，占卦的結果又怎能不好呢？

實例 2：慎始慎終

　　我在廣州開過兩個班，先是《易經》班，後是《論語》班。《易經》班不到三十人，《論語》班則剛好五十人。

主辦的朋友學過《易經》，懂得怎麼用籌策占卦。因此在《論語》班開課時，特地占了一卦，看看這個班的情況如何。占得既濟卦。沒有變爻，這時要看卦辭：「既濟。亨小，利貞。初吉，終亂。」意即：通達小的方面，適宜正固，起初吉祥，最後混亂。

　　看到「初吉終亂」一詞，他不免擔心起來，問我該怎麼辦。我說：「既濟卦，代表事情已經辦成了，所以六爻由下而上都『當位』（由下往上，一陽一陰）。但是《易經》是講究變化的，各爻不可能一直維持在固定的位置上，稍一變動不是亂掉了嗎？」

　　我於是建議：「為了避免『終亂』，要特別照顧初次來上課的，尤其是遠道而來的學員，讓他們不要覺得陌生與孤立。因為後續還計劃開別的課，如此也有助於下一次的招生。」

　　學員中有來自河北唐山、河南鄭州、安徽及上海的。他們如此好學，所學的是國學，我們自然應該發揮國學的精神，大家共同體會「有朋自遠方來，不亦樂乎！」

既濟卦的啟示

　　既濟卦是第六十三卦，卦象為「水火既濟」（䷾）。卦辭是：「既濟。亨小，利貞。初吉，終亂。」意思是：通達小的方面，適宜正固。起初吉祥，最後混亂。

　　本卦十分特別，由下往上六爻皆當位，也有正應，好像變化到此可以告終。既濟即是一切完成之意。但是易道不離變化，若是終止則無易可言，所以說：「初吉，終亂」。至於

「亨小」，則指在本卦是三陰分別在三陽上，對陰爻（稱小）為亨。〈彖傳〉說：「終止則亂，其道窮也。」最後停止就會混亂，是因為這條路走到了盡頭，再怎麼美好的局面也是窮，接著必須「窮則變，變則通，通則久」。

〈大象傳〉說君子由此領悟，要「思患而豫防之」，要考慮禍害而預先防範。《易經》的大原則就是要居安思危。人沒有水火不能生活，但水火對人造成的災難也層出不窮。有一利就有一弊，不能預先防範，只能等災難發生再來後悔了。使社會長治久安並非易事，未雨綢繆才是明智之舉。

初九說：「曳其輪，濡其尾，无咎。」意思是：拉住車輪，浸濕尾巴，沒有災難。初九位居底部，上有互坎。坎為曳馬為弓輪，所以說「曳其輪」；位居底下為尾，在互坎之下，是濡其尾。坎為狐，此象在未濟卦（第六十四卦）較為清楚。狐渡河必揚其尾，濡尾則濕而重，極易下沉。這說明不可輕舉妄動。初九在既濟卦，能夠謹慎勿動，守成穩住，就可以做到「无咎」。

六二說：「婦喪其茀，勿逐，七日得。」意思是：婦人丟了頭飾，不用尋找，七天可以失而復得。「茀」為婦人頭飾，也可解為車簾，婦人無此車簾則不能出門乘車，正如沒有頭飾不能出門一般。本卦由泰卦（☷☰）變成，由其六五與九二換位。此一換位，使乾坤二象改變。坤為女為婦，乾為首為頭飾。六二代表坤卦，使下乾消失，為「婦喪其茀」。六二在互坎中，坎為盜，所以要考慮「逐」。六二居中守正，又有九五正應，終究會有好的結果。「七日得」一詞，代表某一週期。一卦六爻，從本爻出發再回到本爻，須經七步。復卦（☷☳）

有「七日來復」之說，可供參考。

　　九三說：「高宗伐鬼方，三年克之。小人勿用。」意即：高宗討伐鬼方，三年才征服。不可任用小人。九三在下離上坎之間，也在互離互坎之中，討伐之戰難以避免。它向上所見的坎卦，位在北方稱鬼方，這因為〈說卦傳〉提及坎為「萬物之所歸」，於人為鬼，所以曰鬼方。這裡所說的符合歷史資料。《後漢書‧西羌傳》說：「及殷室中衰，諸夷皆叛，至於武丁（高宗），征西戎鬼方，三年乃克。」坎卦又為勞苦之卦，疲憊可以想見。至於「小人勿用」，則指與它正應的上六。

　　六四說：「繻有衣袽，終日戒。」意即：采色絹帛也會變成破舊衣服，整天都在警戒。在泰卦變為既濟卦時，六五與九二換位。乾坤二象皆消失。乾為衣，坤為布，由新變舊，有如消失一般。六四進入坎卦，也在互離之中；離為日為終日，坎為加憂，合之則為「終日戒」。

　　九五說：「東鄰殺牛，不如西鄰之禴祭，實受其福。」意即：東鄰殺牛舉行大祭，還比不上西鄰的簡單禴祭，可以真正受到福佑。這段爻辭也許反映了史實。商紂都城在東，而岐周在西。殺牛為大祭，九五入於坤中，坤為牛；九五也在互離，離為戈兵。合之有殺牛之象。九五位居上坎中位，坎為水，引申為禴祭所用的水菜。獻禮雖薄但居中而有誠意，可受其福。

　　上六說：「濡其首，厲。」初九為尾，上六為首。濡其尾，尚可无咎；濡其首，則有危險。上六位居坎卦上位，又以陰乘陽（九五），所以陷於水中而未能脫困。此時浸濕了頭，就會像〈小象傳〉所說：「何可久也？」怎麼能夠長久呢？許多卦到了上六或上九都有類似的感嘆，實在發人深省。

64 | 未濟卦 ䷿

未濟。亨。小狐汔濟，濡其尾，无攸利。
象曰：火在水上，未濟。君子以慎辨物居方。
①時運：運勢顛倒，務必謹慎。
②財運：諸事不順，步步為營。
③家宅：改變方向；門戶不合。
④身體：血脈不順，用藥謹慎。

初六。濡其尾，吝。
象曰：濡其尾，亦不知極也。
①時運：魯莽行事，無路可走。
②財運：不記教訓，謀財無方。
③家宅：門戶方位不正；團聚不易。
④身體：病在下身。

九二。曳其輪，貞吉。
象曰：九二貞吉，中以行正也。
①時運：上下相得，無往不利。
②財運：用心經營，滿載而歸。
③家宅：美善之家；必得賢婦。
④身體：胸腹阻滯。

六三。未濟，征凶，利涉大川。

象曰：未濟征凶，位不當也。

①時運：見機而作，妄動則凶。

②財運：把握良機，船運有利。

③家宅：安居為宜；迎娶為吉。

④身體：預防禍祟，渡川以解。

九四。貞吉，悔亡，震用伐鬼方。三年有賞於大國。

象曰：貞吉悔亡，志行也。

①時運：志得意滿，名利雙全。

②財運：遠方經營，利潤可觀。

③家宅：安居樂業；二年成婚。

④身體：可保三年。

六五。貞吉，无悔，君子之光。有孚，吉。

象曰：君子之光，其暉吉也。

①時運：運勢正旺，諸事皆吉。

②財運：官方業務，獲利穩定。

③家宅：大吉之家；婚姻必成。

④身體：神清氣爽。

上九。有孚於飲酒，无咎。濡其首，有孚失是。

象曰：飲酒濡首，亦不知節也。

①時運：能知節儉，可保無虞。

②財運：量入為出，永享其富。

③家宅：勤儉持家；相敬如賓。

④身體：飲食失節，不可不慎。

解卦實例

實例:自我節制

　　近年我所出版的DVD,都是以介紹國學為主。我的學習範圍還包括西方哲學,那麼要不要也製作介紹西方哲學的DVD呢?

　　思考這個問題時,正好有出版社徵詢我在這方面的意願。我認為茲事體大,就以籌策占了一卦,得到未濟卦(火水未濟,䷿,第六十四卦),變爻上九,爻辭是:「有孚於飲酒,无咎。濡其首,有孚失是。」意思是:有誠信而去喝酒,沒有災難。浸濕了頭,有誠信也無法沒有災難。〈小象〉說:「飲酒濡首,亦不知節也。」意即:喝酒而浸濕了頭,也是不知節制的緣故。

　　看到上九是變爻,我難免有些擔心,因為上爻有四分之三是不理想的。〈象傳〉特別提醒我要知道節制,表示時機尚未成熟。那麼要等到何時呢?今年不宜,明年或許可行。上九一變,之卦成為解卦(䷧,雷水解,第四十卦),表示事情將會順利解決。

　　既然如此,也就不著急了。如果大家尚未充分欣賞及消化國學,我就貿然推出西方哲學的 DVD,即使由市場考慮也會有些困難。我準備從這個角度勸阻出版社的構想。時機與位置若是無法配合,做任何事都將更為吃力。與其如此,不如自我節制,修身以俟之。

未濟卦的啟示

　　《易經》的最後一卦，亦即第六十四卦，是未濟卦，卦象為「火水未濟」（䷿）。卦辭說：「亨。小狐汔濟，濡其尾，无攸利。」意思是：通達。小狐狸快要渡過河，浸濕了尾巴，沒有適宜的事。

　　這個卦也非比尋常，六爻皆不當位，但同時又六爻皆有正應。坎為狐，在下卦，所以說「小狐」。這可以由坎為心病為多疑，而狐為多疑的動物去聯想。〈彖傳〉說：「未濟，亨，柔得中也。小狐汔濟，未出中也。濡其尾，无攸利，不續終也。雖不當位，剛柔應也。」六五取得中位，而小狐狸沒有離開中位，因上面的互坎也到六五為止，未能抵達上九。所以說它「沒有適宜的事，因為不能繼續游到終點」。

　　〈大象傳〉說：君子由此領悟，要「慎辨物居方。」就是要慎重分辨物類，使它們各居其所。這裡所謂「物」與「方」，就是〈繫辭上傳〉一開頭所說的：「方以類聚，物以群分。」同樣類別的東西會聚在一起，不同群組的事物會分途發展。正如火水各有性質，火在上而向上燒，水在下而向下流，二者分途發展，以待下一步的組合與變化。未濟卦是最後一卦，以「尚未完成」為訓，表示「終則有始」，下一步還會重新展開不同的格局。

　　初六說：「濡其尾，吝。」浸濕了尾巴，有困難。初六在下坎中，與它正應的九四也在互坎中，所以濡其尾。它以陰爻居剛位，缺乏動向，好像小狐狸看到前面一條條河流而失去衝勁，以致浸濕了尾巴。其困難在於它不知道渡河是有終點的。

九二說：「曳其輪，貞吉。」意即：拉住車輪，正固吉祥。九二與六五正應，它以陽剛居下卦之中，上臨陰柔之主而有所戒惕。這時身處下坎，坎為弓輪為曳馬，此為「曳其輪」。九二居中可以正固，能安分就吉祥。

　　六三說：「未濟，征凶，利涉大川。」意即：尚未渡過，前進會有凶禍。適宜渡過大河。六三在下坎與互坎中，前後皆水，尚未渡過。此時貿然前往，怎能不凶？坎為勞卦為災難，讓人警惕。

　　至於「利涉大川」一語，則許多學者認為應該是「不利涉大川」。六三確實不當位，但是它與上九正應，到了上九即可脫離互坎，坎為水，這不是利涉大川嗎？但是，「征凶」與「利涉大川」是否矛盾？前進有凶禍，這與適宜渡過大河，未必矛盾。因為後者可以專門指稱渡河（包括交通之事），而前者則可泛指做事時勇往直前，將會帶來凶禍。

　　九四說：「貞吉，悔亡，震用伐鬼方。三年有賞於大國。」意思是：正固吉祥，懊惱消失，振奮起來討伐鬼方。三年後成功，受到大國封賞。本爻爻辭與既濟卦九三的相似，大概也是描述史實。周朝的季歷（文王之父）也曾討伐鬼方。《後漢書・西羌傳》說：「及武乙暴虐，犬戎寇邊。周古公踰梁山而避於岐下。及子季歷，遂伐西落鬼戎。」

　　九四已至上卦，面對下卦坎，坎為鬼方。由上伐下較為順手。九四本身有互離互坎，水火戰爭之象明顯。它有初六正應，六五也須倚重它，可行其志而得賞賜。

　　六五說：「貞吉，无悔，君子之光。有孚，吉。」六五居上卦離的中位，正是光明的所在，守正則吉，無悔可言。它有

九二正應，使下坎上離配合，坎為月，離為日，日月輝映，自能吉祥。

上九說：「有孚於飲酒，无咎。濡其首，有孚失是。」意即：有誠信而去喝酒，沒有災難。浸濕了頭，有誠信也無法沒有災難。喝酒誤事的例子很多。上九與六三正應，把下坎（水酒）帶上來。〈小象傳〉說：「飲酒濡首，亦不知節也。」意思是；喝酒而浸濕了頭，也是不知道節制的緣故。

《易經》有六十四卦，三百八十四爻，而在結束時提醒我們要「知節」，確實用心良苦。若想由《易經》受益，達到「樂天知命」的境界，也須由「知節」開始修養自己。

文化文創 BCC030

傅佩榮易經課
占卜、解卦、指引人生、趨吉避凶
（原書名：不可思議的易經占卜）

作者 —— 傅佩榮

總編輯 —— 吳佩穎
副主編暨責任編輯 —— 陳怡琳
美術設計 —— 江儀玲

出版者 —— 遠見天下文化出版股份有限公司
創辦人 —— 高希均、王力行
遠見‧天下文化 事業群榮譽董事長 —— 高希均
遠見‧天下文化 事業群董事長 —— 王力行
天下文化社長 —— 王力行
天下文化總經理 —— 鄧瑋羚
國際事務開發部兼版權中心總監 —— 潘欣
法律顧問 —— 理律法律事務所陳長文律師
著作權顧問 —— 魏啟翔律師
地址 —— 台北市 104 松江路 93 巷 1 號 2 樓

讀者服務專線 —— (02) 2662-0012 ｜ 傳真 —— (02) 2662-0007；(02) 2662-0009
電子郵件信箱 —— cwpc@cwgv.com.tw
直接郵撥帳號 —— 1326703-6 號　遠見天下文化出版股份有限公司

內頁排版 —— 張靜怡
製版廠 —— 東豪印刷事業有限公司
印刷廠 —— 祥峰印刷事業有限公司
裝訂廠 —— 精益裝訂股份有限公司
登記證 —— 局版台業字第 2517 號
總經銷 —— 大和書報圖書股份有限公司　電話／ (02) 8990-2588
出版日期 —— 2019 年 8 月 30 日第一版第 1 次印行
　　　　　　2024 年 7 月 11 日第一版第 13 次印行

定價 —— NT 600 元
ISBN —— 978-986-479-795-0
書號 —— BCC030
天下文化官網 —— bookzone.cwgv.com.tw

國家圖書館出版品預行編目（CIP）資料

傅佩榮易經課：占卜、解卦、指引人生、
趨吉避凶／傅佩榮著. -- 初版. -- 臺北市：
遠見天下文化, 2019.08
　　面；　公分. --（文化文創；BCC030）
ISBN 978-986-479-795-0（精裝）

1. 易占

292.1　　　　　　　　　　108013001